中国特色乡村振兴研究丛书

主编/黄承伟 向德平

巩固拓展脱贫攻坚成果：从理论到实践

GONGGU TUOZHAN TUOPIN GONGJIAN CHENGGUO CONG LILUN DAO SHIJIAN

林万龙 罗猛 米晶 唐丽霞 等/著

武漢出版社
WUHAN PUBLISHING HOUSE

（鄂）新登字08号

图书在版编目（CIP）数据

巩固拓展脱贫攻坚成果：从理论到实践 / 林万龙等著. -- 武汉：武汉出版社，2024. 12. --（中国特色乡村振兴研究丛书 / 黄承伟，向德平主编）. -- ISBN 978-7-5582-7216-5

Ⅰ. F126

中国国家版本馆 CIP 数据核字第 2024G044J0 号

巩固拓展脱贫攻坚成果：从理论到实践

著　　者：林万龙　罗　猛　米　晶　唐丽霞　等
责任编辑：朱梦珍
封面设计：刘福珊
出　　版：武汉出版社
社　　址：武汉市江岸区兴业路 136 号　　邮　　编：430014
电　　话：（027）85606403　　85600625
http://www.whcbs.com　　E-mail:whcbszbs@163.com
印　　刷：湖北金港彩印有限公司　　经　　销：新华书店
开　　本：787 mm×1092 mm　　1/16
印　　张：16　　字　　数：208 千字
版　　次：2024 年 12 月第 1 版　　2024 年 12 月第 1 次印刷
定　　价：80.00 元

前 言

2021 年，习近平总书记分别在全国脱贫攻坚总结表彰大会和庆祝中国共产党成立 100 周年大会上宣告了中国脱贫攻坚战取得了全面胜利、实现了第一个百年奋斗目标，全面建成了小康社会，历史性地解决了绝对贫困问题。但脱贫摘帽不是终点，而是新生活、新奋斗的起点。2020 年 12 月 16 日，中共中央、国务院印发了《中共中央　国务院关于实现巩固拓展脱贫攻坚成果同乡村振兴有效衔接的意见》（中发〔2020〕30 号），指出打赢脱贫攻坚战、全面建成小康社会后，要进一步巩固拓展脱贫攻坚成果，接续推动脱贫地区发展和乡村全面振兴。

巩固脱贫攻坚成果是“三农”工作重心从脱贫攻坚历史性转移到全面推进乡村振兴的关键。本书以巩固拓展脱贫攻坚成果为主题，以过渡期内的政策调整和地方实践为材料，以理论探讨、数据分析为工具，尝试总结过渡期内巩固拓展脱贫攻坚成果的历史经验和典型做法。一方面为推进中国特色乡村振兴理论建构、推动中国特色乡村发展理论创新和丰富马克思主义乡村发展理论体系略尽绵薄之力，另一方面，也期望有助于脱贫攻坚同乡村振兴两大战略对接、有利于乡村振兴与全面建设中国式现代化的战略衔接。

全书共分七章。第一章对脱贫攻坚体现出的党的初心使命及伟大胜利进行了总结；第二章对巩固拓展脱贫攻坚成果的科学内涵及其历史、现实和理论逻辑进行了讨论；第三章系统地梳理了过渡期以来巩固拓展脱贫攻坚成果政策体系的调整与考核体系；第四章讨论了防止返贫动态监测和帮扶机制的政策框架、地方实践、创新性做法和面临的挑战；第五章分析讨论了过渡期内巩固拓展脱贫攻坚成果相关帮扶政策的衔接调整；第六章通过对村级层面、产业层面和县级层面调研结果进行分析，挖掘巩固拓展脱贫攻坚成果案例和典型经验；第七章以帮扶对象的调整、城乡融合发展和县域包容性增长为切入点讨论了巩固脱贫成果同农民农村共同富裕的对接。

本书是集体智慧的成果。其中，第一、三章由林万龙和罗猛撰写，第二章由罗猛撰写，第四章由唐丽霞撰写，第五章由林万龙和程鹏飞撰写，第六章由张莉琴、孙翠清和程鹏飞撰写，第七章由米晶撰写。林万龙设计了章节提纲并负责全书的统稿工作。

本书的相关调研和研究得到了多个项目的资助。包括：国家社会科学基金重大项目“建立解决相对贫困的长效机制研究”（项目编号：20ZDA073），国家自然科学基金应急管理项目“全面推进乡村振兴实现共同富裕的机制、路径与政策研究”（项目编号：7214100349），以及国家乡村振兴局资助的多个研究和调研项目。感谢两位主编的策划和对我们参与丛书撰写工作的邀请。感谢出版社的张荣伟老师，正是他的执着的催促，才使得我们能勉强按期完成书稿。我们还要特别感谢本书相关研究的调研员，他们不畏辛苦、奔走各地的辛勤调研为本书提供了研究素材。

展望未来，在实现第二个百年奋斗目标新的征程上，我们相信，在党和政府以及社会各界的共同努力下，中国一定能持续稳定地巩固和拓展好脱贫攻坚成果、一定能取得新时代乡村全面振兴新的胜利、一定能实现农民农村共同富裕的远景目标。

目 录

第一章　脱贫攻坚：一场伟大的斗争 ……………………………………1
第一节　脱贫攻坚与党的初心使命……………………………………1
第二节　脱贫攻坚的伟大胜利…………………………………………6
第二章　巩固拓展脱贫攻坚成果的科学内涵和重大意义 …………… 19
第一节　巩固拓展脱贫攻坚成果的科学内涵……………………… 19
第二节　巩固拓展脱贫攻坚成果的历史逻辑……………………… 26
第三节　巩固拓展脱贫攻坚成果的现实逻辑……………………… 32
第四节　巩固拓展脱贫攻坚成果的理论逻辑……………………… 37
第三章　巩固拓展脱贫攻坚成果的政策与考核体系……………… 43
第一节　政策体系的调整………………………………………………… 43
第二节　巩固拓展脱贫攻坚成果的考核………………………………… 55
第三节　政策和考核体系调整评述……………………………………… 62
第四章　巩固成果的关键：防止返贫动态监测和帮扶机制 ………… 65
第一节　相关研究综述…………………………………………………… 67
第二节　防止返贫动态监测和帮扶机制的政策框架………………… 72
第三节　防止返贫动态监测和帮扶机制的地方实践………………… 82
第四节　防止返贫的创新性做法——防贫保………………………… 99
第五节　防止返贫动态监测和帮扶机制面临的挑战………………105

第五章　巩固拓展脱贫攻坚成果相关帮扶政策的衔接调整……………108
第一节　相关政策调整……………………………………………………108
第二节　关于帮扶政策调整优化的思考…………………………………124
第三节　帮扶政策体系的衔接……………………………………………145
第四节　帮扶政策的效果及政策改进：现金转移支付政策案例分析…149
第六章　巩固拓展脱贫攻坚成果的案例调研与典型经验　……………166
第一节　四县巩固脱贫成果案例…………………………………………166
第二节　部分县巩固脱贫成果的典型经验………………………………181
第三节　村级经营性扶贫项目资产管理的实地调研案例分析…………195
第四节　帮扶产业风险防范的实地调研案例……………………………205
第七章　从巩固脱贫成果走向农民农村的共同富裕………………………224
第一节　对象：从兜底到提底……………………………………………224
第二节　区域：从乡村到城乡……………………………………………229
第三节　以县域包容性增长促进农民农村的共同富裕…………………238

第一章
脱贫攻坚：一场伟大的斗争

2021 年 2 月 25 日，在全国脱贫攻坚总结表彰大会上，习近平总书记庄严宣告，经过全党全国各族人民共同努力，在迎来中国共产党成立 100 周年的重要时刻，我国脱贫攻坚战取得了全面胜利，现行标准下 9899 万农村贫困人口全部脱贫，832 个贫困县全部摘帽，12.8 万个贫困村全部出列，区域性整体贫困得到解决，完成了消除绝对贫困的艰巨任务，创造了又一个彪炳史册的人间奇迹。2021 年 7 月 1 日，在庆祝中国共产党成立 100 周年大会上，习近平总书记代表党和人民再次庄严宣告，经过全党全国各族人民持续奋斗，我们实现了第一个百年奋斗目标，在中华大地上全面建成了小康社会，历史性地解决了绝对贫困问题，正在意气风发向着全面建成社会主义现代化强国的第二个百年奋斗目标迈进。

第一节　脱贫攻坚与党的初心使命

贫困是人类社会的顽疾。反贫困始终是古今中外治国安邦的一件大事。中国是拥有 14 亿人口、世界上最大的发展中国家，长期饱受贫困问题困扰。正如习近平总书记所指出的，一部中国史，就是一部中华民族同贫困作斗争的历史。中国共产党从成立之日起，就坚持把为中国人民谋幸福、为中华民族谋复兴作为初心使命，团结带领中国人民为创造自己的美好生活进行了长期艰辛奋斗。特别是党的十八大以来，以习近平同志为核心的党中央把脱贫攻坚摆在治国理政的突出位置，作为实现第一个百年奋斗目标的重点任务，纳入“五位一体”总体布局和“四个全面”战略布局，作出一系列重大部署和安排，全面打响脱贫攻坚战，困扰中华民族几千年的绝对贫困问题得到历史性解决，脱贫攻坚成果举世瞩目。这是中国人民的伟大光荣，是中国共产党的伟大光荣，是中华民族的伟大光荣。

伟大事业孕育伟大精神，伟大精神引领伟大事业。中国共产党为中国人民谋幸福、为中华民族谋复兴的初心和使命与脱贫攻坚的伟大事业相融，在实践中形成了“上下同心、尽锐出战、精准务实、开拓创新、攻坚克难、不负人民”的脱贫攻坚精神。这一精神的形成，经历了长期过程，拥有丰富的理论基础与实践基础，吸收了马克思主义反贫困理论的基本内容，继承了中华优秀传统文化中的扶危济困思想，熔铸于中国共产党人践行初心使命的社会实践中。这一精神凝聚了党和国家领导人的承诺与决断、各级扶贫干部的牺牲与奉献、贫困群众的自强与拼搏，以及在这场历史性胜利背后成千上万个无名英雄的默默付出。这一精神在脱贫攻坚这一亘古未有、艰苦卓绝的伟大事业中逐步凝聚、不断完善，并化作无穷的行动力量，构成了中国特色反贫困理论的灵魂内核，引领了脱贫攻坚这一伟大事业取得历史性胜利。这一精神是中国共产党性质宗旨、中国人民意志品质、中华民族精神的生动写照，是爱国主义、集体主义、社会主义思想的集中体现，是中国精神、中国价值、中国力量的充分彰显，赓续传承了伟大民族精神和时代精神。

上下同心，展现的是当代中国共产党人同心同德、团结一致的政治优势和精神力量。“万众一心加油干，越是艰险越向前。”党的十八大以来，以习近平同志为核心的党中央始终把脱贫攻坚摆在治国理政的突出位置。为了实现这一人类壮举，千千万万共产党人迎难而上，各级干部与社会各界、广大群众凝心聚力，凝聚成为脱贫攻坚的强大合力，确保中国如期实现了现行标准下农村贫困人口全部脱贫。脱贫攻坚的减贫实践是中国共产党团结社会各界力量、带领全国各族人民奋勇拼搏创造的伟大奇迹，它生动展现了中国共产党上下齐心、无坚不摧的强大合力，彰显了中国共产党同心同德、团结一致的政治优势和精神力量。

尽锐出战，展现的是当代中国共产党人全力以赴、决战决胜的使命担当和奉献责任。帮助贫困群众脱贫致富，是中国共产党全心全意为人民服务根本宗旨的重要体现，也是党中央和中国政府治国理政的重要职责。各级党员和扶贫干部抱着必胜的决心，始终不忘“责任”二字，贯彻党中央脱贫攻坚的方针政策，落实主体责任、落实工作推进、落实问题整改，全力以赴投身脱贫攻坚；在这场看不见硝烟的战争中，各级共产党员、帮扶干部、驻村工作队以及村“两委”成员甘于奉献、艰苦奋斗，用他们的鲜血和汗水践行“为民谋福祉”的使命与担当，用他们的时间和生命彰显共产党人“执政为民”的奉献与责任。

精准务实，展现的是当代中国共产党人精益求精、讲求实效的工作作风和科学态度。2013 年 11 月，习近平总书记在湖南省花垣县十八洞村首次提出“精准扶贫”理念：要精准扶贫，切忌喊口号，也不要定好高骛远的目标。2015 年，习近平总书记再次强调：扶贫开发贵在精准，重在精准，成败之举在于精准。中国共产党人始终坚持精准扶贫的战略方针，在脱贫攻坚的伟大实践中做到了精益求精、实事求是，各级领导干部认真抓好落实工作，踏实为困难群众谋福利。同时，也在脱贫实践中不断构建完善有效的监管体系，保证明确责任到人，细化任务到天，严格按照“四查四补”的工作要求确保精准脱贫，杜绝数字脱贫、虚假脱贫，不摆“花架子”，只为见“实效”。这体现出共产党人求真务实、精益求精的工作作风与严谨态度。

开拓创新，展现的是当代共产党人勇于探索、敢为人先的首创意识和聪明智慧。脱贫攻坚的伟大胜利体现了当代共产党人的集体智慧和创新精神。习近平总书记提出的精准扶贫思想是对扶贫理念的重大创新，中国共产党人在全面把握精准扶贫中“六个精准”“五个一批”“四个问题”等方略的基础上多措并举、统筹推进，充分发挥中国的制度优势，紧密围绕党情和国情，探索契合中国脱贫工作需要的工作方法和长效机制。中国共产党人严格执行精准扶贫的方略要求，真正做到了因地制宜、分类指导，充分利用各项扶贫政策的组合拳作用，应对突出问题，采取超常举措，拿出过硬办法，确保中国如期打赢脱贫攻坚战。中国各级政府在脱贫攻坚中创新了扶贫开发管理模式，鼓励党员和基层党员干部勇为人先，发挥首创精神，并助推贫困群众成为脱贫攻坚的主体，体现了当代共产党人勇于探索、敢为人先的创新意识和集体智慧。

攻坚克难，展现的是当代中国共产党人坚忍不拔、勇闯难关的政治意志和必胜信心。脱贫攻坚是一场硬仗，而且越到最后越是“贫中之贫、困中之困”。特别在脱贫攻坚决胜的收官之年，突如其来的疫情也给如期实现全面脱贫带来了巨大考验。面对巨大的挑战与困难，广大共产党员没有疲惫、没有懈怠，他们依然坚忍不拔、凝聚“战力”，以不破楼兰终不还的意志，坚持一个节点一个节点坚守、一个问题一个问题解决、一项工作一项工作推进，咬定青山不放松、锲而不舍抓落实，并攻克了最后的贫困堡垒。这种攻坚拔寨、勇于挑战的精神体现了共产党人坚定的决心和意志。

不负人民，展现的是当代中国共产党人立党为公、执政为民的初心使命和服务宗旨。不变初心，方得始终。在艰苦的脱贫攻坚工作中，当代中国共产党人时刻牢记党的初心，不忘肩上的重任，积极探索脱贫道路，全面实施脱贫工作。各级扶贫干部不怕牺牲，甘于奉献，坚守扶贫一线，以全面脱贫为己任。最终，在全国各族人民的共同努力下如期兑现了全面脱贫的承诺，构筑了人类减贫史上的奇迹。脱贫攻坚的伟大胜利，体现了中国共产党为人民服务的宗旨，体现了共产党人立党为公、执政为民的使命感和责任感。

如果说脱贫攻坚战役开启之时，这股精神上的星星之火点亮了中华民族誓要摆脱贫困的初心，那么，时至今日，伴随脱贫攻坚战的全面胜利，脱贫攻坚精神已化为熊熊烈火，极大地提振了全体中国人民的道路自信、理论自信、制度自信和文化自信。伴随近 1 亿人口彻底告别绝对贫困这一人间奇迹的实现，在脱贫攻坚战中不断淬炼的脱贫攻坚精神也定然会载入中华民族精神的族谱，并汇聚成为更加强大的精神支柱，在实现中华民族伟大复兴的中国梦过程中继续发挥重要的精神引领作用，也必将唤醒那些深陷贫困泥潭却无所作为的发展中国家贫困群众心中的责任与担当，激发全球广大发展中国家同舟共济、携手合作的合作精神。

脱贫攻坚精神的丰富内涵，深刻阐述了中国共产党人为中国人民谋幸福、为中华民族谋复兴的初心和使命，深刻体现了中国共产党坚持人民至上的根本立场和全心全意为人民服务的宗旨。在乘势而上开启全面建设社会主义现代化国家新征程、向第二个百年奋斗目标进军之际，以习近平新时代中国特色社会主义思想和对扶贫工作的重要论述为指导，以脱贫攻坚精神为精神指引，对于继续践行中国共产党的初心和使命，对于凝聚全党全国全社会团结一心、英勇奋斗，坚决战胜前进道路上的一切困难和风险，不断夺取坚持和发展中国特色社会主义新的更大的胜利，无疑将具有重要的时代价值。

第二节 脱贫攻坚的伟大胜利

消除贫困、改善民生、实现共同富裕，体现着中国共产党的初心使命，是中国政府一以贯之的目标追求。中国共产党和中国政府历来高度重视扶贫开发工作。改革开放以来，中国实施大规模扶贫开发，使7亿多农村人口摆脱贫困。十八大以来，中国共产党把扶贫开发摆到治国理政的重要位置，提升到事关全面建成小康社会、实现第一个百年奋斗目标的新高度。习近平总书记强调，“全面建成小康社会，最艰巨的任务是脱贫攻坚，最突出的短板在于农村还有七千多万贫困人口”①，“没有农村的小康，特别是没有贫困地区的小康，就没有全面建成小康社会”②。

为此，中国共产党和中国政府在2016年底明确提出：到2020年，稳定实现农村贫困人口不愁吃、不愁穿，义务教育、基本医疗和住房安全有保障。实现贫困地区农民人均可支配收入增长幅度高于全国平均水平，基本公共服务主要领域指标接近全国平均水平。确保我国现行标准下农村贫困人口实现脱贫，贫困县全部摘帽，解决区域性整体贫困。

脱贫攻坚期，从中央到地方各有关部门坚持精准扶贫、精准脱贫方略，不断健全工作机制，持续强化统筹指导，推动脱贫攻坚各项工作落实落地，围绕“扶持谁”“谁来扶”“怎么扶”“如何退”等关键环节，因村因户因人施策，因贫困原因施策，因贫困类型施策，对症下药、精准滴灌、靶向治疗，确保了脱贫攻坚战取得全面

① 中共中央党史和文献研究院编《习近平扶贫论述摘编》，中央文献出版社，2018，第11页。

② 中共中央党史和文献研究院编《习近平扶贫论述摘编》，中央文献出版社，2018，第4页。

胜利。与此同时，中国政府自 2016 年起，开始对有脱贫任务的中西部 22 个省区市党委和政府，以及有帮扶任务的东部省市和中央单位实施了多种方式的脱贫攻坚成效考核，确保“扶真贫、真扶贫、真脱贫”。

一、脱贫攻坚主要政策举措

（一）健全脱贫攻坚责任体系和政策体系

坚持和加强党对精准扶贫、精准脱贫的全面领导，认真落实中央统筹、省负总责、市县抓落实的工作机制，推动构建“五级书记”抓扶贫，落实脱贫攻坚一把手负责制，构建了责任清晰、各负其责、合力攻坚的责任体系，确保了各级政府和相关部门各负其责，使脱贫攻坚和精准扶贫能落到实处。

在中共中央、国务院印发《关于打赢脱贫攻坚战三年行动的指导意见》的基础上，2018 年至 2020 年期间，原国务院扶贫办协调中央直属部门和国家机关出台了涵盖“两不愁三保障”及饮水安全、产业、就业、生态、易地搬迁、兜底保障、水利、电力、交通、通信等多个方面的行业政策，各地、各部门也结合各自工作实际不断完善“1+N”脱贫攻坚配套文件，脱贫攻坚的政策体系不断完善。

（二）加大脱贫攻坚投入力度

2001—2012 年，央省财政专项扶贫资金合计投入 2709 亿元（现价，下同），平均每年 226 亿元；2013—2020 年，合计投入 10110 亿元，平均每年 1264 亿元，投入力度明显加大。2013 年以来，中央、省、市、县财政专项扶贫资金累计投入近 1.7 万亿元，贫困县统筹整合使用财政涉农资金超过 1.5 万亿元，土地增减挂钩指标跨省域调剂和省域内流转资金 4400 多亿元。除此之外，还加大了金融帮扶力度。截至 2020 年底，全国累计发放扶贫小额信贷 7100 多亿元，支持 1500 多万贫困户发展生产。2018 年至 2020 年期间，在全国东西部扶贫协作中，东部地区投入各类援助资金共计 677.35 亿元，定点帮扶各单位直接投入和帮助引进帮扶资金共计 509.71 亿元，企业投入各类帮扶资金共计 6127.51 亿元。社会组织参与脱贫攻坚投入各类资金超 1000 亿元，超 3300 万爱心人士依托社会扶贫网对接贫困户需求，对接成功率 79%。

（三）全力推动精准脱贫政策措施落实落地

1. 开展建档立卡，解决“扶持谁”的问题

2014 年，制定识别标准和程序，组织广大基层干部进村入户，摸清农村贫困人口分布、致贫原因、脱贫需求等情况。组织开展“回头看”，每年实行动态管理，剔除识别不准人口，补录新识别贫困人口，开展部门数据信息比对，识别准确率不断提高，建立起全国统一的扶贫信息系统。建档立卡使我国贫困数据实现到村到户到人，为实施精准扶贫政策措施和保证脱贫质量打下了坚实基础。

2. 选派驻村干部，解决“谁来扶”的问题

2013 年开始，向贫困村选派第一书记和驻村工作队。全国累计选派 300 多万名第一书记和驻村干部，每年保持近 100 万人在岗开展驻村帮扶。截止到 2020 年底，全国累计选派 25.5 万个驻村工作队、300 多万名第一书记和驻村干部。针对驻村帮扶工作中出现的选人不优、管理不严、作风不实、保障不力等问题，印发《关于加强贫困村驻村工作队选派管理工作的指导意见》，规范日常管理，强化考核激励。

2018 年以来，针对想干不会干等问题，每年组织开展脱贫攻坚干部轮训。第一书记和驻村干部在落实扶贫政策、建强基层组织、为民办事服务等方面发挥了重要作用，打通了精准扶贫“最后一公里”。

3. 坚持分类施策，解决“怎么扶”的问题

实施产业扶贫。培育壮大特色产业发展，贫困地区一大批特色优势产业粗具规模。创新实施扶贫小额信贷，2018—2020 年累计发放 2900 多亿元支持贫困户发展产业。建立完善带贫机制，让贫困户在产业发展中受益。

实施就业扶贫。加强就业技能培训，开展东西部劳务协作，支持扶贫龙头企业带动就业，建立扶贫车间，设立公益性岗位，2020 年底，贫困劳动力务工规模达 3243 万人。

实施易地扶贫搬迁。坚持具备条件和群众自愿原则，全面摸排搬迁对象，合理确定住房面积，多渠道筹集资金。有序推进拆旧复垦，加强安置点配套设施和产业园区、扶贫车间等建设，提高公共服务水平，做好后续扶持工作，确保有劳动能力的搬迁群众家庭基本实现至少有 1 人就业的目标。

实施生态扶贫。在贫困地区实施退耕还林还草 7450 万亩，选聘 110.2 万贫困人口担任生态护林员，建立 2.3 万个扶贫造林合作社，实现脱贫攻坚与生态保护“双赢”。

实施教育扶贫。累计改造贫困地区义务教育薄弱学校 10.8 万所，帮助 800 多万贫困家庭初高中毕业生接受职业教育培训，重点高校定向招收贫困地区学生 70 多万人，每年为 3700 多万农村义务教育阶段学生提供营养餐，贫困家庭辍学学生全部劝返就读。

实施健康扶贫。将贫困人口全部纳入基本医保、大病保险、医

疗救助三项制度保障范围，提高贫困人口住院医疗费用实际报销比例，累计救治贫困患者2024万人，组织1007家三级医院与832个贫困县医院结对帮扶，完成贫困县乡村医疗卫生机构标准化建设。

实施危房改造。全面摸排鉴定贫困地区农户房屋，提高中央财政农村危房改造户均补助标准，790万户、2568万名贫困群众的危房全部得到改造。实施水利扶贫，2889万名贫困人口饮水不安全问题全部解决，贫困地区农田水利灌排设施大为改善，防洪抗旱减灾能力显著提升。

实施交通、电力、网络扶贫。支持贫困地区骨干通道建设，大力推进“四好农村路”建设，贫困地区新改建农村公路110万公里。无电人口用电问题全面解决，农网供电可靠率达到99%，大电网延伸到全国所有县级行政区域。实施网络扶贫，贫困村通光纤和4G比例均超过98%，电子商务进农村综合示范对贫困县实现全覆盖，贫困地区信息化建设实现跨越式发展。

实施金融扶贫。推动构建完善金融精准扶贫政策、产品、服务和工作体系，协调银行业、保险业、证券业持续加大金融支持力度，有效满足贫困地区和贫困户产业发展等资金需求。

实施兜底保障。聚焦特殊贫困群体，落实兜底保障政策，农村低保制度与扶贫政策有效衔接，提高农村低保保障水平。扶贫部门与民政部门定期开展数据比对，实现贫困人口“应保尽保”。全面实施困难残疾人生活补贴和重度残疾人护理补贴制度，建立动态调整机制。

4. 严把贫困退出关口，解决“如何退”的问题

建立贫困退出机制，明确贫困县、贫困村、贫困户退出的标准和程序。原国务院扶贫开发领导小组指导中西部22个省区市制定

脱贫摘帽滚动规划和年度减贫计划，每年委托第三方对摘帽县和脱贫人口进行专项抽查评估，确保退出结果真实。对摘帽县保持帮扶政策不变，留出缓冲期，确保稳定脱贫。

5. 建立健全最严格的脱贫攻坚督导考核机制，解决“如何评”的问题

采取督查巡查、省际交叉考核、第三方评估、扶贫资金绩效评价、媒体暗访等方式，开展脱贫攻坚成效考核，在找出脱贫攻坚中的突出问题和短板弱项基础上，及时提出解决方案和指导建议。协调 8 个民主党派中央开展脱贫攻坚民主监督，设立“12317”扶贫监督举报电话配合社会监督，把全面从严治党要求贯穿脱贫攻坚全过程、各环节。设立国家扶贫日，举办全国脱贫攻坚奖表彰大会暨先进事迹报告会，广泛宣传脱贫攻坚先进典型，多渠道争取更多力量，以考核成绩鼓舞士气。按照考核程序，脱贫攻坚考核结果将作为中央组织部对省级党委、政府主要负责人和领导班子综合考核评价的重要依据。（见图 1–1）

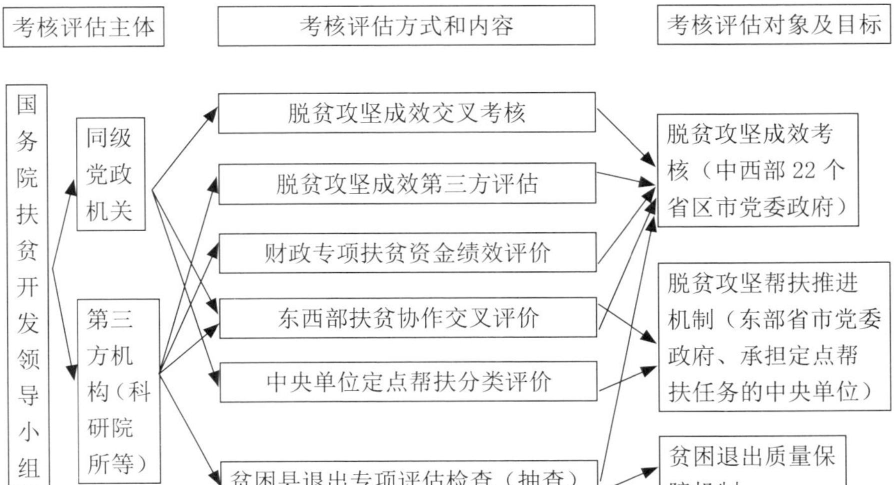

图 1–1　脱贫攻坚考核主体和考核方式基本框架

（四）持续推动社会扶贫

广泛动员社会力量，形成脱贫攻坚合力。东部省市与中西部省区市开展扶贫协作和对口支援，东部 9 个省、14 个市结对帮扶中西部 14 个省区市，2018—2020 年共向中西部 14 个省区市投入财政援助资金 677.3 亿元，选派挂职干部和专业技术人才 4.87 万人，引导近 2 万家企业赴协作地区投资，实际到位投资额 6127.4 亿元。中央单位开展定点扶贫，军队与贫困村结对帮扶，各级工会、共产主义青年团、妇女联合会、残疾人联合会等持续加大帮扶力度。联合相关部门开展民营企业“万企帮万村”精准扶贫行动，截至 2020 年底，精准扶贫行动已有 12.7 万家民营企业参与，精准帮扶 13.91 万个村，其中建档立卡贫困村 7.32 万个。建设社会扶贫网，动员社会组织、公民个人积极参与。2020 年已累计注册人数 7796 万人，发布贫困群众健康、教育、住房、民生等多类需求信息 735 万条，成功对接 582 万条。

（五）全力攻克深度贫困堡垒

2017 年，中共中央办公厅、国务院办公厅印发了《关于支持深度贫困地区脱贫攻坚的实施意见》，对深度贫困地区脱贫攻坚工作作出具体部署，明确了支持深度贫困地区脱贫攻坚的总体架构。原国务院扶贫开发领导小组指导“三区三州”所在六省区分别制定了脱贫攻坚实施方案，明确了深度贫困脱贫攻坚的作战图、时间表。六省区指导相关县进一步细化明确攻坚目标任务，实化了到村到人的扶贫项目、筹资渠道、减贫带贫效益、完成时限等内容，形成了“三区三州”攻克深度贫困堡垒的作战方案。

2018—2020 年，中央财政对“三区三州”等深度贫困地区测算安排 722 亿元，占 3 年新增资金总量的 60.2%（以 2017 年为基数），新增部分主要用于“三区三州”等深度贫困地区。省级财政向“三区三州”安排专项扶贫资金 285 亿元，占六省区扶贫资金的 35%。支持“三区三州”等深度贫困地区开展财政涉农资金统筹整合，2018—2020 年，六省区累计整合财政涉农资金 4000 多亿元，占全国累计整合资金的 40% 以上。对“三区三州”等深度贫困地区实行差异化信贷支持政策，通过适度延长贷款期限，实行差异化贷款利率等方式，更好满足深度贫困地区群众的合理融资需求。加大扶贫小额信贷力度，对符合条件且有发展生产意愿的贫困户应贷尽贷。对“三区三州”符合条件的企业首次公开发行股票，适用“即报即审、审过即发”政策。

除了加大资金投入力度外，对于深度贫困地区还采取了一系列土地人才等倾斜支持政策。2017 年以来，每年专项安排深度贫困地区每县 600 亩用地计划指标。深度贫困地区开展城乡建设用地增减挂钩，可不受指标规模限制，节余指标跨省域流转使用。将深度贫困地区建档立卡贫困户等重点对象危房改造户均补助标准由 1.4 万元增加到 1.6 万元，并将深度贫困地区其他农户的存量危房按照户均 1 万元的补助标准一并纳入支持范围。加快“三区三州”主通道建设，完善区域干线公路网络。在“十三五”时期文化旅游提升工程中增补一批旅游基建投资项目，专项用于支持“三区三州”等深度贫困地区旅游项目建设。允许“三区三州”等深度贫困地区县乡事业单位，适当放宽年龄、学历、专业、开考比例等招录（聘）条件。为就读技工院校的“三区三州”贫困家庭学生，在入学、落实助学政策、推荐就业等方面开辟招生绿色通道。将贫困劳动力和培训需求量大的职业（工种）纳入“三区三州”等深度贫困地区职业培训补贴目录。

二、脱贫攻坚主要成效

（一）农村贫困人口全部脱贫，全面建成小康社会

改革开放以来，我国成功解决了几亿农村贫困人口的温饱问题，成为世界上减贫人口最多的国家。但是，依然有部分人群难以摆脱贫困，贫困问题依然是经济社会发展中最突出的“短板”。截至 2015 年底，我国还有 5630 万农村建档立卡贫困人口，主要分布在 832 个国家扶贫开发工作重点县、集中连片特困地区县和 12.8 万个建档立卡贫困村，多数西部省份的贫困发生率在 10% 以上，民族八省区贫困发生率达 12.1%。

经过 8 年的持续奋斗，到 2020 年底，中国如期完成新时代脱贫攻坚目标任务，现行标准下 9899 万农村贫困人口全部脱贫，832 个贫困县全部摘帽，12.8 万个贫困村全部出列，区域性整体贫困得到解决，历史性地消除了绝对贫困，贫困地区和贫困群众同全国一道进入全面小康社会，为实施乡村振兴战略打下了基础。

（二）贫困地区农村居民收入大幅提高，生活水平显著提高

脱贫攻坚战打响之后，贫困地区农村居民人均可支配收入持续增长，从 2013 年的 6079 元增长到 2020 年的 12588 元，年均增长 11.6%，增长持续快于全国农村平均水平，增速比全国农村高 2.3 个百分点。建档立卡户人均可支配收入增长更快。建档立卡贫困人口的人均纯收入从 2015 年的 3416 元增加到 2019 年的 9808 元，年均增速达 30.2%；工资性和经营性收入占比从 77.5% 上升到 80%，转移性收入占比从 20.5% 下降到 16.9%，财产性收入占比从 2% 上升到 3.1%。

贫困地区农村居民的消费水平在不断提升，生活水平明显提高。

脱贫攻坚以来，贫困地区农村居民实现家庭耐用消费品从无到有，再到升级换代，汽车、洗衣机、电冰箱、移动电话、计算机等现代耐用消费品拥有数显著增加（见表 1–1）。洗衣机和电冰箱已基本成为家庭必备品，移动电话基本成为每个劳动力的必备品。耐用消费品的增加，不仅使贫困地区农村居民从繁重的家庭劳动中解脱出来，可以从事更多的生产经营活动，而且对外信息交流的接入设施设备条件的明显改善有助于缩小贫困户和非贫困户之间的信息鸿沟。

表 1–1　贫困地区农户耐用消费品拥有量改善情况

年份	汽车（辆／百户）	洗衣机（台／百户）	电冰箱（台／百户）	移动电话（部／百户）	计算机（台／百户）
2015	8.3	75.6	67.9	208.9	13.2
2016	11.1	80.7	75.3	225.1	15.1
2017	13.1	83.5	78.9	234.6	16.8
2018	19.9	86.9	87.1	257.8	17.1
2019	20.2	90.6	92.0	267.6	17.7
2020	26.4	92.6	100.1	260.9	19.8

资料来源：《中国农村贫困监测报告》，历年。

（三）基础设施和公共服务明显改善，区域发展条件优化

基础设施显著改善。截至 2020 年底，全国贫困地区新改建农村公路 110 万公里、新增铁路里程 3.5 万公里，贫困地区具备条件的乡镇和建制村全部通硬化路、通客车、通邮路，贫困地区因路而兴、因路而富。2016 年以来，新增和改善农田有效灌溉面积 8029 万亩，新增供水能力 181 亿立方米。农村地区基本实现稳定可靠的供电服务全覆盖，供电能力和服务水平明显提升。贫困村通光纤和 4G 比例均超过 98%，远程教育加快向贫困地区学校推进，远程医疗、电子商务覆盖所有贫困县，贫困地区信息化建设实现跨越式发展。（见表 1–2）

表 1–2　贫困地区自然村基础设施变化情况

年份	通公路	能便利乘坐公共汽车	进村主干道路硬化	通电话	通有线电视信号	通宽带
2015	99.7%	60.9%	94.1%	99.7%	92.2%	71.8%
2016	99.8%	63.9%	96.0%	99.9%	94.2%	79.8%
2017	99.9%	67.5%	97.6%	99.8%	96.9%	87.4%
2018	100.0%	71.6%	98.3%	99.9%	98.3%	94.4%
2019	100.0%	76.5%	99.5%	100.0%	99.1%	97.3%

资料来源:《中国农村贫困监测报告》，历年。

基本公共服务水平明显提升。2013 年以来，累计改造贫困地区义务教育薄弱学校 10.8 万所，实现贫困地区适龄儿童都能在所在村上幼儿园和小学。贫困地区公共文化服务水平不断提高，截至 2020 年底，中西部 22 个省区市基层文化中心建设完成比例达到 99.48%，基本实现村级文化设施全覆盖；持续推进文化下乡，贫困群众也有了丰富多彩的业余文化生活。贫困地区医疗条件显著改善，消除了乡村两级医疗卫生机构和人员“空白点”，98% 的贫困县至少有 1 所二级以上医院，贫困地区县级医院收治病种的中位数达到全国县级医院整体水平的 90%。贫困县农村低保标准全部超过国家扶贫标准，1936 万贫困人口被纳入农村低保或特困救助供养政策；6098 万贫困人口参加了城乡居民基本养老保险，基本实现应保尽保。（见表 1–3）

表 1–3　贫困地区自然村公共服务变化情况

年份	上幼儿园便利	上小学便利	有卫生室	垃圾能集中处理
2015	76.1%	81.7%	90.4%	43.3%
2016	79.7%	84.9%	91.4%	50.9%
2017	84.7%	88.0%	92.2%	61.4%
2018	87.1%	89.8%	93.2%	78.9%
2019	89.8%	91.9%	96.1%	86.4%
2020	93.1%	—	100.0%	92.1%

资料来源:《中国农村贫困监测报告》，历年。

特别值得一提的是，贫困人口医疗负担明显减轻。贫困人口医疗费用自付比例从 2016 年的 43% 下降到 2020 年的 10% 左右，建档立卡贫困人口整体医疗负担得到明显减轻。全国健康扶贫动态管理系统数据显示，截至 2019 年 9 月底，中国已累计分类救治贫困患者 1564 万余人，救治覆盖率达 98%，超过 70% 的救治患者实现了脱贫；大病救治患者数从 2017 年的 21.1 万人增加到 2019 年的 145.7 万人。

（四）率先完成减贫任务，为全球减贫事业作贡献

作为世界上最大的发展中国家，中国一直是全球减贫与发展事业的倡导者、推动者和践行者。不仅成功实现本国的减贫任务，而且积极协助其他发展中国家开展扶贫工作，为全球减贫事业贡献中国智慧和中国力量。

1. 率先实现联合国的减贫目标

2000 年，联合国千年首脑会议通过了以减贫为首要目标的“千年发展目标”；2016 年，联合国正式启动《2030 年可持续发展议程》，郑重提出要在全世界消除一切形式的贫困。中国积极响应联合国的号召，加快扶贫开发进程。2015 年就基本实现“千年发展目标”，成为全球最早实现“千年发展目标”中减贫目标的发展中国家。“十三五”时期，中国通过脱贫攻坚，彻底消除极端贫困，全面建成小康社会，提前 10 年实现联合国《2030 年可持续发展议程》的减贫目标，对世界减贫贡献率达到 70%。

2. 积极开展国际减贫合作

中国设立“中国 – 联合国和平与发展基金”和“南南合作援助基金”，全面落实南南合作圆桌会上宣布的“100 个减贫项目”；在

“东亚减贫合作倡议”“中非减贫惠民合作计划”框架下扎实推进合作项目；不断深化联合国《2030年可持续发展议程》同共建“一带一路”对接，打造减贫和发展新引擎。通过对外援助、减免债务、增加进口、扩大投资等措施，中国努力帮助发展中国家特别是最不发达国家增强自身发展能力，推动建立以合作共赢为核心的新型国际减贫交流合作关系。

3. 为全球减贫贡献中国方案和智慧

中国在逐步实现脱贫攻坚目标的进程中，不断总结形成中国经验和中国方案，向世界贡献减贫智慧，具有深远世界意义。正如联合国秘书长古特雷斯谈到中国减贫成绩时强调，精准扶贫方略是帮助贫困人口、实现《2030年可持续发展议程》设定的宏伟目标的唯一途径，中国的经验可以为其他发展中国家提供有益借鉴。

第二章
巩固拓展脱贫攻坚成果的科学内涵和重大意义

习近平总书记指出，脱贫摘帽不是终点，而是新生活、新奋斗的起点。中国消除绝对贫困的历史性成就是经过百年奋斗、付出巨大代价才得来的，要在新征程持续奋斗中不断巩固；巩固脱贫攻坚成果是全面推进乡村振兴、推动共同富裕建设的底线要求，也是中国共产党百年大党初心和使命的体现，脱贫攻坚为乡村振兴和农民农村共同富裕打下了初步基础，也将在全面推进乡村振兴、对接共同富裕中实现巩固和进一步拓展。2020 年，中共中央、国务院出台了《中共中央　国务院关于实现巩固拓展脱贫攻坚成果同乡村振兴有效衔接的意见》，对巩固拓展脱贫攻坚成果同乡村振兴有效衔接提出了指导意见；2021 年，《“十四五”推进农业农村现代化规划》对促进农民农村共同富裕、推进乡村全面振兴进行了谋划部署。

第一节　巩固拓展脱贫攻坚成果的科学内涵

科学分析巩固拓展脱贫攻坚成果的内涵，是理解巩固拓展脱贫攻坚成果重要意义的前提，是做好巩固拓展脱贫攻坚成果的现实需要，也是丰富中国特色反贫困理论体系的必要诉求。

许多学者对巩固拓展脱贫攻坚成果及其同乡村振兴有效衔接进行了探讨，分析了巩固拓展脱贫攻坚成果的内涵，主要是围绕巩固什么、拓展什么以及如何巩固、如何拓展进行了讨论，认为“巩固”主要是确保脱贫攻坚取得的成果稳定可持续，“拓展”则是在脱贫攻坚成果的基础上，进一步提质扩容以衔接乡村振兴工作（杜鹰，2021[①]；黄承伟，2021[②]；程国强等，2022[③]；尹成杰，2022[④]）。

在对学者们的讨论和政府有关文件进行梳理的基础上，我们从“巩固”和“拓展”两个方面对巩固拓展脱贫攻坚成果的科学内涵进行了分析。可简要归纳为：“巩固”主要是确保“两不愁三保障”和其他脱贫攻坚成果的稳定可持续；“拓展”既是对脱贫攻坚成果的提质提标，同时也要放到衔接乡村振兴、促进农民农村共同富裕的远景目标下思考。

一、巩固脱贫攻坚成果

“巩固”的内涵主要是巩固好脱贫攻坚取得的成果。具体有以下几个方面：

一是牢牢守住不发生规模性返贫的底线。巩固好“两不愁三保障”成果，确保脱贫人口不返贫、不产生新的致贫人口（黄承伟，

① 杜鹰：《认真总结脱贫攻坚实践经验　切实巩固拓展脱贫攻坚成果》，《宏观经济管理》2021 年第 6 期。

② 黄承伟：《脱贫攻坚有效衔接乡村振兴的三重逻辑及演进展望》，《兰州大学学报（社会科学版）》2021 年第 6 期。

③ 程国强、马晓琛、肖雪灵：《推进巩固拓展脱贫攻坚成果同乡村振兴有效衔接的战略思考与政策选择》，《华中农业大学学报（社会科学版）》2022 年第 6 期。

④ 尹成杰：《巩固拓展脱贫攻坚成果同乡村振兴有效衔接的长效机制与政策研究》，《华中师范大学学报（人文社会科学版）》2022 年第 1 期。

2021[①]）。在脱贫攻坚期，我们党的一个庄严承诺就是要实现现行标准下贫困人口全部脱贫，且我们党也完成了这一承诺，在脱贫攻坚结束之后、全面推进乡村振兴、向第二个百年奋斗目标前进的过程中没有理由削弱脱贫攻坚期取得的成果，再次出现贫困人口和贫困现象。要着力构建防止返贫监测和帮扶机制，确保脱贫人口不返贫、不产生新的脱贫人口，是农村居民开启新生活，向农民农村共同富裕迈进的根本保证。

二是保持现有的帮扶机制、力度和政策总体稳定。政府在实践中建立了脱贫攻坚工作机制、领导责任制，向贫困村选派了第一书记和扶贫工作队，为夺取脱贫攻坚的伟大胜利提供了组织和政治保证（张娟娟，2022[②]）。脱贫攻坚期间，中央、省市县财政专项扶贫资金累计投入 1.6 万亿元，也通过其他渠道投入了大量的扶贫资金；各级政府、各行业部门也出台了涉及兜底保障、健康、医疗、教育、住房等的诸多帮扶政策，为打赢脱贫攻坚战提供了有力的投入和政策保障。在脱贫攻坚结束之后，要毫不动摇坚持党的领导，坚持“五级书记”抓成果巩固，继续向重点帮扶村选派第一书记和驻村工作队，用好脱贫攻坚期发掘的工作机制体制；继续巩固好多渠道、多样化的资金投入保障，进一步巩固、完善和调整脱贫攻坚期形成的各项帮扶政策，以确保脱贫成果能够稳定可持续。

三是巩固好脱贫攻坚期形成的基础设施和公共服务成果。基础设施和公共服务是改善脱贫人口生活和脱贫地区面貌的先决条件，脱贫攻坚期脱贫地区的路、水、电、网都得到了有效改善，教育、

① 黄承伟：《脱贫攻坚有效衔接乡村振兴的三重逻辑及演进展望》，《兰州大学学报（社会科学版）》2021 年第 6 期。

② 张娟娟：《建立健全巩固拓展脱贫攻坚成果长效机制》，《宏观经济管理》2022 年第 3 期。

医疗等公共服务供给明显提升；在完成脱贫攻坚之后，应该持续完善农村地区基础设施（程国强，2021[①]），进一步强化基础设施建设以及进一步推进公共服务提质升级，不断增强脱贫地区和脱贫群众的生活便利程度以及幸福感。

四是巩固好脱贫产业成果。产业扶贫是脱贫攻坚战中的重要举措，贫困地区一大批特色优势产业粗具规模，同时也通过小额信贷支持贫困户发展产业，建立起了产业带贫机制，让贫困户通过产业发展获得增收。脱贫成果的稳固在于脱贫群体收入的稳固提升，而脱贫群体收入的稳固提升则在于脱贫产业是否可持续（李小云，2021[②]）。巩固产业扶贫成果，一方面要确保农村发展起来的产业稳定发展，能为农户带来持续增收；另一方面，要做好扶贫产业项目的可持续发展，让这批扶贫产业项目能够持续稳定地为脱贫地区和脱贫农户带来收益。

五是做好易地搬迁后续帮扶。脱贫攻坚期建成了集中安置区 3.5 万个、安置住房 266 万套，960 多万人“挪穷窝”搬进了新家，是一种重要的脱贫手段。易地搬迁户虽已得到了较好的安置，但部分搬迁农户仍面临如何融入安置社区以及稳步增收致富的问题（白永秀等，2022[③]）。在完成脱贫攻坚之后，需要持续从就业需要、产业发展、后续配套设施和社区融入等方面巩固易地搬迁脱贫成果，确保搬迁群众稳得住、有就业、逐步能致富。

---

① 程国强：《构建新发展格局　全面推进乡村振兴》，《华中农业大学学报（社会科学版）》2021 年第 3 期。

② 李小云：《巩固拓展脱贫攻坚成果的政策与实践问题》，《华中农业大学学报（社会科学版）》2021 年第 2 期。

③ 白永秀、苏小庆、王颂吉：《巩固拓展脱贫攻坚成果同乡村振兴衔接的理论与实践逻辑》，《人文杂志》2022 年第 4 期。

二、拓展脱贫攻坚成果

“拓展”主要是在脱贫攻坚取得的成果持续稳定的基础上，继续提质扩容，逐步衔接乡村振兴、对接共同富裕远景目标。乡村振兴以“产业兴旺、生态宜居、乡风文明、治理有效、生活富裕”为指导方针，立足于促进农业农村农民全面发展，改善农村相对于城市的落后状况；共同富裕是社会主义的本质要求，农民农村共同富裕则是旨在使农民农村共享改革发展成果和幸福美好生活，是实施乡村振兴战略的最终目标所在。从近期现实实践来看，拓展脱贫攻坚成果重点要同全面推进乡村振兴衔接；从远景规划来看，拓展脱贫攻坚成果要对接好党中央、国务院对扎实推进乡村振兴、促进农民农村共同富裕的系列安排。

衔接全面乡村振兴，要调整领导体系和政策体系。脱贫攻坚期间形成了一套集中资源打赢脱贫攻坚战的领导和政策体系，进入全面推进乡村振兴阶段，“三农”工作的重心要从脱贫地区和脱贫人口逐步过渡到全国所有农村地区和农村人口上来，在强调进一步健全增收机制的同时也强调推进乡村产业、人才、文化、生态、组织等全方面的振兴（黄祖辉、钱泽森，2021①），工作覆盖面和纵深较脱贫攻坚阶段有较大的扩展。脱贫攻坚期形成的领导和政策体系需要调整以衔接全面推进乡村振兴工作，一方面要充分吸收脱贫攻坚期形成的优秀工作经验和机制（如“精准”方法论、“五级书记”抓扶贫等）；另一方面，要在逐步推进乡村振兴工作中发掘更加有效的工作经验和方法。唯有科学合理的领导和政策体系才能更好地凝聚各方合力，以夺取乡村振兴建设新的更大的胜利。

① 黄祖辉、钱泽森：《做好巩固拓展脱贫攻坚成果同乡村振兴有效衔接》，《南京农业大学学报（社会科学版）》2021 年第 6 期。

衔接全面乡村振兴，要调整农村低收入人口帮扶机制。脱贫攻坚期间通过建立全国扶贫信息网络系统对贫困户进行建档立卡以实现精准扶贫，有效帮助农村贫困人口摆脱贫困。进入过渡期，建立了防止返贫监测和帮扶机制作为建档立卡帮扶机制的后续帮扶机制，以保障脱贫人口不返贫、不产生新的贫困人口。在推进乡村振兴的背景下，原有针对建档立卡贫困户的帮扶政策体系在过渡期要实现合理把握调整节奏和力度，在帮扶对象、帮扶标准和帮扶政策上进行调整，以衔接乡村振兴对农民生活富裕的规划。

衔接全面乡村振兴，要培育乡村可持续发展产业。脱贫攻坚期间通过政府项目资金、农户自主建设发展了大量的乡村产业，对脱贫地区农户增收起到了重要作用。但是，脱贫攻坚期间发展起来的产业尚处于起步期，存在产业类型雷同、链条单一、技术含量不高、融合不足等问题（李小云，2021[①]），可持续发展能力不强，对农户的增收作用效果较弱，无法满足乡村振兴和农民农村共同富裕的要求。产业兴旺才能带动农村居民增收致富。故需要在脱贫成果基础上，进一步完善产业基础设施建设，持续培育发展优势特色产业、发展新产业新业态，培育壮大各类型新型农业经营主体，完善产业联农带农机制，形成产业发展带动农村低收入人口增收致富的长效机制。

对接共同富裕目标，要促进农村低收入人口收入的更快增长。巩固脱贫攻坚成果对农村低收入人口的要求是不出现返贫人口和不出现新的致贫人口，而农民农村共同富裕则是要求实现农村居民生活富裕、缩小农村内部以及农村居民和城市居民之间的收入差距，这就要求农村低收入人口的收入要以高于其他群体的速度增

① 李小云:《巩固拓展脱贫攻坚成果的政策与实践问题》,《华中农业大学学报（社会科学版）》2021 年第 2 期。

长。这就要求一方面要大力发展乡村产业、加快农业产业化，使更多农村居民勤劳致富；另一方面，要逐步构建对低收入农户帮扶的“一底线三支柱”政策体系：以构建精准性低收入人口监测和帮扶体系，在初次分配领域实现包容性经济增长，在再分配领域强化益贫性公益服务，在三次分配领域鼓励可持续性社会帮扶；通过助力农民自主增收和收入分配机制的调整促进农村低收入人口收入的更快增长。

对接共同富裕目标，要实现农村基础设施和公共服务提质升级。脱贫攻坚期主要在路、水、电、网方面做到了农村全覆盖，在农村义务教育、医疗保障等公共服务领域做到了基础保障。在全面推进乡村振兴、促进农民农村共同富裕的背景下，基础设施和公共服务仍存在短板。要确保乡村道路通畅、强化乡村供水质量、提升农村住房保障水平、加强乡村清洁能源建设、推进数字乡村建设以补足乡村基础设施短板；更要通过强化脱贫地区外联通道建设、重大水利工程建设、电网改造和物流体系以补足农村地区发展重大基础设施短板。在公共服务领域，要求在义务教育和基本医疗保障的基础之上，要按照“幼有所育、学有所教、劳有所得、病有所医、老有所养、住有所居、弱有所扶以及优军服务保障、文体服务保障”等 9 个方面逐步推进基本公共服务城乡和区域均等化。

巩固拓展脱贫攻坚成果，要捋清楚巩固和拓展的关系。巩固和拓展不是截然分开的两个部分而是有机统一的整体，巩固是拓展的基础，摆脱绝对贫困的地区只有在牢牢巩固脱贫攻坚成果的基础上才能逐步衔接乡村振兴、对接共同富裕目标；推进乡村振兴和共同富裕的底线要求是巩固脱贫成果，巩固脱贫成果、牢牢守住不发生规模性返贫的底线将贯穿于整个乡村振兴乃至推进农民农村共同富裕的过程。

总而言之，巩固拓展脱贫攻坚成果，最基础最核心的部分在于巩固，以牢牢守住不发生规模性返贫为底线保持脱贫成果稳定可持续；在常态化巩固脱贫成果中衔接全面推进乡村振兴，对接共同富裕远景目标。

第二节　巩固拓展脱贫攻坚成果的历史逻辑

2020 年我国历史性消除绝对贫困、全面建成小康社会，“三农”工作重心转移到全面推进乡村振兴上。从历史逻辑上来看，巩固拓展脱贫攻坚成果是党坚守初心和使命，在脱贫攻坚历史成就的基础上继续发展，衔接全面推进乡村振兴的关键一环。

一、巩固拓展脱贫攻坚成果是中国共产党百年反贫困的历史延续

中国共产党自成立以来，始终把为中国人民谋幸福、为中华民族谋复兴作为初心使命，确立了以消灭剥削、实现共产主义为奋斗目标，始终把保障和改善民生作为执政的重要指向。在新民主主义革命时期，中国共产党把农民翻身解放作为革命的基本问题，团结领导广大农民“打土豪、分田地”，实行“耕者有其田”[①]，以“保障农民的生存权利”为目标。在社会主义革命和建设时期，贫困治理的核心是缓解绝对贫困，重点是解决农民温饱问题，通过变革社会制度和建立低水平的社会保障体系来实现，在全国范围内减少了农村贫困：一是开展土地改革，废除了封建土地制度，消除了造成农民贫困的主要制度因素；二是对农业、手工业和资本主义工商业进

① 习近平：《在全国脱贫攻坚总结表彰大会上的讲话》，人民出版社，2021，第 3 页。

行了社会主义改造，建立了社会主义基本制度，为解决贫困问题提供了基本制度保障；三是开展社会主义建设，建立起了独立完整的工业体系和国民经济体系，大力发展集体经济和农田水利，开展农村教育和合作医疗，建立了以集体经济为基础的农村初级社会保障体系。

改革开放时期，中国社会快速发展，反贫困工作进入了开发式扶贫阶段。1978—1985 年，中国农村贫困人口基数大，贫困发生率高。以邓小平同志为核心的第二代中央领导集体作出“贫穷不是社会主义，社会主义要消灭贫穷”[①]的论断，制定了“三步走”战略。这一时期主要以体制改革推动扶贫工作，实施了一系列农业农村重大改革，在农村实施以家庭联产承包为主的生产责任制和统分结合的双层经营体制，理顺了农村的基本生产关系，调动了农民的生产积极性，使得农业生产迅速扭转了长期徘徊不前的局面；实施了农产品流通体制改革，促进了农村整体收入水平的提高，通过建立和完善这一具有缓解贫困作用的农村制度；从 1978 年到 1985 年，农村人均粮食产量增长 14%，农民人均纯收入增长了 2.6 倍，没有解决温饱问题的农村贫困人口从 2.5 亿人减少到 1.25 亿人，农村贫困人口大幅度减少。

1986—1993 年，国家实施了区域开发式扶贫战略。1986 年 4 月通过的《中华人民共和国国民经济和社会发展第七个五年计划（1986—1990）》中，在“地区布局和地区经济发展政策”部分中将“老、少、边、穷地区的经济发展”单列，在资金、税收方面对其进行扶持以促进上述地区的经济发展；1986 年 5 月 16 日，成立国务院贫困地区经济开发领导小组及其办公室，确立了扶贫标准、重点

① 邓小平：《邓小平文选（第三卷）》，人民出版社，1993，第 116 页。

片区和贫困县，开始进行有计划有组织的大规模专项扶贫行动，实施了“三西”农业建设。通过一系列的重大举措，推动了农村经济发展，到 1993 年底，农村贫困人口由 1.25 亿人减少到 8000 万人，占农村总人口的比重从 14.8% 下降到 8.7%。

20 世纪 90 年代初，农村贫困问题开始缓解，但是区域间发展不均衡问题突出，以江泽民同志为核心的第三代中央领导集体提出了全面建设小康社会的目标，继续推进大规模扶贫开发的国家行动。1994 年，国务院印发了《国家八七扶贫攻坚计划（1994—2000 年）》，提出从 1994 年到 2000 年，力争用 7 年左右的时间，基本解决当时全国农村 8000 万贫困人口的温饱问题；到 2000 年，全国农村贫困人口的温饱问题基本解决。2001 年，国务院印发了《中国农村扶贫开发纲要（2001—2010 年）》，在已有基础上继续纵深推进扶贫工作。按照当时的扶贫标准，2000 年底中国农村贫困人口减少到 3209 万人，贫困发生率降低到 3.5%。

进入 21 世纪，以胡锦涛同志为总书记的中共中央提出了全面建成小康社会的目标，推进社会主义新农村建设，把中西部地区作为扶贫工作重点区域，在 592 个国家扶贫工作重点县的基础上，选定 15 万个贫困村作为扶贫对象。实施参与式“整村推进”扶贫、西部大开发、振兴东北地区等老工业基地、中部地区崛起等国家区域发展战略；取消农业税，建立新型农村合作医疗等一系列农村社会保障制度；这一时期的扶贫是以整村推进和扶贫开发政策与最低生活保障制度衔接的“两轮驱动”扶贫战略；大多数贫困群体的温饱问题得以解决，扶贫开发对促进国民经济持续健康发展，缓解区域、城乡差距扩大趋势作出了重要贡献；按当时的扶贫标准，2010 年底中国农村贫困人口减少到 2688 万人，贫困发生率降低到 2.8%。

党的十八大以来，以习近平同志为核心的党中央把扶贫开发摆在了治国理政的突出位置，提升到事关全面建成小康社会、实现第一个百年奋斗目标的新高度。2012 年底，习近平总书记在河北省阜平县考察扶贫开发工作时强调，“全面建成小康社会，最艰巨最繁重的任务在农村特别是在贫困地区。没有农村的小康，特别是没有贫困地区的小康，就没有全面建成小康社会”①。党中央将脱贫攻坚纳入“五位一体”总体布局和“四个全面”战略布局，明确到 2020 年现行标准下农村贫困人口实现脱贫、贫困县全部摘帽、解决区域性整体贫困的目标任务；汇聚全党全国力量打响脱贫攻坚战，充分发挥了党的领导和社会主义制度的政治优势，采取了许多具有原创性、独特性的重大举措，组织实施了人类历史上规模最大、力度最强的脱贫攻坚战。经过 8 年的艰苦奋斗，中国共产党在 2021 年宣告脱贫攻坚战取得了全面胜利，现行标准下 9899 万农村贫困人口全部脱贫，832 个贫困县全部摘帽，12.8 万个贫困村全部出列，区域性整体贫困得到解决，完成了消除绝对贫困的艰巨任务，创造了又一个彪炳史册的人间奇迹。

中国历史性消除绝对贫困的成就，是百年来中国共产党领导中国人民持续不断奋斗，在新民主主义革命时期、社会主义革命和建设时期、改革开放和社会主义现代化建设新时期贫困治理工作历史成就基础上接续奋斗而实现的；从这一历史视角来看，脱贫攻坚战的胜利绝不是中国反贫困工作的终点，而是下一个征程的新起点——我们今后一段时期将在解决绝对贫困这一历史成就的基础上向全体人民共同富裕新的历史任务迈进，这要求我们立足百年奋斗取得的成就，巩固和拓展好脱贫攻坚成果，促进脱贫地区、脱贫人口从全面小康走向共同富裕。

① 中共中央党史和文献研究院编《习近平扶贫论述摘编》，中央文献出版社，2018，第 4 页。

二、巩固拓展脱贫攻坚成果是贫困治理艰巨性和长期性的必然要求

当前我国虽然打赢了脱贫攻坚战，消除了区域性整体贫困，但一方面脱贫攻坚仍有不稳定因素，另一方面贫困的形式和内容在不同的历史时期会发生变化。这就要求必须巩固拓展好脱贫攻坚成果，确保脱贫人口不返贫、不出现新的致贫人口，帮助脱贫地区群众逐步迈向共同富裕。

首先，当前仍存在的返贫致贫风险要求巩固和拓展好脱贫攻坚成果。在脱贫攻坚期间,我们采取了超常规的政策和投入进行扶贫，完成了消除绝对贫困的任务；但是从长期发展来看，脱贫仍然不稳定，还需持续巩固。由于自然、历史等因素影响，虽然脱贫地区、脱贫群众解决了“两不愁三保障”，摆脱了绝对贫困，但是部分地区的脱贫基础尚不稳固。一是根据调研数据显示，仍有相当比例的农户在脱贫之后收入水平比较低，且部分脱贫农户因依赖外部“输血”脱贫，内生“造血”功能不足，存在较大的返贫风险；二是部分脱贫地区在“三保障”和饮水安全上仍然有短板：部分家庭的疾病负担仍然较重、部分脱贫县解决住房安全的能力有待提升、少数地区饮水保障仍有短板、存在季节性缺水等问题；三是脱贫地区产业发展不足，脱贫地区经济基础薄弱，大多数扶贫产业创新能力不足、产品同质化严重、产业融合度较低，难以持续稳定为脱贫地区农户带来增收；四是扶贫政策退出带来返贫风险，脱贫攻坚结束之后，脱贫地区刚刚迈上发展轨道，如果已有支持政策退出过快，则会产生较大的返贫风险和压力。在中国百年反贫困工作打下的坚实基础上，又有脱贫攻坚期投入庞大的人力物力财力，我们的脱贫仍然存在薄弱之处，可见贫困治理的艰巨性，这要求在新的历史起点

上要巩固和拓展好脱贫攻坚成果，确保脱贫攻坚成果稳固牢靠。

其次，贫困治理的长期性要求持续稳定地巩固和拓展好已经取得的脱贫成果。随着社会经济的发展，人民对美好生活的向往的内涵发生变化，贫困的形式和内容也发生改变。绝对贫困是一定时期按照一定标准衡量的贫困现象，随着经济社会发展、人民生活水平的提高，绝对贫困的标准也会发生变化。在我国，对“贫困”的衡量标准是以每人每天摄入 2100 大卡热量为基本食物消费的最低标准；1978 年，按照当时人均年收入 100 元的农村贫困标准，中国有 2.5 亿人口生活在这一水平以下。1986 年，中国第一次制定了扶贫标准（人均年收入 206 元），这一贫困标准对应 1.25 亿人，按这一标准，2000 年底中国农村贫困人口减少至 3209 万人；但到了 2001 年，在制定国家第一个十年农村扶贫开发纲要时将贫困标准提高到 865 元，对应贫困人口 9422.8 万人，贫困发生率再次增加，经过 10 年扶贫，这一标准下 2010 年贫困人口减少至 2688 万人；2011 年制定第二个十年农村扶贫开发纲要时，将标准提高到 2300 元（以 2010 年不变价为标准），对应贫困人口 1.22 亿人，贫困发生率再次升高。在脱贫攻坚期，脱贫的标准为“一收入两不愁三保障”，即收入达到扶贫标准线上实现不愁吃、不愁穿，义务教育、基本医疗和住房安全有保障；在过渡期建立的防止返贫监测与帮扶机制中，各省区市根据本省经济发展水平又调整了不同的收入监测标准。

回顾中国历次贫困标准的调整，每一次重新划定贫困标准都会产生大量新的贫困人口，似乎陷入“扶贫—制定新标准—再扶贫”的循环之中。在历史性消除绝对贫困之后，我们站在了新的历史起点上，要充分汲取历史经验、理解贫困治理长期性的特点，巩固和拓展好脱贫攻坚取得的成果以确保不再产生新的贫困人口，持续提高低收入人口的福利水平，不断缓解相对贫困。

脱贫攻坚战取得圆满胜利后，脱贫地区、脱贫人口摆脱了绝对贫困，但是脱贫基础尚不牢固，农村低收入人口仍然存在发展困难。一是脱贫不稳定户，二是建档立卡时未纳入贫困群体的边缘户，三是家庭突发严重困难户，四是低保户，这 4 类群体虽然在政府的帮助下在 2020 年这个时间点上摆脱了绝对贫困，但是其自身发展能力仍然较弱。随着时间的推移和社会的发展，因为各种复杂的因素仍有可能会使这几类群体处于生活困难的境遇之中，故而在脱贫攻坚结束之后，我们要持续提高农村低收入人口的福利水平，以确保他们共享改革与发展的成果。

脱贫攻坚结束并不意味着中国减贫工作的完成，而是标志着贫困治理工作从聚焦消除绝对贫困转移到缓解相对贫困的阶段；这是更多维、更深层的贫困问题。党的十九届四中全会提出要建立解决相对贫困的长效机制，而随后的政策文件中更多强调“低收入人口”，更多注重加强对农村低收入人口的监测和帮扶；以不发生规模性返贫为底线，促进低收入人口收入的更快增长与缓解相对贫困在含义上基本一致。在消除绝对贫困之后的新的历史起点上，不断缓解相对贫困成了贫困治理的新的工作任务，也是全面推进乡村振兴、促进农民农村共同富裕的内在要求。

第三节　巩固拓展脱贫攻坚成果的现实逻辑

2017 年 10 月 18 日，党的十九大首次提出乡村振兴战略，要求按照“产业兴旺、生态宜居、乡风文明、治理有效、生活富裕”的要求推动农业农村现代化；2018 年，中共中央、国务院发布了《中共中央　国务院关于实施乡村振兴战略的意见》；2020 底，中国如期打赢脱贫攻坚战，现行标准下贫困人口全部脱贫，区域性整体贫困得到解决，乡村振兴战略同脱贫攻坚的政策叠加期结束。习近平总书记在当年的中央农村工作会议上强调，脱贫攻坚取得胜利后“三农”工作重心要转移到全面推进乡村振兴上来，这一历史性转移要求巩固脱贫攻坚成果要与乡村振兴有效衔接。从 2021 年到 2023 年连续三年的“中央一号”文件可以看出，在做好巩固脱贫攻坚成果工作的同时更加注重乡村振兴的全面推进是贫困治理工作面临的现实环境，这要求在巩固和拓展脱贫攻坚成果的工作中必须衔接好全面推进乡村振兴，以凝聚合力进而更好地迈向第二个百年奋斗目标。

一、巩固脱贫攻坚成果是全面推进乡村振兴的基本要求

在打赢脱贫攻坚战、全面建成小康社会之后，中国“三农”工作重点转移到了全面推进乡村振兴上来，但是这并不意味着贫困治理工作的终结，巩固和拓展好脱贫攻坚取得的成果是乡村振兴的基本要求。2021 年底，习近平总书记主持中共中央政治局常委会研究“三农”工作时指出乡村振兴的前提是巩固脱贫攻坚成果，要持续抓紧抓好，让脱贫群众的生活更上一层楼。

打赢脱贫攻坚战是实施乡村振兴战略的先决条件。从党的十九大报告对社会主义现代化建设的战略安排来看，将 2017 年到本世纪中叶的建设划分为三个阶段：第一个阶段是决胜全面建成小康社会，第二个阶段是基本实现社会主义现代化，第三个阶段是把我国建成富强民主文明和谐美丽的社会主义现代化强国。脱贫攻坚的胜利是全面建成小康社会，实现第一个百年奋斗目标的底线任务，重点关注消除绝对贫困；而乡村振兴则对接第二个百年奋斗目标，是在尝试探索中国现代化发展中如何对农业、农村、农民进行现代化

改造，以服务于中国式现代化和中华民族伟大复兴，最终要实现乡村全面振兴，农业强、农村美、农民富全面实现。脱贫攻坚取得全面胜利、农村贫困人口全部脱贫，是推进乡村振兴的先决条件。

巩固拓展脱贫攻坚成果是全面推进乡村振兴的底线要求。脱贫攻坚关注绝对贫困，重点关注农村人口的基本生活保障。脱贫攻坚是政府在短期内采用超常规的政策和投入完成的，脱贫地区和脱贫群众还没有时间积累坚实的发展基础，脱贫成果还不是很稳定：一是部分脱贫农户的收入水平仍然处于低水平；二是部分脱贫地区的扶贫产业才刚刚起步，技术、资金、人才、市场等支撑还不强；三是部分脱贫地区在“三保障”等方面仍然存在短板，在面对重大风险时仍有返贫致贫的风险，而全面推进乡村振兴要实现农民生活富裕，不发生规模性返贫是其底线要求。

二、脱贫攻坚为全面推进乡村振兴奠定基础

在 8 年的脱贫攻坚期间，党和政府向贫困地区投入了大量的人力、物力、财力，使得各种生产要素充分流入乡村，乡村的基础设施建设、公共服务、产业发展都得到了长足的进步，同时也积累了大量的工作经验，为全面推进乡村振兴奠定了坚实基础。

脱贫攻坚为全面推进乡村振兴提供了现实基础。在脱贫攻坚期间，党和政府为了解决贫困地区的“两不愁三保障”问题，在贫困地区大兴基础设施建设，具备条件的乡镇和建制村全部通硬化路、通客车、通邮路，农网供电可靠率达 99%，贫困村通光纤和 4G 比例均超过 98%，许多贫困农户通了自来水。公共服务明显改善，贫困地区适龄儿童都能在所在村上幼儿园和小学，消除了乡村两级医疗卫生机构和人员“空白点”，基本养老保险实现了应保尽保。贫困农户收入实现了快速增长，工资性和经营性收入占比提升，家庭

耐用消费品实现了从无到有再到升级换代，洗衣机和电冰箱基本成为家庭必备品，移动电话也成为农户对外进行交流的基本设备；贫困地区特色产业逐渐发展，在脱贫攻坚期间培育和发展的一大批特色优势产业已经粗具规模。持续巩固和拓展好脱贫攻坚取得的基础设施、公共服务和经济发展成果，能够有效衔接全面推进乡村振兴，为乡村的产业发展、基本公共服务均等化和农民增收提供可靠的基础。

脱贫攻坚为全面推进乡村振兴提供了历史经验。中国共产党领导全国各族人民奋斗 8 年夺取了脱贫攻坚战的胜利，同时也积累了宝贵的反贫困和乡村工作经验，这些经验对于全面推进乡村振兴同样具有指导意义。脱贫攻坚期间建立的工作机制、脱贫攻坚领导责任制，以及向贫困村选派第一书记和驻村工作队的工作方法在乡村振兴中仍然能发挥较大作用。在推进乡村振兴期间要毫不动摇坚持和加强党的领导，坚持“五级书记”抓乡村振兴，向重点乡村选派第一书记和驻村工作队，着力提升乡村治理能力。在脱贫攻坚过程中，创造性地提出了“六个精准”和“五个一批”的精准方略，解决了扶持谁、谁来扶、怎么扶、如何退、如何稳的问题，增强了脱贫攻坚的针对性，有效提升了在决胜期解决深度贫困问题的效能（黄承伟，2022[①]），这一“精准”的方法论在乡村振兴的过程中仍然能够发挥作用。

三、衔接全面乡村振兴，推动脱贫攻坚进一步巩固和拓展

脱贫攻坚结束之后“三农”工作重心向全面推进乡村振兴转移，

① 黄承伟:《巩固拓展脱贫攻坚成果同乡村振兴有效衔接的战略演进逻辑》,《农业经济问题》2022 年第 6 期。

这个转移不是脱贫攻坚的简单延伸，不是某一个方面或者几个方面的转移，而是涉及农业农村农民的全方位的立体式的转移。脱贫攻坚主要解决的是贫困地区的绝对贫困问题，而乡村振兴关注的是全国所有乡村地区产业、人才、文化、生态和组织等全方面的发展，即乡村振兴是在脱贫攻坚基础上对“三农”向更宽的领域、更深的层次延续发展。

全面推进乡村振兴是脱贫攻坚的接续。脱贫攻坚是乡村振兴的优先任务，针对农村绝对贫困人口；乡村振兴则是脱贫攻坚的延续和发展，瞄准农业农村现代化（杜婵、张克俊，2021①；黄承伟，2021②）。脱贫攻坚期政府在“两不愁三保障”、基础设施、公共服务、乡村产业等方面展开了大量工作，改善了贫困地区的社会面貌；全面推进乡村振兴则是在稳固脱贫攻坚成果的基础上，进一步在农村地区加强基础设施建设、提升公共服务供给水平、推动乡村产业继续发展、增强农村基层治理能力，以达到农业强、农村美、农民富的目标。

全面推进乡村振兴是脱贫攻坚的扩容升级。脱贫攻坚是在一定时期内的短期攻坚战，而乡村振兴则是“三农”工作领域长期和整体的发展战略规划，从脱贫攻坚转入乡村振兴，是由短期任务向长期规划的变动和提升。脱贫攻坚聚焦于全面消除绝对贫困，标准是农民的收入达到贫困线标准，并且能够实现“两不愁三保障”；而全面推进乡村振兴，将从关注建档立卡贫困户逐步转移到低收入人口和一般人口，从关注脱贫地区转移到关注所有农村地区，实现关注

① 杜婵、张克俊：《新发展阶段巩固拓展脱贫攻坚成果的多重逻辑、科学内涵与实现维度》，《农村经济》2021 年第 10 期。

② 黄承伟：《脱贫攻坚有效衔接乡村振兴的三重逻辑及演进展望》，《兰州大学学报（社会科学版）》2021 年第 6 期。

地区和关注人群的转变。脱贫攻坚期为帮助贫困地区和贫困农户脱贫，从中央到地方有针对性地出台了一系列特惠政策，而到了乡村振兴推进阶段，政策关注重点要从脱贫地区、脱贫人口向全部地区和全部人口转移，即针对性的特惠政策也要逐步向普惠政策调整，即在牢牢守住不发生规模性返贫、有效监测和帮扶好农村低收入人口的基础上，更多地出台普适性、长期性的政策。

第四节　巩固拓展脱贫攻坚成果的理论逻辑

巩固拓展脱贫攻坚成果是由中国共产党为中国人民谋幸福、为中华民族谋复兴的初心使命所决定的。党的十九大报告对“三步走”战略进行了新的安排，在 2020 年消除绝对贫困，全面建成小康社会；从 2020 年到 2035 年，基本实现社会主义现代化；从 2035 年到本世纪中叶，把我国建成富强民主文明和谐美丽的社会主义现代化强国，将“实现全体人民共同富裕”纳入夺取中国特色社会主义新胜利的基本要求。在打赢脱贫攻坚战后，将继续全面推进乡村振兴、建设共同富裕社会的新征程，在《“十四五”推进农业农村现代化规划》中也要求实现巩固拓展脱贫攻坚成果同乡村振兴有效衔接，让脱贫群众过上更美好的生活、逐步走上共同富裕道路。巩固拓展脱贫攻坚成果，在同全面推进乡村振兴有效衔接的基础上，还需要对接好促进农民农村共同富裕、实现全体人民共同富裕的远景目标。

一、脱贫攻坚和共同富裕都是中国共产党初心和使命的体现

为中国人民谋幸福、为中华民族谋复兴是中国共产党始终坚守

的初心和使命。坚持走社会主义道路，消除贫困、改善民生，逐步实现共同富裕是中国共产党的使命所在，也是党领导全国各族人民不懈奋斗的目标所在。无论是集中资源支持贫困地区和贫困人民，消除绝对贫困，还是全面推进乡村振兴、扎实推动共同富裕社会建设，都是中国共产党在不断发展中坚持初心和使命的体现。

消除绝对贫困是中国共产党对中国人民的庄严承诺。贫困是人类社会的顽疾，反贫困始终是古今中外治国安邦的大事，摆脱贫困也是中国人民千百年来的梦想，是实现中华民族伟大复兴的重要内容。中国共产党自成立至今百年来的长期艰辛奋斗，也是一部百年反贫困的奋斗史，从革命时期的“打土豪、分田地”以实现“耕者有其田”到新中国成立后建立社会主义制度并进行社会主义建设的探索，从改革开放之后大规模、有计划有组织的扶贫开发到党的十八大之后集中资源支持贫困地区、贫困人民打赢脱贫攻坚战，切实践行了中国共产党对中国人民作出的庄严承诺：到 2020 年，稳定实现农村贫困人口“两不愁三保障”、现行标准下农村贫困人口实现脱贫、贫困县全部摘帽，解决区域性整体贫困。事实也证明这一承诺得到了兑现，在中国全面建成了小康社会。

共同富裕是社会主义的本质要求和中国共产党的奋斗目标。早在 1953 年 12 月，毛泽东就在《中国共产党中央委员会关于发展农业生产合作社的决议》中提出“使农民能够逐步完全摆脱贫困的状况而取得共同富裕和普遍繁荣的生活”[①]；改革开放之后，邓小平对社会主义的本质和共同富裕的内涵做了深刻阐述，“社会主义的本质，是解放生产力，发展生产力，消灭剥削，消除两极分化，最终

① 中共中央文献研究室编《建国以来重要文献选编（第四册）》，中央文献出版社，1993，第 662 页。

达到共同富裕”[①]；党的十八大报告指出“共同富裕是中国特色社会主义的根本原则”[②]；2021 年 8 月，习近平总书记指出“共同富裕是全体人民共同富裕，是人民群众物质生活和精神生活都富裕，不是少数人的富裕，也不是整齐划一的平均主义”[③]，并提出抓紧制定促进共同富裕的行动纲领，扎实推动共同富裕。

二、巩固脱贫攻坚成果是实现共同富裕的底线要求

2020 年中国如期打赢脱贫攻坚战，贫困地区的经济发展面貌焕然一新，贫困农民也实现了“两不愁三保障”，收入快速增长；中国全面建成小康社会，实现了第一个百年奋斗目标。但是这一历史成就在第二个百年奋斗目标视角下只是“万里长征第一步”，我们离社会主义现代化强国和实现全体人民共同富裕的目标仍然有着漫长的征程。这要求我们要不断巩固脱贫攻坚取得的成果，为逐步实现全体人民共同富裕守住底线。

脱贫攻坚奠定了实现共同富裕的初步基础。共同富裕是全体人民的共同富裕，是“城乡共同富裕”和“区域共同富裕”的平衡。一段时期以来，政府根据发展需要实行了城乡二元的治理体系，形成了城市和农村之间的制度鸿沟，农业农村农民的发展长期滞后于城市地区，形成了较大的城乡差距，对实现全体人民共同富裕形成了严重阻碍。党的十八大以来，政府采取了一系列超常规的政策举措，集中资源支持贫困地区打赢脱贫攻坚战，极大地改善了落后地区的经济社会发展面貌，提升了农村贫困人口的收入水平和基本生活保障，初步缩小了城乡之间的差距，为实现城乡共同富裕奠定了

① 邓小平：《邓小平文选（第三卷）》，人民出版社，1993，第 373 页。
② 本书编写组编著《十八大报告辅导读本》，人民出版社，2012，第 15 页。
③ 本书编写组编《习近平讲故事（第二辑）》，人民出版社，2022，第 110 页。

初步基础。

巩固脱贫攻坚成果是实现共同富裕的底线要求。共同富裕是对实现总体经济发展和共享发展成果的高标准要求，需使全体人民普遍达到“生活富裕富足、精神自信自强、环境宜居宜业、社会和谐和睦、公共服务普及普惠”[①]。共同富裕是必须在消除绝对贫困并实现总体富裕的情况下缩小收入差距，即促进低收入人口收入更快增长。脱贫攻坚虽然解决了绝对贫困问题，但是当前脱贫农户的脱贫基础还不是很牢固，脱贫地区的经济发展也还刚刚起步，一旦发生重大风险仍有返贫致贫的风险；此外，调研数据发现农村贫困人口收入虽然在绝对量上有所提升，但是农村低收入群体的相对贫困程度在不断加深，与其他收入群体的发展差距在不断增大。在共同富裕远景目标下，推进农民农村共同富裕需要牢牢守住不发生规模性返贫底线、在实现总体富裕条件下促进低收入农户收入更快增长，这决定了在脱贫攻坚结束之后，巩固好脱贫攻坚成果成为促进农民农村共同富裕、进而实现共同富裕的底线要求。

三、在对接共同富裕中巩固拓展脱贫攻坚成果

脱贫攻坚关注的是绝对贫困问题，重点关注贫困人口的收入和“两不愁三保障”问题，绝对贫困线是指满足社会可接受的最基本的生活水平所需的花费，是处于底线的位置；共同富裕则是一个高标准的目标，学者们认为到 2050 年人均 GDP 达到 4 万美元，基尼系数控制到 0.30 ~ 0.35 算是一个共同富裕的理想状态（李实，2021[②]；

① 杨宜勇、王明姬等：《迈向共同富裕社会建设之路》，人民出版社，2022，第 123 页。
② 李实：《共同富裕的目标和实现路径选择》，《经济研究》2021 年第 11 期。

张来明、李建伟，2021[①]；杨宜勇、王明姬，2021[②]）。可见，从消除绝对贫困到实现共同富裕还有很远的路要走，而在逐步对接共同富裕的过程中也要不断巩固和拓展脱贫攻坚成果。

在实现低收入农户收入更快增长中牢牢守住不发生规模性返贫底线。共同富裕要着力扩大中等收入群体规模，推动更多低收入人群迈入中等收入行列，同时要缩小收入差距。促进共同富裕，最艰巨最繁重的任务仍然在农村。数据显示农村低收入群体同其他收入群体的差距在不断增大，因而只有实现了农村低收入人口收入相对其他中高收入群体收入更快的增长，才有可能使得农村赶上城市发展的步伐，逐步迈向共同富裕。这就要求全面推进乡村振兴，加快农业产业化，盘活农村资产，使更多的农村低收入人口勤劳致富；同时要“正确处理效率和公平的关系，构建初次分配、再分配、三次分配协调配套的基础性制度安排”[③]以助力低收入农户实现更快的收入增长，与这一过程相伴随的则是脱贫地区、脱贫农户在脱贫攻坚期取得的成果将会进一步巩固，脱贫农户的收入增长进一步提升，不发生规模性返贫底线越发牢不可破。

在促进城乡和区域均衡发展中助力农村居民获得幸福美好生活。脱贫攻坚期间为了满足农村居民“两不愁三保障”的基本生活要求，在基础设施、公共服务领域进行了大量投入，极大地改善了贫困地区的生活条件；但是，部分地区在“三保障”和饮水安全方面仍有短板，农村地区的基础设施和公共服务较城镇仍有较大差距。习近平总书记指出共同富裕是一个总体概念，“不要分成城市

① 张来明、李建伟：《促进共同富裕的内涵、战略目标与政策措施》，《改革》2021 年第 9 期。

② 杨宜勇、王明姬：《共同富裕：演进历程、阶段目标与评价体系》，《江海学刊》2021 年第 5 期。

③ 习近平：《习近平著作选读（第二卷）》，人民出版社，2023，第 503 页。

一块、农村一块，或者东部、中部、西部地区各一块”[①]，要实现城乡共同富裕与区域共同富裕的平衡。这就要求一方面要增强区域发展的平衡性，加大对欠发达地区的支持力度；另一方面，要促进基本公共服务均等化，加强农村基础设施和公共服务体系建设，改善人居环境。这是比脱贫攻坚期间覆盖面更广、涉及内容更多的建设要求，将会极大地促进城乡和区域之间的均衡发展，更能进一步巩固脱贫攻坚期间取得的成果，使农村居民能同城市居民一道共享发展改革成果和幸福美好生活。

① 习近平:《习近平著作选读（第二卷）》，人民出版社，2023，第506页。

第三章
巩固拓展脱贫攻坚成果的政策与考核体系

2020 年 12 月,《中共中央　国务院关于实现巩固拓展脱贫攻坚成果同乡村振兴有效衔接的意见》明确指出：脱贫攻坚目标任务完成后，设立 5 年过渡期。这是关系构建新发展格局、关系全面建设社会主义现代化国家全局和实现第二个百年奋斗目标的重大议题。做好巩固拓展脱贫攻坚成果同乡村振兴有效衔接，将部分临时性、超常规、特惠性政策举措向长效性、常态性、普惠性政策转变，推动脱贫攻坚减贫工作向乡村振兴战略体系平稳转型。[①] 要想确保工作不留空当、政策不留空白，仍面临着诸多的困难和挑战。自 2020 年下半年开始，党中央、国务院和各相关部委陆续制定、出台了系列政策文件，进行政策体系和考核体系调整，使巩固拓展脱贫攻坚成果同乡村振兴有效衔接的政策与考核体系逐步成型。

第一节　政策体系的调整

2021 年 2 月，国家乡村振兴局正式挂牌成立。国家乡村振兴局为农业农村部代管的国家局，主要负责巩固拓展脱贫攻坚成果，统筹推进实施乡村振兴战略有关具体工作。原国务院扶贫开发领导小

① 黄征学、高国力、滕飞、潘彪、宋建军、李爱民:《中国长期减贫，路在何方？——2020 年脱贫攻坚完成后的减贫战略前瞻》,《中国农村经济》2019 年第 9 期。

组的职能转由中央农村工作领导小组承担。在国家乡村振兴局正式挂牌后，各省级和县级行政区也相继成立乡村振兴机构。

与此同时，在《中共中央　国务院关于实现巩固拓展脱贫攻坚成果同乡村振兴有效衔接的意见》的指导下，国家相关部门陆续出台相关文件，以脱贫攻坚为主要目标的扶贫政策体系逐渐转向巩固拓展脱贫攻坚成果衔接乡村振兴。

一、政策体系的转向

自党的十八大以来，以习近平同志为核心的党中央高度重视扶贫工作，组织实施了脱贫攻坚战。2015年出台了《中共中央　国务院关于打赢脱贫攻坚战的决定》，2016年编制了《“十三五”脱贫攻坚规划》（以下简称“《规划》”），将产业发展、转移就业、易地扶贫搬迁、教育、健康、生态保护、兜底保障、社会扶贫等8大领域作为脱贫攻坚的主要途径。国务院办公厅以《规划》为基础出台了12个配套文件，对扶贫工作管理、脱贫创新机制、退出机制、成效考核等具体脱贫工作制定了相应政策，有关部门紧紧围绕“五个一批”相继出台了173个针对性的政策文件，保障了脱贫攻坚政策的有效落实。此外，还在资产收益扶贫政策、旅游扶贫、金融扶贫、基础设施建设减贫、科技扶贫、网络扶贫以及危房改造等领域出台了专项政策，完善了扶贫政策体系。

取得脱贫攻坚战的伟大胜利，进入巩固拓展脱贫攻坚成果同乡村振兴有效衔接的过渡期后，党中央、国务院和各相关部委陆续在原有的扶贫政策基础上做了针对性的调整，相继出台了一系列新政策。

2020年12月，中共中央、国务院印发了《中共中央　国务院关于实现巩固拓展脱贫攻坚成果同乡村振兴有效衔接的意见》，这是过渡期巩固拓展脱贫攻坚成果的纲领性文件。该文件对实现巩固拓展脱贫攻坚成果同乡村振兴有效衔接的主要政策框架予以明确：脱贫攻坚目标任务完成后，设立 5 年过渡期。脱贫地区要根据形势变化，理清工作思路，做好过渡期内领导体制、工作体系、发展规划、政策举措、考核机制等有效衔接，从解决建档立卡贫困人口“两不愁三保障”为重点转向实现乡村产业兴旺、生态宜居、乡风文明、治理有效、生活富裕，从集中资源支持脱贫攻坚转向巩固拓展脱贫攻坚成果和全面推进乡村振兴。

在纲领性文件的框架下,2021—2023 年中央“一号文件”也相继对当年的巩固拓展脱贫攻坚成果重点内容出具指导意见。2021 年文件指出设立衔接过渡期、持续巩固脱贫攻坚成果、接续推进脱贫地区乡村振兴、加强农村低收入人口常态化帮扶，2022 年文件侧重完善监测帮扶机制、促进脱贫人口增收、加大对乡村振兴重点帮扶县和易地搬迁集中安置区支持力度以及推动脱贫地区帮扶政策落地见效，2023 年则强调坚决守住不发生规模性返贫底线、增强脱贫地区和脱贫群众内生发展动力和稳定完善帮扶政策。

二、巩固拓展脱贫攻坚政策体系的形成

在《中共中央　国务院关于实现巩固拓展脱贫攻坚成果同乡村振兴有效衔接的意见》和历年中央“一号文件”对巩固脱贫攻坚成果的指导下，相关部门陆续出台了 80 余项政策，逐渐构建起了过渡期内巩固拓展脱贫攻坚成果同乡村振兴有效衔接的政策体系：一是巩固拓展脱贫攻坚成果投入，二是防止返贫监测预警帮扶政策，三是十项专项帮扶政策，四是帮扶组织政策，五是衔接推进乡村振兴政策，构成了过渡期巩固拓展脱贫攻坚成果衔接全面推进乡村振兴的政策体系。

（一）投入政策

一是财税帮扶政策。2021 年 3 月，财政部等 6 个部门发布了《中央财政衔接推进乡村振兴补助资金管理办法》，将原中央财政专项扶贫资金调整优化为中央财政衔接推进乡村振兴补助资金；4 月，《财政部　税务总局关于延长国家电网有限公司脱贫攻坚内部帮扶资金企业所得税税前扣除政策执行期限的通知》决定将国家电网有限公司脱贫攻坚内部帮扶资金企业所得税税前扣除政策实施期限延长，《关于继续支持脱贫县统筹整合使用财政涉农资金工作的通知》继续按政策要求向符合条件的脱贫县倾斜纳入整合试点范围的资金；5 月，《关于延长部分扶贫税收优惠政策执行期限的公告》将企业扶贫捐赠所得税税前扣除政策和扶贫货物捐赠免征增值税政策执行期限延长；2022 年 2 月，财政部联合多个部门出台了《关于加强中央财政衔接推进乡村振兴补助资金使用管理的指导意见》，继续加强中央财政衔接推进乡村振兴补助资金使用管理。在保持财政支持政策总体稳定的前提下，对财政投入政策进行了调整优化。2023 年 1 月，《中共中央　国务院关于做好 2023 年全面推进乡村振兴重点工作的意见》颁布，要求中央财政衔接推进乡村振兴补助资金用于产业发展的比重力争提高到 60% 以上，重点支持补上技术、设施、营销等短板；8 月，财政部等 4 个部门发布了《关于进一步支持重点群体创业就业有关税收政策的公告》，明确为创业脱贫人口、招用脱贫人口的企业提供增值税、城市维护建设税、教育费附加、地方教育附加等税费优惠。

二是金融帮扶和支持政策。2021 年 3 月，中国银保监会等 4 个部门发布了《关于深入扎实做好过渡期脱贫人口小额信贷工作的通知》，将边缘易致贫户纳入脱贫人口小额信贷政策的支持对象；6

月，中国人民银行等6个部门出台了《关于金融支持巩固拓展脱贫攻坚成果　全面推进乡村振兴的意见》，切实做好“十四五”时期农村金融服务工作，支持巩固拓展脱贫攻坚成果、持续提升金融服务乡村振兴能力和水平。2023年4月，中国银保监会办公厅发布了《关于银行业保险业做好2023年全面推进乡村振兴重点工作的通知》，要求各金融服务机构保持脱贫地区金融供给持续增长；6月，中国人民银行等5个部门出台了《关于金融支持全面推进乡村振兴　加快建设农业强国的指导意见》，指出要通过发展特色农产品保险、保持脱贫地区信贷投放力度不减、加大对国家乡村振兴重点帮扶县金融支持力度和扎实做好脱贫人口小额信贷质量监测和续贷展期管理。

三是建设用地倾斜政策。2021年12月，自然资源部等3个部门发布了《巩固拓展脱贫攻坚成果同乡村振兴有效衔接过渡期内城乡建设用地增减挂钩节余指标跨省域调剂管理办法》，在过渡期内脱贫地区继续实施城乡建设用地增减挂钩节余指标跨省域调剂政策。2022年10月，自然资源部办公厅发布了《自然资源部办公厅关于过渡期内支持巩固拓展脱贫攻坚成果同乡村振兴有效衔接的通知》，明确了过渡期内为推动巩固拓展脱贫攻坚成果同乡村振兴有效衔接而施行的相关支持政策，包括加强建设用地计划指标保障、优化完善增减挂钩节余指标跨省域调剂政策以及盘活利用集体建设用地等。2023年3月，自然资源部办公厅等3个部门发布了《关于支持光伏发电产业发展规范用地管理有关工作的通知》，鼓励利用未利用地和存量建设用地发展光伏发电产业。

（二）防止返贫监测预警帮扶政策

2020年3月，为应对多方面原因导致的脱贫人口返贫致贫风险，原国务院扶贫开发领导小组发布了《国务院扶贫开发领导小组关于建立防止返贫监测和帮扶机制的指导意见》，就建立防止返贫监测和帮扶机制提出了指导意见。2021 年 5 月，中央农村工作领导小组发布了《中央农村工作领导小组关于健全防止返贫动态监测和帮扶机制的指导意见》，对防止返贫监测预警帮扶相关工作提出了细化的政策部署；12 月，为切实巩固“基本医疗有保障”成果，有效防范因病返贫致贫风险，国家卫生健康委办公厅等 3 个部门发布了《关于进一步做好防止因病返贫动态监测和帮扶工作的通知》，对进一步做好防止因病返贫动态监测和帮扶工作作出了安排部署。2022 年 4 月，国家乡村振兴局印发了《健全防止返贫动态监测和帮扶机制工作指南（试行）》，对防止返贫监测对象的把握和认定、收入计算、纳入时间、风险消除、动态清零等给出了更为细化的标准；4 月及 9 月，国家乡村振兴局印发了《2022 年防止返贫监测帮扶集中排查工作方案》和《关于组织开展 2022 年防止返贫监测帮扶第二轮排查工作的通知》，并组织开展了 2022 年防止返贫监测帮扶集中排查工作；11 月，国家乡村振兴局等 9 个部门印发了《关于建立健全防范因灾返贫长效机制的通知》，对受灾监测对象先救助帮扶、后履行识别程序，允许受灾严重地区统筹安排衔接资金，支持实施防止因灾返贫急需项目。2023 年 2 月，农业农村部发布了《农业农村部关于落实党中央国务院 2023 年全面推进乡村振兴重点工作部署的实施意见》，指出通过健全监测机制、落实帮扶措施、加强考核评估和完善帮扶政策进一步强化防止返贫动态监测帮扶。

（三）专项帮扶政策

一是兜底保障政策。2021 年 2 月，民政部办公厅印发了《民政部关于巩固拓展民政领域脱贫攻坚成果同乡村振兴有效衔接的实施意见》，提出在5年过渡期内，按照中央“四个不摘”的工作要求，保持民政领域兜底保障政策总体稳定，确保符合救助条件的脱贫人口基本生活；5月，民政部等3个部门发布了《关于巩固拓展脱贫攻坚兜底保障成果进一步做好困难群众基本生活保障工作的指导意见》；2022年10月，民政部等4个部门发布了《关于进一步做好最低生活保障等社会救助兜底保障工作的通知》。上述文件将脱贫攻坚期形成的低保政策调整优化，以形成在乡村振兴时期适用的兜底政策。2023年10月，民政部等10个部门发布了《关于加强低收入人口动态监测 做好分层分类社会救助工作的意见》，指出要健全分层分类的社会救助体系，加大低收入人口救助帮扶力度，进一步织密扎牢民生兜底保障安全网，加强低收入人口动态监测、做好分层分类社会救助工作。

二是健康帮扶政策。2021年1月，国家医保局等7个部门发布了《关于巩固拓展医疗保障脱贫攻坚成果有效衔接乡村振兴战略的实施意见》，提出调整优化相关政策，探索建立防范化解因病返贫长效机制。2月，国家卫生健康委等13个部门发布了《关于巩固拓展健康扶贫成果同乡村振兴有效衔接的实施意见》，指出在5年过渡期内保持健康扶贫主要政策总体稳定，给出了调整优化支持政策的详细意见；同月，国家卫生健康委等13个部门印发了《关于印发巩固拓展健康扶贫成果同乡村振兴有效衔接实施意见的通知》，对深入推进健康乡村建设，巩固拓展健康扶贫成果提出了详细指导意见。10月，国务院办公厅发布了《国务院办公厅关于健全重特大疾病医疗保险和救助制度的意见》，对增强医疗保障制度托底性功能作出了安排部署；11—12月，国家卫生健康委联合多部门先后发布了《关于开展脱贫地区健康促进行动的通知》和《关于印发“十四五”时期三级医院对口帮扶县级医院工作方案的通知》，对进一步落实健康帮扶政策作出了安排。2022 年 11 月，国家医保局办公室等 5 个部门发布了《关于坚决守牢防止规模性返贫底线　健全完善防范化解因病返贫致贫长效机制的通知》，对巩固拓展医疗保障脱贫攻坚成果、健全完善防范化解因病返贫致贫监测预警机制作出了部署。

三是住房保障政策。2021 年 4 月，住房和城乡建设部等 4 个部门发布了《关于做好农村低收入群体等重点对象住房安全保障工作的实施意见》，提出了农村住房安全保障对象主要是农村低收入群体，对农村低保边缘家庭和未享受过农村住房保障政策支持且依靠自身力量无法解决住房安全问题的其他脱贫户给予支持。2023 年 6 月，财政部、住房和城乡建设部印发了《中央财政农村危房改造补助资金管理办法》，指出了中央财政农村危房改造补助资金用于农村低收入群体等重点对象农村危房改造、7 度及以上抗震设防地区农房抗震改造以及其他符合政策规定的农村困难群众基本住房安全保障支出。

四是教育保障政策。2021 年 4 月，教育部等 4 个部门发布了《关于实现巩固拓展教育脱贫攻坚成果同乡村振兴有效衔接的意见》，提出了建立健全巩固拓展义务教育有保障成果长效机制，建立健全农村家庭经济困难学生教育帮扶机制。

五是饮水安全保障政策。2021 年 8 月，水利部等 9 个部门发布了《关于做好农村供水保障工作的指导意见》，对提升农村供水工程建设和管理水平提出了具体意见。2022 年 4—10 月，水利部联合多部门陆续出台了《关于支持巩固拓展农村供水脱贫攻坚成果的通知》《关于加快推进农村规模化供水工程建设的通知》《关于印发强化农村防汛抗旱和供水保障专项推进方案的通知》《关于开展农村供水水质提升专项行动的指导意见》等，提出强化脱贫地区和脱贫人口饮水安全的系列举措。

六是易地搬迁后续帮扶政策。2020 年 10 月，民政部等 9 个部门联合发布了《关于做好易地扶贫搬迁集中安置社区治理工作的指导意见》，对加强易地扶贫搬迁集中安置地社区治理、做好易地扶贫搬迁后续工作提出了详细意见。2021 年 4 月，国家发展改革委等 20 个部门印发了《关于切实做好易地扶贫搬迁后续扶持工作　巩固拓展脱贫攻坚成果的指导意见》。2022 年 4 月，国家乡村振兴局等 3 个部门发布了《2022 年易地扶贫搬迁安置点乡村治理专项行动方案》《易地扶贫搬迁后续扶持 2022 年工作要点》；11 月，国家发展改革委等 2 个部门发布了《关于开展易地扶贫搬迁群众急难愁盼问题全面排查整改工作的通知》，对易地扶贫搬迁集中安置地区的治理以及搬迁群众的后续帮扶进行了进一步部署。2023 年 1 月，国家发展改革委等 18 个部门联合印发了《关于推动大型易地扶贫搬迁安置区融入新型城镇化实现高质量发展的指导意见》，明确了今后一个时期推动大型易地扶贫搬迁安置区融入新型城镇化、实现高质量发展的总体要求、主攻方向、主要任务和支持政策。

七是产业可持续发展政策。2021 年 4 月，农业农村部等 10 个部门发布了《关于推动脱贫地区特色产业可持续发展的指导意见》，提出了长期培育和支持脱贫地区特色产业，促进内生可持续发展。2022 年 4 月，文化和旅游部等 6 个部门发布了《关于推动文化产业赋能乡村振兴的意见》；9 月，国家乡村振兴局联合其他部门发布了《组建产业顾问组支持脱贫县产业发展专项工作方案》《关于鼓励引导脱贫地区高质量发展庭院经济的指导意见》，对支持脱贫地区发展特色产业、巩固产业扶贫成果作出了进一步安排；同月，国家乡村振兴局发布了《关于进一步健全完善帮扶项目联农带农机制的指导意见》，要求使用相关产业帮扶资金的经营性帮扶资金，原则上都要建立联农带农机制，做到应带尽带。2023 年 4 月，农业农村部办公厅发布了《支持脱贫地区打造区域公用品牌实施方案（2023—2025 年）》，要求以“强产业优供给，树品牌提效益”为目标，做好“土特产”文章，带动脱贫地区产业提质增效和农民增收，切实增强脱贫地区和脱贫群众内生发展动力。

八是扶贫项目资产后续管理政策。2021 年 5 月，国务院办公厅转发了国家乡村振兴局等部门制定的《关于加强扶贫项目资产后续管理的指导意见》，要求摸清扶贫项目资产底数，有序推进确权登记，落实后续管理责任，规范后续管护运营，规范收益分配使用，严格项目资产处置。2023 年 4 月，农业农村部政策与改革司印发了《农业农村部关于开展全国农村集体资产监管提质增效行动的通知》，指导各地扎实做好确权到农村集体经济组织的扶贫项目资产的管理工作。

九是就业帮扶政策。2021 年 5 月，人社部等 5 个部门发布了《关于切实加强就业帮扶巩固拓展脱贫攻坚成果助力乡村振兴的指导意见》，提出完善农村低收入人口和欠发达地区就业帮扶机制。2021 年 7 月—2022 年 8 月，人社部联合其他部门陆续出台了《关于开展易地扶贫搬迁安置区就业协作帮扶专项活动的通知》《关于加强国家乡村振兴重点帮扶县人力资源社会保障帮扶工作的意见》《关于做好 2022 年脱贫人口稳岗就业工作的通知》《“雨露计划 +”就业促进行动实施方案》《关于动员企业开展电商帮扶助力脱贫地区产业发展的通知》，对脱贫地区脱贫群众稳定外出务工、就地就近就业以及就业帮扶长效机制进行了部署。2023 年 4 月，国务院办公厅发布了《关于优化调整稳就业政策措施全力促发展惠民生的通知》，提出要加强困难人员就业帮扶，及时将零就业家庭、低保家庭、脱贫户、大龄、残疾、长期失业等人员纳入援助范围；7 月，商务部等16个部门发布了《2023年家政兴农行动工作方案》，对引导和支持防止返贫监测对象、脱贫人口和农村低收入人口从事家政服务提出了具体方案。

十是生态帮扶政策。2021年5月，国家林草局等4个部门发布了《关于实现巩固拓展生态脱贫成果同乡村振兴有效衔接的意见》，提出过渡期内要优化调整生态帮扶政策，逐步推进生态扶贫政策向稳定政策转变，增强生态脱贫稳定性。

（四）帮扶组织体系政策

一是第一书记和驻村工作队政策。2021年5月，中共中央办公厅发布了《关于向重点乡村持续选派驻村第一书记和工作队的意见》，要求对脱贫村、易地扶贫搬迁安置村（社区）继续选派第一书记和工作队。2022年7月，农业农村部等2个部门发布了《关于进一步发挥驻村干部作用助推产业发展巩固脱贫攻坚成果推进乡村振兴的通知》，对驻村干部发展产业以巩固拓展脱贫攻坚成果作出了部署。

二是东西部协作政策。2021年3月，中共中央办公厅、国务院办公厅印发了《关于坚持和完善东西部协作机制的意见》，对东西部协作结对关系进行调整优化，明确了东部8个省（直辖市）与西部10个省（自治区、直辖市）的长期结对帮扶关系。2023年1月，《中共中央 国务院关于做好2023年全面推进乡村振兴重点工作的意见》颁布，指出要深化东西部协作，组织东部地区经济较发达县（市、区）与脱贫县开展携手促振兴行动，带动脱贫县更多承接和发展劳动密集型产业。

三是国家乡村振兴重点帮扶县政策。2021年7月，国家乡村振兴局等部门发布了《关于支持国家乡村振兴重点帮扶县的实施意见》，要求集中支持国家乡村振兴重点帮扶县巩固拓展脱贫攻坚成果。随后，陆续发布了《“万企兴万村”行动倾斜支持国家乡村振兴重点帮扶县专项工作方案》《“百校联百县兴千村”行动实施方案》等文件，对集中各方资源支持国家乡村振兴重点帮扶县工作作出了具体安排。2023 年 1 月，《中共中央　国务院关于做好 2023 年全面推进乡村振兴重点工作的意见》指出，在国家乡村振兴重点帮扶县实施一批补短板促振兴重点项目。

四是压实责任政策。2021 年 9 月，中央农村工作领导小组办公室、国家乡村振兴局出台了《巩固脱贫成果后评估办法》，要求对各级党委和政府巩固拓展脱贫攻坚成果情况进行评估。2022 年 11 月，中共中央办公厅、国务院办公厅出台了《乡村振兴责任制实施办法》，对各级党委和政府在巩固拓展脱贫攻坚成果中的责任进行了明确。2023 年 1 月，中共中央、国务院印发了《中共中央　国务院关于做好 2023 年全面推进乡村振兴重点工作的意见》，压紧压实各级巩固拓展脱贫攻坚成果责任，确保不松劲、不跑偏。

（五）衔接乡村振兴政策

一是农村道路通畅政策。2021 年 5 月，交通运输部发布了《关于巩固拓展交通运输脱贫攻坚成果全面推进乡村振兴的实施意见》，要求进一步巩固拓展交通运输脱贫攻坚成果；同月，交通运输部等 4 个部门发布了《关于深化“四好农村路”示范创建工作的意见》，对推动“四好农村路”建设作出了进一步安排。2022 年 8 月，交通运输部联合多部门发布了《农村公路扩投资稳就业更好服务乡村振兴实施方案》，对推进农村公路建设服务乡村振兴提出了详细方案。

二是推动乡村建设政策。2022 年 1 月，农业农村部等 3 个部门发布了《促进乡村产业振兴　改善农村人居环境等乡村振兴重点工作激励措施实施办法（试行）》；5月，住房城乡建设部等6个部门发布了《关于进一步加强农村生活垃圾收运处置体系建设管理的通知》；8月，农业农村部办公厅等7个部门发布了《关于加强农村公共厕所建设和管理的通知》。2023年4月，农业农村部印发了《农业农村部关于开展农村改厕“提质年”工作的通知》，对巩固拓展摸排整改成果、全面提升改厕质量和实效、务实推进农村厕所革命作出了进一步安排；7月，国家发展改革委等3个部门出台了《关于实施农村电网巩固提升工程的指导意见》，指出要实施农村电网巩固提升工程，提升农村地区电力保障水平。多部门联合推进乡村建设、农村人居环境整治的政策逐渐成型。

以《中共中央 国务院关于实现巩固拓展脱贫攻坚成果同乡村振兴有效衔接的意见》为纲领、以年度中央“一号文件”为指导，国家有关部门制定了五大类二十小类80余项政策，在脱贫攻坚期形成的政策体系基础上调整优化，构筑了巩固拓展脱贫攻坚成果同乡村振兴有效衔接的政策体系：一是以原有中央专项财政扶贫资金、税收优惠政策、金融支持政策和建设用地倾斜政策为主构建过渡期的投入支持政策体系，二是在建档立卡工作基础上开展防止返贫监测与帮扶政策体系构建，三是在原有的“两不愁三保障”等各专项扶贫政策基础上构建过渡期专项帮扶政策体系，四是在原有的“五级书记”抓扶贫基础上拓展构建过渡期帮扶组织政策体系，五是以乡村建设和乡村治理为切入点逐步衔接构建全面推进乡村振兴政策体系。

第二节 巩固拓展脱贫攻坚成果的考核

《中共中央 国务院关于实现巩固拓展脱贫攻坚成果同乡村振

兴有效衔接的意见》指出，脱贫攻坚任务完成以后脱贫地区开展乡村振兴考核时要把巩固拓展脱贫攻坚成果纳入市县党政领导班子和领导干部推进乡村振兴战略实绩考核范围；通过考核督促各地落实推进巩固拓展脱贫攻坚成果各项措施，牢牢守住不发生规模性返贫的底线，实现巩固拓展脱贫攻坚成果同乡村振兴有效衔接。

一、各级政府部门巩固拓展脱贫攻坚成果责任

我国自古以农立国，创造了辉煌的农耕文明，历朝历代农业兴旺、农民安定则国家统一、社会稳定。中国共产党始终把解决好“三农”问题作为全党工作的重中之重。中共中央于 2019 年 8 月 19 日发布并施行了《中国共产党农村工作条例》，这是党内首次专门制定关于农村工作的党内法规，对党在农村工作的组织领导、主要任务、队伍建设、保障措施、考核监督等做了全面规定，主要任务之一就是加强党对农村经济建设的领导，坚决打赢脱贫攻坚战，巩固和扩大脱贫攻坚成果。2021 年，经第十三届全国人民代表大会常务委员会第二十八次会议通过，自 2021 年 6 月 1 日起施行《中华人民共和国乡村振兴促进法》，这是“三农”领域一部基础性、综合性法律，对于促进乡村振兴工作和推动城乡融合发展具有重要意义，对乡村的产业发展、人才支撑、文化繁荣、生态保护、组织建设、城乡融合、扶持措施和监督检查做了详细规定；在扶持工作中要求建立帮扶长效机制，持续推进脱贫地区发展。

为全面落实乡村振兴责任制，中共中央办公厅、国务院办公厅印发了《乡村振兴责任制实施办法》（以下简称“《办法》”），实行中央统筹、省负总责、市县乡抓落实的乡村振兴工作机制，构建职责清晰、各负其责、合力推进的乡村振兴责任体系；在《办法》中，

对各级党委和政府的乡村振兴责任进行了详细规定。

中央和国家机关有关部门主要担负乡村振兴工作的统领责任，深入学习贯彻习近平总书记关于“三农”工作的重要论述和重要指示精神，认真落实党中央、国务院关于乡村振兴战略的方针政策和决策部署，通过拟定规划、起草法律法规草案指导地方政府推进乡村振兴战略。在巩固拓展脱贫攻坚成果方面主要是完善并组织实施配套政策，健全并推进实施防止返贫动态监测和帮扶机制，重点帮扶支持国家乡村振兴重点帮扶县、易地搬迁集中安置点等重点区域。

地方党委和政府的主要责任为认真落实党中央、国务院关于乡村振兴战略的方针政策和决策部署，以及相关法律法规要求，结合本地区实际实施乡村振兴战略，将乡村振兴纳入本地区国民经济和社会发展规划、党委和政府工作重点统筹谋划部署。要将巩固拓展脱贫攻坚成果摆在突出位置，确保兜底保障水平稳步提高，确保“三保障”和饮水安全保障水平持续巩固提升，不断缩小收入和发展差距，运行好防止返贫动态监测和帮扶机制，牢牢守住不发生规模性返贫的底线。《办法》对省级党委和政府、市级党委和政府、县级党委和政府、乡镇党委和政府及其主要负责人以及村党组织在本地区乡村振兴工作中的责任进行了详细规定：省级负总责、市级衔接协调、县级为“一线指挥部”、乡镇落地落实、村级组织动员。

《办法》对从中央和国家机关有关部门到各级地方党委和政府再到村党组织在全面推进乡村振兴过程的责任都进行了详细全面的规定，同时，也对各级党委和政府巩固拓展脱贫攻坚成果的任务进行了安排，这也为考核各级党委和政府的巩固脱贫成果成效提供了依据。

二、巩固拓展脱贫攻坚成果考核办法

法律法规在规定了各级党委和政府在乡村振兴以及巩固拓展脱贫攻坚成果中相应责任的同时，也明确要求要通过考核监督督促各地落实各项措施。《中国共产党农村工作条例》规定要健全“五级书记”抓乡村振兴考核机制，《中华人民共和国乡村振兴促进法》规定国家实行乡村振兴战略实施目标责任制和考核评价制度，而《乡村振兴责任制实施办法》进一步对乡村振兴战略实绩考核制度和工作报告制度进行了详细说明。由此，相关部门相继发布了《关于建立推进乡村振兴战略实绩考核制度的意见》《关于进一步做好实施乡村振兴战略实绩考核工作的通知》《衔接推进乡村振兴补助资金绩效评价及考核办法》等文件，加快形成和完善乡村振兴战略绩效考核工作体系。

同时，各级政府在制定考核办法的过程中也响应《中共中央 国务院关于实现巩固拓展脱贫攻坚成果同乡村振兴有效衔接的意见》的要求，做好考核机制衔接，将巩固拓展脱贫攻坚成果纳入市县党政领导班子和领导干部推进乡村振兴战略实绩考核范围。《巩固脱贫成果后评估办法》持续压紧压实各级党委和政府责任，确保不发生规模性返贫；此外，在考核评估过程中还将东西部协作和中央单位定点帮扶纳入巩固拓展脱贫攻坚成果成效评价。

综上可知，当前涉及巩固拓展脱贫攻坚成果成效评价的办法包括《巩固脱贫成果后评估办法》《东西部协作考核评价办法》《中央单位定位帮扶工作成效考核评价办法》《衔接推进乡村振兴补助资金绩效评价及考核办法》，以及各级乡村振兴战略实绩考核办法。以下通过对部分同巩固拓展脱贫攻坚成果相关的考核办法进行整理（见表 3-1），从评估对象、评估内容、评估方式方法和评价结果运用4个方面介绍巩固拓展脱贫攻坚成果的考核。

表3-1　部分巩固拓展脱贫攻坚成果相关考核办法摘要

考核办法	评估对象	评估内容	评估方式方法	评价结果运用
《巩固脱贫成果后评估办法》	有巩固拓展脱贫攻坚成果同乡村振兴有效衔接任务的中西部22个省、自治区、直辖市（以下简称“省区市”）党委和政府	对巩固拓展脱贫攻坚成果责任落实情况、政策落实情况、工作落实情况、巩固成效情况进行考核	以第三方评估为主，采取实地评估与平时情况相结合、客观成效与群众评价相结合、定量分析与定性分析相结合的方式进行	后评估结果作为对省级党委和政府领导班子、主要负责同志综合考核评价的重要参考。对巩固成效好的省（自治区、直辖市）予以表扬，出现返贫风险和其他问题的进行约谈提醒、挂牌督办
《东西部协作考核评价办法》	东部地区参加帮扶的8个省（直辖市）、西部地区被帮扶的10个省（自治区、直辖市）	东部地区为组织领导、助力巩固拓展脱贫攻坚成果、加强区域协作、促进乡村振兴、工作创新情况等五大类15项，西部地区为组织领导、助力巩固拓展脱贫攻坚成果、加强区域协作、促进乡村振兴、工作创新情况等五大类16项	考核评价采取自评总结、实地核查、平时工作情况相结合的方式开展	考核评价结果经党中央、国务院审定后予以通报，并送中央组织部，作为对省级党委和政府领导班子、主要负责同志综合考核评价的参考

续表

考核办法	评估对象	评估内容	评估方式方法	评价结果运用
《中央单位定点帮扶工作成效考核评价办法》	承担定点帮扶任务的 305 家中央单位	主要考核评价组织领导、选派挂职干部、促进乡村振兴、工作创新 4 个方面 18 个指标	考核评价主要根据自评总结、实地核查、地方评价、分类评价和平时工作情况等，采取定量评价与定性评价相结合的方法开展	审定后的评价结果送中央组织部，作为中央管理的领导班子和领导干部年度考核等工作的参考。对综合评价结果好的中央单位予以表扬，对发现问题较多的相关单位负责人进行约谈
《衔接推进乡村振兴补助资金绩效评价及考核办法》	各省（自治区、直辖市，以下统称“省”）和新疆生产建设兵团（以下简称“兵团”）、北大荒农垦集团有限公司（以下简称“北大荒农垦集团”）等	资金保障、项目管理和使用成效等方面的情况。绩效评价指标依据评价内容设定	中央相关部门负责对各省和兵团、北大荒农垦集团开展衔接资金使用管理情况绩效评价及考核。各省相关部门负责对省以下开展衔接资金使用管理情况绩效评价及考核	绩效评价及考核结果纳入下一年度中央财政衔接资金因素法分配，给予相应激励。对各省的绩效评价及考核结果由财政部、国家乡村振兴局会同相关部门联合向省级人民政府通报
《广西实施乡村振兴战略实绩考核意见》	全区 14 个设区市、实施乡村振兴战略工作任务较重的区直相关单位、全区各县（市、区）	重点围绕组织推进、巩固脱贫成果、产业兴旺、生态宜居、乡风文明、治理有效、生活富裕、深化农村改革等方面的内容	通过自查自评、日常情况和第三方评估机构开展考评	考核结果抄送自治区党委组织部，作为领导班子和领导干部综合考核评价、干部选拔任用的重要依据

资料来源：课题组根据相关资料整理所得。

一是评估对象。若仅以《巩固脱贫成果后评估办法》而言，考核评估只涉及有巩固拓展脱贫攻坚成果同乡村振兴有效衔接的中西部 22 个省区市党委和政府；但其他有涉及巩固拓展脱贫成果的考核办法对东部地区参与帮扶的 8 个省市、承担定点帮扶任务的 305 家中央单位以及其他有涉及衔接推进乡村振兴补助资金的省和单位也进行了考核。

二是评估内容。中西部 22 个省区市主要是评估党委和政府巩固拓展脱贫攻坚成果责任落实、政策落实、工作落实和成效巩固 4 个方面的情况。东西部协作分别考察协作双方以协作双方年度东西部协作协议完成情况为基础，同时考核评价工作创新，突出助力巩固拓展脱贫攻坚成果、加强区域协作、促进乡村振兴有关内容。中央单位定点帮扶工作考核则是考察组织领导、选派挂职干部、促进乡村振兴、工作创新 4 个方面的情况。衔接推进乡村振兴补助资金绩效考核则主要关注各级党委和政府资金保障、项目管理和使用成效等方面的情况。

三是评估方式方法。巩固拓展脱贫攻坚成果相关的考核评估方式主要以自评总结、第三方评估、实地核查、平时情况为主，辅以其他评价方法，通过定量与定性分析进行评估。巩固脱贫成果后评估以第三方评估为主，采取实地评估与平时情况相结合、定量分析和定性分析相结合的方式进行；东西部协作和中央单位定点帮扶主要采取自评总结、实地核查、地方评价、分类评价和平时工作情况结合，通过定量分析和定性分析相结合的方式进行；衔接推进乡村振兴补助资金绩效评价根据《衔接资金绩效评价及考核指标评分表》分级实施考核；各省区市乡村振兴战略实绩考核通过自查自评、第三方评估和日常情况进行考核。

四是评价结果运用。巩固拓展脱贫攻坚成果相关的评估主要作为对各级党委和政府班子、主要负责同志的综合考核评价的参考。巩固脱贫成果后评估、东西部协作考核和中央单位定点帮扶工作成效考核的评价结果经党中央、国务院审定后，将会作为对相关的中央单位及省级党委和政府班子、主要负责同志的综合考核评价的参考；各级党委和政府也将巩固脱贫攻坚成果的考核结果、乡村振兴战略实绩考核结果等作为各级班子和负责人综合考核评价、干部选拔任用的重要依据；而衔接资金绩效考核结果则会纳入下一年度中央财政衔接资金因素法分配。各项考核对于评价成果好的省区市、单位会予以通报表扬，对出现返贫致贫风险以及其他突出问题的会采取约谈负责人、挂牌督办等措施，而对于因工作不力导致出现重大问题的地区和个人，将严肃追究责任。

第三节　政策和考核体系调整评述

一、政策体系调整

从相关政策体系调整来看，在5年过渡期里，党中央、国务院根据巩固拓展脱贫攻坚进展情况逐步向全面推进乡村振兴战略过渡。进入过渡期以来，脱贫攻坚期以集中资源支持脱贫攻坚为目标的扶贫政策体系已经逐步调整优化，形成了巩固拓展脱贫攻坚成果的同时衔接全面推进乡村振兴的过渡期政策体系。这一政策体系的特点在于以防止规模性返贫为底线要求，确保投入政策支持力度不减、保持政策的可持续性以及逐步将政策对象由脱贫人群转向符合条件的低收入人口，同时更加注重在巩固拓展脱贫攻坚成果的同时逐步推进乡村振兴工作。

2021年的政策调整一方面是特别注重建立防止返贫监测和帮扶机制，把防止返贫作为当前及今后一段时间“三农”工作的重点；另一方面是逐步将政策覆盖对象由脱贫人口转向符合条件的低收入人口，平滑不同群体之间的福利差距。2022 年的政策调整一方面是关注防止返贫监测和帮扶机制的完善以及加大对乡村振兴重点帮扶县和易地搬迁集中安置区的支持力度，另一方面开始向乡村产业发展、乡村建设和乡村治理过渡。2023 年中央“一号文件”反映出的调整倾向则是在守住不发生规模性返贫底线、稳定完善帮扶政策的前提下，更多地关注乡村产业发展、农民增收和宜居宜业和美乡村建设。

党中央、国务院研判认为，在全国脱贫攻坚目标任务完成后的过渡期内，有关帮扶政策、财政支持、项目安排总体稳定，资金项目相对独立运行管理。2023 年 3 月，中共中央、国务院印发了《党和国家机构改革方案》，决定不再保留单设的国家乡村振兴局，将国家乡村振兴局的牵头开展防止返贫监测和帮扶，组织拟订乡村振兴重点帮扶县和重点地区帮扶政策，组织开展东西部协作、对口支援、社会帮扶等职责划入农业农村部，在农业农村部加挂国家乡村振兴局牌子；省、市、县级乡村振兴机构职责划入同级农业农村部门。

过渡期政策循着以巩固脱贫攻坚成果为主向以守住不发生规模性返贫底线、全面推进乡村振兴方向调整，而相关的领导体系也在不断适应新的工作要求；深刻把握了过渡期的时代背景，充分考虑了脱贫攻坚与乡村振兴的承接关系，在巩固脱贫攻坚成果的基础上衔接全面推进乡村振兴。

二、考核体系调整

脱贫攻坚结束后，扶贫开发工作的考核也从脱贫攻坚转向巩固拓展脱贫攻坚成果同乡村振兴有效衔接的方向上来，即随着党中央、国务院和各部门的政策调整而不断调整考核内容。脱贫攻坚期，扶贫开发工作的成效考核主要考核减贫成效、精准识别、精准帮扶和扶贫资金等；而进入 5 年过渡期，考核调整为巩固拓展脱贫攻坚成果同乡村振兴有效衔接的考核评估，主要考核巩固脱贫成果情况以及推进乡村振兴的工作情况。

通过巩固脱贫成果后评估考核、东西部协作考核、中央单位定点帮扶工作考核以及乡村振兴实绩考核、衔接推进乡村振兴补助资金绩效考核等能够持续压紧压实各级党委和政府的巩固脱贫成果和乡村振兴责任，是落实“五级书记”抓乡村振兴的重要举措，是巩固拓展脱贫攻坚成果、牢牢守住不发生规模性返贫底线、衔接全面乡村振兴的重要保障。

巩固拓展脱贫攻坚成果相关考核内容全面、重点突出，且根据每年的政策变化而调整，通过考核检验当年各级党委和政府责任落实情况、政策落实情况、工作落实情况和巩固成效情况，为下一年度制定和调整政策提供依据，同时也发挥“指挥棒”作用，督促各级党委和政府深入贯彻落实党中央、国务院关于巩固拓展脱贫攻坚成果和乡村振兴战略的方针政策和决策部署。

在 2023 年中央“一号文件”中，进一步明确要全面落实乡村振兴责任制，坚持“五级书记”抓乡村振兴，统筹开展乡村振兴战略实绩考核、巩固拓展脱贫攻坚成果同乡村振兴有效衔接考核评估，将抓党建促乡村振兴情况作为市县乡党委书记抓基层党建述职评议考核的重要内容；同时，强调了加强乡村振兴统计监测。为进一步优化巩固拓展脱贫攻坚成果、全面推进乡村振兴的考核体系指出方向，充分融合党委和政府等多元考核体系的力量，强化巩固拓展脱贫攻坚成果衔接全面乡村振兴的监督考核体系，更有力和有效地压实党委和地方政府责任，促进脱贫成果持续巩固拓展、乡村振兴全面推进。

第四章
巩固成果的关键：防止返贫动态监测和帮扶机制

目前，我国正处于脱贫攻坚与乡村振兴两大战略的历史交汇区和政策衔接的过渡期（孙久文等，2021[①]），仍面临人民日益增长的美好生活需要和不平衡不充分的发展之间的矛盾，实现巩固拓展脱贫攻坚成果同乡村振兴有效衔接任重道远。在新时期，我们需要清醒认识到目前还有一些脱贫户的发展基础比较脆弱，一些边缘户还面临致贫风险，一些农户会因病因灾因意外事故等导致基本生活出现严重困难，脱贫地区特别是原深度贫困县摘帽时间较晚，经济社会发展基础薄弱，容易发生致贫返贫现象。据各地初步摸底，已脱贫人口中有近 200 万人存在返贫风险，边缘人口中还有近 300 万存在致贫风险。中国现阶段既面临着脱贫人口返贫困的现实挑战，一部分脱贫人口仍在现行贫困标准线上徘徊，抵抗风险能力不足，返贫风险极大；又面临着贫困治理的新难题，致贫原因从结构性贫困向风险性致贫转变，治贫战略由“扶贫”向“防贫”转移，治贫手段从“攻坚式”转向“常态化”。“扶贫”侧重政府的行动，通过直接和引导投入各种资源，以外部帮扶打破原有贫困均衡，将贫困人

---

① 孙久文、李方方、张静：《巩固拓展脱贫攻坚成果 加快落后地区乡村振兴》，《西北师大学报（社会科学版）》2021 年第 3 期。

口“扶持”到生存标准以上生活水平。而“防贫”和“助贫”更加依赖政府的智慧以及综合治理，“防贫”强调从源头上建立贫困的预先防御机制。

2020 年 3 月 6 日，习近平总书记在决战决胜脱贫攻坚座谈会上的讲话中指出，要加快建立防止返贫监测和帮扶机制，对脱贫不稳定户、边缘易致贫户以及因疫情或其他原因收入骤减或支出骤增户加强监测，提前采取针对性的帮扶措施，不能等他们返贫了再补救。党的十九届五中全会将“巩固拓展脱贫攻坚成果、全面推进乡村振兴战略”纳入“十四五”时期经济社会发展主要目标，提出了“实现巩固拓展脱贫攻坚成果同乡村振兴有效衔接”的要求。守住不发生规模性返贫是过渡期“三农”工作的底线任务，是巩固拓展脱贫攻坚成果的客观要求，是实现乡村振兴的必然要求。脱贫重在不返贫，巩固脱贫成果、防范返贫风险是当下我国推进脱贫攻坚成果同乡村振兴有效衔接的实践重心。

构建防止返贫动态监测和帮扶机制不仅仅是一个实践的问题，也是一系列政策的问题，同时也为社会经济的理论研究提供了新的场域（李小云，2021①）。从实践层面看，既是对脱贫攻坚期内的政策、机制、成果等的延伸，也是衔接全面推进乡村振兴的重要基础，进而实现人民对美好生活的向往和共同富裕。在乡村振兴战略背景下，如何巩固构建防止返贫动态监测和帮扶机制成为学界和政策界关注的重要议题。既要巩固脱贫攻坚“两不愁三保障”成果，持续关注弱势群体、边缘群体，防止已脱贫人口返贫、边缘人口致贫等（左停、苏武峥，2020②）。同时，要在更广泛的层面上，采取与调

① 李小云：《巩固拓展脱贫攻坚成果的政策与实践问题》，《华中农业大学学报（社会科学版）》2021 年第 2 期。

② 左停、苏武峥：《乡村振兴背景下中国相对贫困治理的战略指向与政策选择》，《新疆师范大学学报（哲学社会科学版）》2020 年第 4 期。

整相关举措，提高贫困地区与贫困人口的发展能力，提升人民群众的获得感，进一步向全面推进乡村振兴迈进，实现“三农”工作重心的历史性转移。各地在预防返贫困实践中，织密织大监测网，提升明确预警效率与标准，分类优化帮扶措施的探索不断丰富。

第一节 相关研究综述

虽然从政策层面将防止返贫动态监测和帮扶机制作为巩固拓展脱贫攻坚成果时期的重要工作，政策系统建设和实践的时间不是很长，但是国内已经有相当一部分学者开始关注这个问题的研究，从当前文献来看，已有的研究主要关注三个层面的问题：防止返贫的监测范围、预警机制以及帮扶路径。

一、防止返贫的监测范围

巩固拓展脱贫攻坚成果需要针对返贫风险高的脱贫人口和贫困边缘人口建立预警监测机制（邢成举等，2021[①]），而基于反贫困过程中的深度贫困对象中心瞄准机制（雷明,2019[②]）进行合理的划定监测范围，简化监测识别程序，将脱贫不稳定户、边缘易致贫户和突发严重困难户及时纳入监测（黄承伟,2021[③]）是消除返贫潜在诱因、控制返贫风险的第一步。目前，学界提出以农村居民可支配收入均值或中位数的 40% ~ 60% 作为监测范围。在政策实行过程

① 邢成举、李小云、史凯:《巩固拓展脱贫攻坚成果：目标导向、重点内容与实现路径》,《西北农林科技大学学报（社会科学版）》2021 年第 5 期。

② 雷明:《从多元治理走向全元治理——兼论反贫困命运共同体构建》,《石河子大学学报（哲学社会科学版）》2019 年第 4 期。

③ 黄承伟:《设立脱贫攻坚过渡期的政策指向和多重意蕴》,《人民论坛》2021 年第 11 期。

中，则更多实质性地采取多维测量方法，将群体需求指标化，更关注获得基本公共服务的情况。例如，A–F 多维贫困计数法（Alkire S，Foster J，2011①）。据此，学界提出不同规模和年龄的家庭具有明显被监测瞄准的异质性，且依赖于政府补助和省级财政转移支付的家庭容易持续处于瞄准状态（吕光明等，2021②）；提出细化转移性收入统计，将政策性转移收入单独列出（唐丽霞等，2020③）；提出把内生脱贫动力、生计资源禀赋、外部灾害冲击和社会负面影响作为脱贫人口返贫生发的主要监测维度（胡世文、曹亚雄，2021④）。也有学者提出，需要加强对脱贫不稳定户和边缘户的动态监测，密切关注特殊困难群体，扩大监测指标，提高社会保障标准（汪三贵，2021⑤）。为实现全域数据的可视化、返贫风险的全面预判、全过程的跟踪管控以及全员帮扶的精准化，可以利用大数据构建防止返贫动态监测的长效机制（孙壮珍、王婷，2021⑥）。

二、防止返贫的预警机制

预警作为阻碍返贫困发生的重要防线，其标准、机制的建立至关重要。学界目前对于预警标准的探讨更多与监测环节风险的产

---

① Alkire S，Foster J，“Counting and Multidimensional Poverty Measurement，” *Journal of Public Economics* 95(2011): 476 - 487.

② 吕光明、崔新新、孙伯驰：《防止返贫动态监测和精准帮扶的着力点——基于 CFPS 数据的实证分析》，《财政研究》2021 年第 8 期。

③ 唐丽霞、张一珂、陈枫：《贫困问题的国际测量方法及对中国的启示》，《国外社会科学》2020 年第 6 期。

④ 胡世文、曹亚雄：《脱贫人口返贫风险监测：机制设置、维度聚焦与实现路径》西北农林科技大学学报（社会科学版）2021 年第 1 期。

⑤ 汪三贵：《巩固拓展脱贫攻坚成果与乡村振兴有效衔接》，《中国乡村发现》2021 年第 3 期。

⑥ 孙壮珍、王婷：《动态贫困视角下大数据驱动防返贫预警机制构建研究——基于四川省 L 区的实践与探索》，《电子政务》2021 年第 12 期。

生关联密切，尚未进行清晰划分。而对于预警机制的探讨，主要包含预警模式和预警方法两个层面。例如，在整体设计层面，构建三位一体的防止返贫长效机制体系，包括防止返贫的稳固脱贫监测机制、防止返贫的稳固脱贫响应帮扶机制和防止返贫的稳固脱贫动态回溯机制（蒋和胜等，2020[①]）；在具体实操技术层面，从预警程序和支撑条件角度出发，基于干预主体、干预客体、大数据库、干预手段、预警标准的概念框架，辅以“层级分明、协调一致”的组织结构、“真实完整、及时跟进”的信息管理、“量体裁衣、快速应变”的应急管理、“内部兜底、外部评估”的保障条件构建贫困预警体系（包国宪、杨瑚，2018[②]）；在工作方式创新层面，可以优化完善预警方式，建立农户主动申请、部门做比对、基层干部定期跟踪回访相结合的易返贫致贫人口发现和核查机制（左停、赵梦媛，2021[③]）；在预警机制完善发展层面，提出根据社会经济发展现状，不断完善并适当调整指标体系，特别是基层工作者在对返贫因素进行识别和干预时，应该结合各个地区的地域特点和经济基础来灵活利用预警机制（彭玮、龚俊梅，2021[④]）。

三、防止返贫的帮扶路径

帮扶措施的全面与精准是防止返贫监测与预警工作的落脚点，是切实阻断返贫和防止新增贫困的关键。学界主要从宏观联系、中

① 蒋和胜、李小瑜、田永：《阻断返贫的长效机制研究》，《吉林大学社会科学学报》2020 年第 6 期。

② 包国宪、杨瑚：《我国返贫问题及其预警机制研究》，《兰州大学学报（社会科学版）》2018 年第 6 期。

③ 左停、赵梦媛：《农村致贫风险生成机制与防止返贫管理路径探析——以安徽 Y 县为例》，《西南民族大学学报（人文社会科学版）》2021 年第 7 期。

④ 彭玮、龚俊梅：《基于系统聚类法的返贫风险预警机制分析》，《江汉论坛》2021 年第 12 期。

观思考与微观落实三个层次进行探讨。

宏观层面，学界提出以防止返贫的帮扶为抓手，过渡期探索“巩固—拓展—衔接”型治理路径，在脱贫的基础上巩固绝对贫困治理，防止规模性返贫；在巩固的基础上拓展相对贫困治理，防止贫困的逆向转化；在拓展的基础上衔接乡村振兴，统筹治理贫困与非贫困；建立常态化、长效化、可持续的减贫防贫机制（左腾飞，2020①），将更多地依托经济发展、税收、公共财政以及公平就业等方面的政策措施（李小云等，2020②）。中观层面，学界提出多样化的防止返贫机制。例如，强化社会保护能力，做好精准脱贫与乡村振兴之间的政策、行动以及观念衔接，将外生动力机制转变为内生的动力机制；健全市场化的就业扶贫机制，倡导市场化的商业保险帮扶机制，探索市场化的村落聚居机制（董帅兵、郝亚光，2021③）。微观层面，学界重点关注防止返贫的具体措施和主体责任。在具体措施中，提出借助人力资源开发理论与方法，从自我开发、培训开发、岗位开发、干部开发、组织开发等方面实现风险控制（李飞、汪三贵，2020④）；提出“防贫保”基金突破传统保险的经营思维，实现险种由“定人定量”到“群体共享”的变革（萧鸣政、张睿超，2021⑤）。在农户主体性中，基于“小农户产业防贫共同体”这

① 左腾飞：《筑牢脱贫攻坚防贫的四道“保障线”》，《人民论坛·学术前沿》2020年第8期。

② 李小云、苑军军、于乐荣：《论2020后农村减贫战略与政策：从“扶贫”向“防贫”的转变》，《农业经济问题》2020年第2期。

③ 董帅兵、郝亚光：《巩固、拓展与衔接：过渡期贫困治理的路径探索》，《经济学家》2021年第8期。

④ 李飞、汪三贵：《贫困县精准防贫综合保险机制创新：湖南沅陵个案》，《农村经济》2020年第9期。

⑤ 萧鸣政、张睿超：《中国后扶贫时代中的返贫风险控制策略——基于风险源分析与人力资源开发视角》，《中共中央党校（国家行政学院）学报》2021年第2期。

一理念（成媛、陈祎，2021[①]），发挥市场机制作用、激发贫困人口及贫困社区内生动力是关键突破口（左停、赵梦媛，2021[②]；汪三贵，2022[③]）。在政策工具选择中，一方面可以通过一系列的预防性政策体系来防止低收入群体陷入贫困陷阱或是福利停滞状态；另一方面，可以采用系统的、普惠性的社会政策，诸如教育、医疗等抑制贫困的再生产（李小云，2020[④]）。

总体而言，既有研究主要运用案例研究方法和计量分析方法，围绕返贫诱因、监测和预警机制构建、帮扶方式等方面进行探究。但既有研究仍存在以下不足：第一，既有研究侧重宏观分析，对案例代表性与典型性的挖掘存在不足。各地在过渡期呈现快速变化和逐步探索的总体态势，现有学术研究明显滞后于实践发展，过渡期内防止规模性返贫的常态化机制建设过程有待追踪，典型案例亟待调研。第二，既有研究较少从整体性、系统性角度深度挖掘贫困预防机制，可全面推广的防止返贫监测和帮扶机制尚待提出，因此，进行多案例研究并归纳类型，形成示范性做法和经验具有紧迫性。监测、预警与帮扶机制还未实现系统耦合，健全防止规模性返贫监测和帮扶机制需要进一步深化。第三，目前，中国的社会发展阶段正由脱贫攻坚向共同富裕过渡，以贫困治理为主的工作转向以预防贫困和治理为主。学界尚缺少系统性的关于中国特色社会主义防止返贫理论体系的建构和讨论。

① 成媛、陈祎：《西北民族地区产业防贫实践中的农户主体性——基于宁夏南部民族社区调查》，《中南民族大学学报（人文社会科学版）》2021 年第 1 期。

② 左停、赵梦媛：《农村致贫风险生成机制与防止返贫管理路径探析——以安徽 Y 县为例》，《西南民族大学学报（人文社会科学版）》2021 年第 7 期。

③ 汪三贵：《探索贫困群体主动脱贫的中国路径　评〈中国脱贫之路：基于贫困户的经济决策质量的分析〉》，《华中农业大学学报（社会科学版）2022 年第 2 期。

④ 李小云：《巩固脱贫成果重在建立长效机制》，《中国社会科学报》2020 年 9 月 10 日第 1 版。

第二节 防止返贫动态监测和帮扶机制的政策框架

脱贫攻坚战取得全面胜利后，中国“三农”工作重心从集中力量脱贫攻坚转向全面推进乡村振兴，奋斗目标从全面建成小康社会转向全面建设社会主义现代化国家，原有的运动式治理模式、超常规的帮扶举措需要逐步转变为具有可持续性的常态化帮扶机制。正如习近平总书记所强调的，“要切实做好巩固拓展脱贫攻坚成果同乡村振兴有效衔接各项工作，让脱贫基础更加稳固、成效更可持续”[①]。党中央、国务院出台制定了完备的顶层设计和战略指引，以期在脱贫攻坚战取得全面胜利后，建立解决相对贫困的长效机制，推动减贫战略和工作体系平稳转型。

一、习近平总书记关于防止返贫的重要论述

2019 年 4 月，习近平总书记在解决“两不愁三保障”突出问题座谈会上的讲话中就已经提出“要把防止返贫摆在重要位置，适时组织对脱贫人口开展‘回头看’，对返贫人口和新发生贫困人口及时予以帮扶”[②]。2020 年 3 月，习近平总书记在决战决胜脱贫攻坚座谈会上的讲话中强调“要加快建立防止返贫监测和帮扶机制，对脱贫不稳定户、边缘易致贫户以及因疫情或其他原因收入骤减或支出骤增户加强监测，提前采取针对性的帮扶措施”[③]，并提出从脱贫之日起设立 5 年过渡期，保持主要帮扶政策总体稳定，并对其

① 习近平：《在全国脱贫攻坚总结表彰大会上的讲话》，人民出版社，2021，第 20 页。

② 中共中央党史和文献研究院编《十九大以来重要文献选编（中）》，中央文献出版社，2021，第 8 页。

③ 习近平：《在决战决胜脱贫攻坚座谈会上的讲话》，人民出版社，2020，第 11 页。

逐项分类优化调整，合理把握调整节奏、力度、时限，逐步实现由集中资源支持脱贫攻坚向全面推进乡村振兴平稳过渡。2021 年 2 月，习近平总书记在全国脱贫攻坚总结表彰大会上的讲话中再次强调，“对易返贫致贫人口要加强监测，做到早发现、早干预、早帮扶。对脱贫地区产业要长期培育和支持，促进内生可持续发展。对易地扶贫搬迁群众要搞好后续扶持，多渠道促进就业，强化社会管理，促进社会融入。对脱贫县要扶上马送一程，设立过渡期，保持主要帮扶政策总体稳定。要坚持和完善驻村第一书记和工作队、东西部协作、对口支援、社会帮扶等制度”①。在防止返贫致贫预警监测和干预帮扶机制的建设思路中，习近平总书记在系列讲话中一以贯之，一方面在整体上明确了守住不发生规模性返贫的底线思维，另一方面在具体实施中保证了监测范围和监测人群不局限于脱贫攻坚时期的建档立卡群体，明确了对脱贫不稳定户、边缘易致贫户、突发严重困难户三类人群的重点监测，把握防止返贫的全局性思维，及时纳入边缘易致贫户和突发严重困难户。同时，在时间跨度中肯定了过渡期的必要性，确保政策平稳过渡，对于巩固拓展脱贫攻坚成果具有重要意义。习近平总书记关于防止返贫的重要论述见表 4-1。

表 4-1　习近平总书记重要讲话中的防止返贫监测和帮扶政策内容

重要讲话	相关内容	时间
习近平：在中央扶贫开发工作会议上的讲话	如果农民收入降低，就可能导致已经脱贫的人口重新返贫，甚至可能造成新的贫困人口	2015 年 11 月

① 习近平：《在全国脱贫攻坚总结表彰大会上的讲话》，人民出版社，2021，第 20—21 页。

续表

重要讲话	相关内容	时间
习近平：在解决“两不愁三保障”突出问题座谈会上的讲话	要把防止返贫摆在重要位置，适时组织对脱贫人口开展“回头看”，对返贫人口和新发生贫困人口及时予以帮扶。 要把防止返贫放在重要位置，做到摘帽不摘监管	2019 年 4 月
习近平：在决战决胜脱贫攻坚座谈会上的讲话	要加快建立防止返贫监测和帮扶机制，对脱贫不稳定户、边缘易致贫户以及因疫情或其他原因收入骤减或支出骤增户加强监测，提前采取针对性的帮扶措施，不能等他们返贫了再补救	2020 年 3 月
习近平：在山西考察时强调	山西脱贫攻坚取得了决定性成就，58 个贫困县全部摘帽，但仍有 2 万多贫困人口没有脱贫，有 12 万多存在返贫风险的已脱贫人口和致贫风险的边缘人口。要做好这些贫困人口的脱贫工作，巩固和拓展产业就业扶贫成果，做好易地扶贫搬迁后续扶持，强化返贫监测预警和动态帮扶，推动脱贫攻坚和乡村振兴有机衔接	2020 年 5 月
习近平：听取脱贫攻坚总结评估汇报并发表重要讲话	要健全防止返贫监测帮扶机制，继续对脱贫县、脱贫村、脱贫人口开展监测，持续跟踪收入变化和“两不愁三保障”巩固情况，定期核查，及时发现，及时帮扶，动态清零	2020 年 12 月
习近平：在中央农村工作会议上发表重要讲话	从脱贫之日起设立 5 年过渡期，过渡期内要保持主要帮扶政策总体稳定。对现有帮扶政策逐项分类优化调整，合理把握调整节奏、力度、时限，逐步实现由集中资源支持脱贫攻坚向全面推进乡村振兴平稳过渡。 要健全防止返贫动态监测和帮扶机制，对易返贫致贫人口实施常态化监测，重点监测收入水平变化和“两不愁三保障”巩固情况，继续精准施策	2020 年 12 月

续表

重要讲话	相关内容	时间
习近平：在全国脱贫攻坚总结表彰大会上的讲话	“胜非其难也，持之者其难也。”我们要切实做好巩固拓展脱贫攻坚成果同乡村振兴有效衔接各项工作，让脱贫基础更加稳固、成效更可持续。对易返贫致贫人口要加强监测，做到早发现、早干预、早帮扶。对脱贫地区产业要长期培育和支持，促进内生可持续发展。对易地扶贫搬迁群众要搞好后续扶持，多渠道促进就业，强化社会管理，促进社会融入。对脱贫县要扶上马送一程，设立过渡期，保持主要帮扶政策总体稳定。要坚持和完善驻村第一书记和工作队、东西部协作、对口支援、社会帮扶等制度	2021 年 2 月
习近平：在中央财经委员会第十次会议上的讲话	要巩固拓展脱贫攻坚成果，对易返贫致贫人口要加强监测、及早干预，对脱贫县要扶上马送一程，确保不发生规模性返贫和新的致贫	2021 年 8 月

资料来源：课题组根据习近平总书记历次讲话整理所得。

二、总体性发展文件和法律规定中纳入了防止返贫监测与帮扶内容

党的十九届四中全会通过的《中共中央关于坚持和完善中国特色社会主义制度　推进国家治理体系和治理能力现代化若干重大问题的决定》提出“坚决打赢脱贫攻坚战，巩固脱贫攻坚成果，建立解决相对贫困的长效机制”[①]，党的十九届五中全会提出将“脱贫攻坚成果巩固拓展，乡村振兴战略全面推进”作为“十四五”时期经济社会发展主要目标。守住不发生规模性返贫的底线既是巩固拓展脱

①《中共中央关于坚持和完善中国特色社会主义制度　推进国家治理体系和治理能力现代化若干重大问题的决定》，人民出版社，2019，第 27 页。

贫攻坚成果的客观要求，又是实现乡村振兴的必然要求。2020 年 12 月，出台了《中共中央　国务院关于实现巩固拓展脱贫攻坚成果同乡村振兴有效衔接的意见》，明确了脱贫攻坚全面胜利后防止规模性返贫和新增致贫的指导思想、基本原则、发展目标，部署了重点改革任务、发展取向及相应的行动方案，为其他各部委开展实施具体工作提供了基本遵循。从 2020 年到 2022 年三年中央“一号文件”都将防止返贫监测作为年度“三农”工作的重要任务予以高度重视。2021 年，《中华人民共和国乡村振兴促进法》则为易返贫致贫人口防止返贫动态监测和帮扶机制的制度选择与行动路径提供了法律保障。

表 4-2　党和国家法律法规文件中的防止返贫监测和帮扶政策内容

文件名称	相关内容	时间
《中共中央关于坚持和完善中国特色社会主义制度　推进国家治理体系和治理能力现代化若干重大问题的决定》	坚决打赢脱贫攻坚战，巩固脱贫攻坚成果，建立解决相对贫困的长效机制	2019 年 10 月
《中共中央　国务院关于抓好“三农”领域重点工作确保如期实现全面小康的意见》	健全监测预警机制，加强对不稳定脱贫户、边缘户的动态监测，将返贫人口和新发生贫困人口及时纳入帮扶，为巩固脱贫成果提供制度保障	2020 年 1 月
《中共中央　国务院关于实现巩固拓展脱贫攻坚成果同乡村振兴有效衔接的意见》	健全防止返贫动态监测和帮扶机制。对脱贫不稳定户、边缘易致贫户，以及因病因灾因意外事故等刚性支出较大或收入大幅缩减导致基本生活出现严重困难户，开展定期检查、动态管理；建立健全易返贫致贫人口快速发现和响应机制，分层分类及时纳入帮扶政策范围；健全防止返贫大数据监测平台；建立农户主动申请、部门信息比对、基层干部定期跟踪回访相结合的易返贫致贫人口发现和核查机制；坚持预防性措施和事后帮扶相结合，精准分析返贫致贫原因，采取有针对性的帮扶措施	2020 年 12 月

续表

文件名称	相关内容	时间
《中共中央　国务院关于全面推进乡村振兴加快农业农村现代化的意见》	持续巩固拓展脱贫攻坚成果。健全防止返贫动态监测和帮扶机制，对易返贫致贫人口及时发现、及时帮扶，守住防止规模性返贫底线。以大中型集中安置区为重点，扎实做好易地搬迁后续帮扶工作，持续加大就业和产业扶持力度，继续完善安置区配套基础设施、产业园区配套设施、公共服务设施，切实提升社区治理能力。加强扶贫项目资产管理和监督	2021 年 1 月
《中华人民共和国国民经济和社会发展第十四个五年规划和 2035 年远景目标纲要》	健全防止返贫动态监测和精准帮扶机制，对易返贫致贫人口实施常态化监测，建立健全快速发现和响应机制，分层分类及时纳入帮扶政策范围。完善农村社会保障和救助制度，健全农村低收入人口常态化帮扶机制。对脱贫地区继续实施城乡建设用地增减挂钩节余指标省内交易政策、调整完善跨省域交易政策。加强扶贫项目资金资产管理和监督，推动特色产业可持续发展。推广以工代赈方式，带动低收入人口就地就近就业。做好易地扶贫搬迁后续帮扶，加强大型搬迁安置区新型城镇化建设	2021 年 3 月
《中华人民共和国乡村振兴促进法》（中华人民共和国主席令第七十七号）	建立农村低收入人口、欠发达地区帮扶长效机制，持续推进脱贫地区发展；建立健全易返贫致贫人口动态监测预警和帮扶机制，实现巩固拓展脱贫攻坚成果同乡村振兴有效衔接	2021 年 4 月

续表

文件名称	相关内容	时间
《中共中央　国务院关于做好2022年全面推进乡村振兴重点工作的意见》	完善监测帮扶机制；促进脱贫人口持续增收；加大对乡村振兴重点帮扶县和易地搬迁集中安置区支持力度；推动脱贫地区帮扶政策落地见效	2022年1月

资料来源：课题组根据相关政策文件整理所得。

通过对国家领导人重要讲话、中央重要政策和国家法律法规及发展计划、2020—2022年三年中央“一号文件”的梳理发现（见表4-2），我国防止返贫监测预警和帮扶机制在顶层设计层面不断明确和完善，制度上取得了重大进展。目前主要面临的是制度建成到制度完善的一系列调整，其中主要面临着常态化机制的建立、监测对象和范围的划定、预警标准和平台的明确和完善、帮扶干预的针对性和及时性问题，在过渡期内需要抓住重要窗口和机遇，进行进一步完善与调整。

三、防止返贫动态监测和帮扶的具体政策安排

为深入贯彻党的十九届历次全会精神和习近平总书记关于“三农”工作的重要论述，落实《中共中央　国务院关于实现巩固拓展脱贫攻坚成果同乡村振兴有效衔接的意见》的要求，进一步巩固拓展脱贫攻坚成果，有效衔接乡村振兴战略，接续推动脱贫地区发展和乡村全面振兴，全国范围内建立了防止返贫动态监测和帮扶机制。综合性文件与各部委出台的相关政策文件共同构成了防止返贫监测预警和帮扶机制的制度体系，在民政、医保、教育等领域巩固拓展脱贫攻坚成果同乡村振兴有效衔接，对做好防止返贫动态监测和帮扶工作提出了具体且专业性的实施意见。

2020年3月，原国务院扶贫开发领导小组发布了《国务院扶贫

开发领导小组关于建立防止返贫监测和帮扶机制的指导意见》(国开发〔2020〕6号)；2021年5月，中央农村工作领导小组发布了《中央农村工作领导小组关于健全防止返贫动态监测和帮扶机制的指导意见》(中农组发〔2021〕7号),全面综合地为防止返贫致贫、建立相关监测预警和帮扶机制提供了规范,其内容不断演变。这些综合性文件(见表4-3)为建立防止返贫动态监测和帮扶机制提供了规范，相关制度安排逐渐明确科学。

表4-3　规范性文件中的防止返贫监测和帮扶政策内容

文件名称	相关内容	时间
《国务院扶贫开发领导小组关于建立防止返贫监测和帮扶机制的指导意见》(国开发〔2020〕6号)	以家庭为单位，主要监测建档立卡已脱贫但不稳定户，收入略高于建档立卡贫困户的边缘户。人均可支配收入低于国家扶贫标准1.5倍左右的家庭，以及因病、因残、因灾、因新冠肺炎疫情影响等引发的刚性支出明显超过上年度收入和收入大幅缩减的家庭。监测对象规模一般为建档立卡人口的5%左右，深度贫困地区原则上不超过10%	2020年3月
《中央农村工作领导小组关于健全防止返贫动态监测和帮扶机制的指导意见》(中农组发〔2021〕7号)	明确监测对象和范围、优化监测方式和程序、完善帮扶政策。 强调了关于健全防止返贫动态监测和帮扶机制的重要性和必要性。明确提出了健全防止返贫动态监测和帮扶机制是从制度上预防和解决返贫问题、巩固拓展脱贫攻坚成果的有效举措。要求各地各部门要充分认识健全防止返贫动态监测和帮扶机制的重要意义，树牢底线思维，持续压实责任，继续精准施策，补齐短板，消除风险，做到早发现、早干预、早帮扶，切实防止返贫致贫，坚决守住防止规模性返贫的底线	2021年5月

资料来源：课题组根据相关政策文件整理所得。

此外，各部委出台相关政策文件，为做好防止返贫动态监测和帮扶工作提出了具体且专业性的实施意见。就社会保障角度而言，民政部先后单独或者联合发布了《民政部关于巩固拓展民政领域脱贫攻坚成果同乡村振兴有效衔接的实施意见》（民发〔2021〕16号）、《关于巩固拓展脱贫攻坚兜底保障成果进一步做好困难群众基本生活保障工作的指导意见》（民发〔2021〕49号），特别强调建立低收入人口动态监测预警机制，以低保对象、特困人员、农村易返贫致贫人口、因病因灾因意外事故等刚性支出较大或收入大幅缩减导致基本生活出现严重困难人口以及其他低收入人口为重点，建立完善低收入人口动态监测信息平台，为相关部门、单位和社会力量开展救助帮扶提供支持。依托国家数据共享交换平台体系，推动共享教育、人力资源社会保障、住房城乡建设、卫生健康、应急、医疗保障、乡村振兴、残联等部门和单位的相关信息数据，通过大数据比对等手段对低收入人口开展常态化监测，及时预警发现可能需要救助的低收入人口。

就医疗健康角度而言，国家医疗保障局等7个部门联合发布了《关于巩固拓展医疗保障脱贫攻坚成果有效衔接乡村振兴战略的实施意见》，国家卫生健康委等13个部门联合印发了《关于印发巩固拓展健康扶贫成果同乡村振兴有效衔接实施意见的通知》（国卫扶贫发〔2021〕6号），基于此，相关部门进一步规范细化，发布了《关于进一步做好防止因病返贫动态监测和帮扶工作的通知》（国卫办财务函〔2021〕615号）。文件以因病返贫致贫为风险点，为优化调整医保扶贫政策，健全防范化解因病返贫致贫长效机制提供指引。建立医疗保障与卫生健康的防止返贫致贫机制主要包含两个方面的内容。一方面是整体上逐步实现由集中资源支持脱贫攻坚向统筹基本医保、大病保险、医疗救助三重制度常态化保障平稳过渡。例如，政策提出优化调整脱贫人口医疗救助资助参保政策。根据脱贫人口的实际困难，统筹完善居民医保分类资助参保政策，合理把握调整节奏、力度、时限。对特困人员给予全额资助，对低保对象给予定额资助，脱贫不稳定且纳入相关部门农村低收入人口监测范围的，过渡期内可根据实际，享受一定期限的定额资助政策。定额资助标准由各省（自治区、直辖市）确定。乡村振兴部门认定的返贫致贫人口，过渡期内按规定享受资助参保政策。未纳入农村低收入人口监测范围的稳定脱贫人口，按标准退出，不再享受医疗救助资助参保政策。另一方面是具体路径上明确细化建立防范化解因病返贫致贫长效机制的内涵。政策要求依托农村低收入人口监测平台，做好因病返贫致贫风险监测，建立健全防范化解因病返贫致贫的主动发现机制、动态监测机制、信息共享机制、精准帮扶机制。根据个人年度费用负担情况，由地方根据实际情况，分类明确因病返贫和因病致贫监测标准。建立依申请救助机制，将发生高额医疗费用的易返贫致贫人口和因高额医疗费用支出导致家庭基本生活出现严重困难的大病患者纳入医疗救助范围，对其经基本医保、大病保险支付后，符合规定的个人自付费用酌情予以救助，防止因病返贫致贫。各统筹区要加强动态监测，及时预警，提前介入，跟进落实帮扶措施。健全引导社会力量参与减贫机制，鼓励商业健康保险和医疗互助发展，不断壮大慈善救助，形成对基本医疗保障的有益补充。

就教育领域而言，教育部等 4 个部门联合发布了《关于实现巩固拓展教育脱贫攻坚成果同乡村振兴有效衔接的意见》，提出 4 项重点工作任务和 20 项工作内容，即建立健全巩固拓展义务教育有保障成果长效机制，包括巩固拓展义务教育控辍保学成果、巩固拓展义务教育办学条件成果、巩固拓展教育信息化成果、巩固拓展乡村教师队伍建设成果；建立健全农村家庭经济困难学生教育帮扶机制，包括精准资助农村家庭经济困难学生，继续实施农村义务教育学生营养改善计划，完善农村儿童教育关爱工作，加强农村家庭经济困难毕业生就业帮扶工作；做好巩固拓展教育脱贫攻坚成果同乡村振兴有效衔接重点工作，包括加大脱贫地区职业教育支持力度，提高普惠性学前教育质量，提高普通高中教育质量，继续实施重点高校招收农村和脱贫地区学生专项计划，继续实施民族专项招生计划，实施国家通用语言文字普及提升工程和推普助力乡村振兴计划，打造升级版的“一村一名大学生计划”，推进乡村振兴育人工作；延续完善巩固拓展脱贫攻坚成果同乡村振兴有效衔接的对口帮扶工作机制，包括继续推进高校定点帮扶工作，优化实施职业教育东西协作行动计划，持续推进高校对口支援工作，继续实施系列教师支教计划。

第三节　防止返贫动态监测和帮扶机制的地方实践

一、监测对象

2020 年 3 月，原国务院扶贫开发领导小组在全国层面上解决了如何识别易致贫返贫群体的问题，监测对象是以家庭为单位，主要监测建档立卡已脱贫但不稳定户，收入略高于建档立卡贫困户的边缘户。2020 年 12 月的《中共中央　国务院关于实现巩固拓展脱贫攻坚成果同乡村振兴有效衔接的意见》以及 2021 年 5 月的《中央农村工作领导小组关于健全防止返贫动态监测和帮扶机制的指导意见》，均对监测对象进行了说明：以家庭为单位，监测脱贫不稳定户、边缘易致贫户，以及因病因灾因意外事故等刚性支出较大或收入大幅缩减导致基本生活出现困难户，重点监测其收入支出状况、“两不愁三保障”及饮水安全状况等。重点关注有大病重病和负担较重的慢性病患者、重度残疾人、失能老年人口等特殊群体的家庭。各地为了识别出易返贫人口，在中央出台规范性文件的基础之上，依据自身情况特点，制定符合本身实际情况的实施意见，在监测对象和监测范围的规定上各有差异，基本依照国家标准执行，同时又有所创新。（见表 4-4）

表 4-4　部分省份（区、市）防止返贫监测对象（以乡村振兴重点帮扶县所在省份［区、市］为例）

省份（区、市）	成文时间	文件名称	监测对象
内蒙古	2021 年 6 月 29 日	《内蒙古自治区健全防止返贫动态监测和帮扶机制工作方案》	以家庭为单位，监测脱贫不稳定户、边缘易致贫户，以及因病因灾因意外事故等刚性支出较大或收入大幅缩减导致基本生活出现严重困难户，重点监测其收入支出状况、“两不愁三保障”及饮水安全状况等。重点关注有大病重病和负担较重的慢性病患者、重度残疾人、留守儿童和困境儿童、分散供养特困人员、失能老年人口等特殊群体的家庭
广西	2021 年 6 月 9 日	《广西防止返贫动态监测和帮扶工作方案》	以家庭为单位，监测脱贫不稳定户、边缘易致贫户，以及因病因灾因意外事故等刚性支出较大或收入大幅缩减导致基本生活出现严重困难户，重点监测其收入支出状况、“两不愁三保障”及饮水安全状况等。重点关注有大病重病和负担较重的慢性病患者、重度残疾人、失能老年人口等特殊群体的家庭
重庆	2020 年 4 月 19 日	《重庆市扶贫开发领导小组关于建立防止返贫监测和帮扶机制的实施意见》	以家庭为单位，主要监测建档立卡已脱贫但不稳定户（即脱贫不稳定户）、收入略高于建档立卡贫困户的边缘户（即边缘易致贫户）。监测对象家庭成员原则上以公安部门户籍人口为准，对“户在人不在”“人在户不在”的情况，以实际共同生活为准

续表

省份（区、市）	成文时间	文件名称	监测对象
四川	2021 年 6 月 30 日	《四川省健全防止返贫动态监测和帮扶机制办法（试行）》	以农村家庭户为单位，监测脱贫不稳定户、边缘易致贫户、突发严重困难户
贵州	2021 年 6 月 15 日	《贵州省关于健全防止返贫动态监测和帮扶机制的工作方案》	以家庭为单位，监测脱贫不稳定户、边缘易致贫户，以及因学因病因灾因意外事故等刚性支出较大或收入大幅缩减导致其基本生活出现严重困难户，重点监测其收入支出状况、“两不愁三保障”及饮水安全状况。重点关注有大病重病和负担较重的慢性病患者、重度残疾人、失能老年人口等特殊群体的家庭。监测对象家庭成员原则上以公安部门户籍人口为准，对“户在人不在”“人在户不在”的情况，以实际共同生活的家庭成员为准。家庭成员存在拥有享受型轿车或大中型货车及挖机等、财政供养人员、拥有商品房（或门面房）、经商办企业等情形的，原则上该户不纳入监测，特殊情况由村民代表会议组织评议认定
云南	2021 年 7 月 31 日	《云南省巩固脱贫攻坚推进乡村振兴领导小组关于健全防止返贫动态监测和帮扶机制的实施意见》	以家庭为单位对脱贫户和实际在农村生产生活、享受农村公共服务及待遇的农村常住人口中的重点人群进行定期排查，将存在返贫风险的脱贫不稳定户、存在致贫风险的边缘易致贫户以及因病因灾因意外事故等刚性支出较大或收入大幅缩减导致基本生活出现严重困难户，纳入防止返贫动态监测对象，重点监测其收入支出状况、“两不愁三保障”及饮水安全状况等。重点关注大病重病和负担较重的慢性病患者，重度残疾人及三、四级智力或精神残疾人，失能老年人口等特殊群体的家庭

续表

省份（区、市）	成文时间	文件名称	监测对象
陕西	2021 年 6 月 29 日	《关于健全防止返贫动态监测和帮扶机制的实施意见》	以农村家庭为单位，监测脱贫不稳定户、边缘易致贫户，以及突发严重困难户（即因病因灾因意外事故等刚性支出较大或收入大幅缩减导致基本生活严重困难的农户）。重点关注有大病重病和负担较重的慢性病患者、重度残疾人、失能老年人口等特殊群体的家庭
甘肃	2021 年 6 月 16 日	《甘肃省健全防止返贫动态监测和帮扶机制工作方案》	以家庭为单位，监测脱贫不稳定户、边缘易致贫户，以及因病因灾因意外事故等刚性支出较大或收入大幅缩减导致基本生活出现严重困难户。重点监测其收入支出状况、“两不愁三保障”及饮水安全状况等。重点关注农村大病重病患者、负担较重的慢性病患者、重度残疾人、留守儿童和困境儿童、失能特困老年人口等特殊群体
青海	2020 年 5 月 12 日	《青海省扶贫开发工作领导小组关于建立防止返贫监测和帮扶机制的实施意见》	以家庭为单位，将因学、因病、因灾以及因突发事件影响而引发的刚性支出明显超过上年度收入和收入大幅缩减，具有潜在返贫致贫风险的脱贫监测户和边缘户纳入防止返贫致贫监测范围
宁夏	2021 年 5 月 25 日	《关于健全防止返贫动态监测和帮扶机制的实施方案》	以农村家庭为单位，监测脱贫不稳定户、边缘易致贫户，以及因病因灾因意外事故等刚性支出较大或收入大幅缩减导致基本生活出现严重困难户，重点监测其收入支出状况、“两不愁三保障”及饮水安全状况等。重点关注有大病重病和负担较重的慢性病患者、重度残疾人、失能老年人口、政策性移民和自主迁徙农村居民困难户等特殊群体的家庭，对社区戒毒康复但存在返贫风险人员强化预警监测帮扶

资料来源：课题组根据相关政策文件整理所得。

可见，各地的监测对象基本是以家庭为单位，监测脱贫不稳定户、边缘易致贫户以及突发严重困难户。具体而言，脱贫不稳定户指家庭年人均纯收入低于监测范围，因病因灾因突发意外等造成基本生活出现严重困难或“三保障”和安全饮水出现突出问题，依靠自身力量难以解决，存在返贫风险的脱贫户。边缘易致贫户指家庭年人均纯收入低于监测范围，因病因灾因突发意外等造成基本生活出现严重困难或“三保障”和安全饮水出现突出问题，依靠自身力量难以解决，存在致贫风险的一般农户。突发严重困难户指家庭年人均纯收入略高于监测范围，但因病因灾因意外事故等情况，导致刚性支出较大或收入大幅缩减，造成家庭经济严重困难，基本生活受到严重影响，依靠自身力量难以摆脱困境，存在返贫致贫风险的农户。

在统一监测对象的要求下，各地在拓展重点关注的特殊群体、明确监测家庭成员认定原则等方面也有一些细微的差异。在拓展重点关注的特殊群体方面，山东省增加了重点关注低保家庭、分散供养特困人员。安徽省增加了就业不稳定户、产业发展失败户、灾后重建户和无劳动力户等群体。吉林省蛟河市重点跟踪因意外事故、产业项目失败、务工就业收入不稳定的家庭。河南省重点关注有失能老年人口、困境儿童等特殊群体的家庭；也特别关注建档立卡之外分散供养的特困人员、低保户、大病重病户、重度残疾户等特殊对象户，易地扶贫搬迁及同步搬迁等已转为城镇户籍但目前还没有享受到城镇居民相关保障措施和待遇的人口，也一并进行监测。山西省重点关注有大病、重病和负担较重的慢性病患者、重度残疾人、一户多残、以老养残、孤残一体、失能老年人口等特殊群体的家庭。云南省重点关注有大病重病和负担较重的慢性病患者，重度残疾人及三、四级智力或精神残疾人，失能老年人口等特殊群体的家庭。在明确监测家庭成员认定原则上，陕西省规定农村所有人口，原则上以公安部门户籍管理信息为准，对“户在人不在”“人在户不在”的情况，按照居住在同一住宅内，常住或者与户主共同生活的成员为准。同时，经济与本户连为一体的人口也计算在内。常住人口指在本地（连续居住）生活 6 个月以上的人员，经济与本户连为一体的人口主要包括外出务工人员和在外上学的学生等。重庆市规定监测对象家庭成员原则上以公安部门户籍人口为准，对“户在人不在”“人在户不在”的情况，以实际共同生活为准。

二、监测标准与范围

在防贫预警的具体衡量标准上，国家的标准是人均可支配收入低于国家扶贫标准 1.5 倍左右的家庭，以及因病、因残、因灾、因公共卫生事件等引发的刚性支出明显超过上年度收入和收入大幅缩减的家庭。《国务院扶贫开发领导小组关于建立防止返贫监测和帮扶机制的指导意见》（国开发〔2020〕6 号）将监测范围定义为人均可支配收入低于国家扶贫标准 1.5 倍左右的家庭，以及因病、因残、因灾、因新冠肺炎疫情影响等引发的刚性支出明显超过上年度收入和收入大幅度缩减的家庭。《中央农村工作领导小组关于健全防止返贫动态监测和帮扶机制的指导意见》（中农组发〔2021〕7 号）补充了标准的确立应该综合各省（自治区、直辖市）物价指数变化、农村居民人均可支配收入增幅和农村低保标准等因素。2020 年我国的扶贫标准是 4000 元，根据规定，以脱贫攻坚期国家扶贫标准的 1.5 倍为底线，即 6000 元为监测范围的国定线。同时，国家监测对象规模要求一般为建档立卡人口的 5% 左右，深度贫困地区原则上不超过 10%。各省区市防止返贫监测范围如表 4-5 所示。

表 4–5　部分省份（区、市）防止返贫监测范围（以乡村振兴重点帮扶县所在省份［区、市］为例）

省份（区、市）	成文时间	文件名称	监测范围
内蒙古	2021 年 6 月 29 日	《内蒙古自治区健全防止返贫动态监测和帮扶机制工作方案》	以防止返贫致贫消除风险隐患为前提，综合收入（6000 元）、支出、“三保障”及饮水安全情况 3 个方面情况在全区农村牧区常住人口、易地扶贫搬迁及同步搬迁已转为城镇户籍的人口中识别监测对象，应纳尽纳，不限制规模
广西	2021 年 6 月 9 日	《广西防止返贫动态监测和帮扶工作方案》	2021 年以脱贫攻坚期国家扶贫标准的 1.5 倍（家庭年人均纯收入 6000 元）为监测指导线。以后每年综合全区物价指数变化、农村居民人均可支配收入增幅和农村低保标准等因素动态调整，合理确定监测范围，实事求是确定监测对象规模
重庆	2020 年 4 月 19 日	《重庆市扶贫开发领导小组关于建立防止返贫监测和帮扶机制的实施意见》	人均可支配收入低于国家扶贫标准 1.5 倍（重庆市执行年人均纯收入 6000 元）左右的家庭，“两不愁三保障”任意一项动态出现问题的家庭，以及因病、因残、因灾、因新冠肺炎疫情影响等引发的刚性支出明显超过上年度收入和收入大幅缩减的家庭。监测对象规模一般为 2014 年建档立卡人口总数的 5%左右，深度贫困地区原则上不超过 10%
四川	2021 年 6 月 30 日	《四川省健全防止返贫动态监测和帮扶机制办法（试行）》	以脱贫攻坚期国家扶贫标准的 1.5 倍作为 2021 年监测范围（家庭年人均纯收入 6000 元）。过渡期内（2021—2025 年）综合四川省物价指数变化、农村居民人均可支配收入增幅和农村低保标准，适时进行调整。农村低保标准高于省监测范围的市（州），可将监测范围调至农村低保标准

续表

省份（区、市）	成文时间	文件名称	监测范围
贵州	2021 年 6 月 15 日	《贵州省关于健全防止返贫动态监测和帮扶机制的工作方案》	以脱贫攻坚期国家扶贫标准的 1.5 倍为底线，综合贵州省 2020 年物价指数增幅（2.6%）、农村居民人均可支配收入增幅（8.2%）和农村低保标准增幅（5%）等三方面因素，确定贵州省 2021 年的监测范围为农村居民人均纯收入低于 6320 元以下的农村家庭（含易地扶贫搬迁及同步搬迁等已转为城镇户籍但没有享受到城镇居民相关保障措施和待遇的家庭），以后每年根据三方面因素变化进行调整。年人均纯收入的测算周期以其履行认定程序时间点往前推算一年
云南	2021 年 7 月 31 日	《云南省巩固脱贫攻坚推进乡村振兴领导小组关于健全防止返贫动态监测和帮扶机制的实施意见》	以脱贫攻坚期国家扶贫标准的 1.5 倍（2020 年为 6000 元）为底线，省级每年年初综合全省社会经济发展条件、物价指数变化、农村居民可支配收入增幅、农村低保标准调整等因素，动态确定全省监测底线。各州（市）可根据本地实际，参照省的做法，合理确定监测范围，但不得低于全省监测底线，实事求是地确定监测对象规模
陕西	2021 年 6 月 29 日	《关于健全防止返贫动态监测和帮扶机制的实施意见》	以脱贫攻坚期国家扶贫标准的 1.5 倍（2021 年为 6000 元）为底线，综合监测易返贫致贫因素。2022 年起，省级每年综合全省物价指数变化、农村居民人均可支配收入增幅、农村低保标准变化等情况，实行动态调整。监测覆盖所有农村人口，实事求是确定监测对象规模

续表

省份（区、市）	成文时间	文件名称	监测范围
甘肃	2021 年 6 月 16 日	《甘肃省健全防止返贫动态监测和帮扶机制工作方案》	以脱贫攻坚期国家扶贫标准的 1.5 倍（6000 元）为底线，作为 2021 年度全省最低收入监测标准，各市州可根据实际情况（如牧区）适当调整。2022 年起，综合甘肃省物价指数变化、农村居民人均可支配收入增幅和农村低保标准等因素，每年动态调整，实事求是确定监测对象
青海	2020 年 5 月 12 日	《青海省扶贫开发工作领导小组关于建立防止返贫监测和帮扶机制的实施意见》	对标“两不愁三保障”主要指标，家庭人均可支配收入低于国家扶贫标准 1.5 倍左右。按照突出重点、体现精准、控制规模的要求，以县为单位确定监测对象规模。一般贫困县控制在建档立卡人口的 4% 以内，深度贫困县控制在 9% 以内。各地可根据经济社会发展情况适当掌握，既不无底线扩大规模，也不无原则缩小范围
宁夏	2021 年 5 月 25 日	《关于健全防止返贫动态监测和帮扶机制的实施方案》	以脱贫攻坚期国家扶贫标准的 1.5 倍为底线，结合自治区物价指数变化、农村居民人均可支配收入增幅和农村低保标准，2021 年自治区参考值为 6000 元，以后每年根据工作需要另行确定

资料来源：课题组根据相关政策文件整理所得。

需要注意的是，防止返贫监测标准并非绝对的，一方面，体现为不同地域之间的标准差异，例如重庆市监测人均可支配收入低于国家扶贫标准 1.5 倍（重庆市执行年人均纯收入 6000 元）左右的家庭。当监测对象因突发疾病、灾害等引起刚性支出明显超过上年度收入和收入大幅缩减，导致人均可支配收入低于国家扶贫标准 1.2

倍（人均纯收入 4800 元）或“两不愁三保障”任意一项出现问题，存在较大返（致）贫风险，重庆精准扶贫大数据平台会启动红色预警。湖南省监测范围以家庭人均纯收入 6500 元为基准线（收入基准线是确定监测对象的重要参考指标，但不是唯一标准）。福建省的监测范围为年人均可支配收入低于当地低保标准的家庭，或者收入大幅度缩减或刚性支出明显超过上年度收入的家庭。江苏省各市的监测标准差异较大，如皋市将年人均纯收入高于 7000 元、低于低保标准 7800 元的易返贫、易致贫家庭，因病、因残、因灾等引发的刚性支出明显超过上年度收入和收入大幅度缩减的家庭等，作为监测对象。泰州市监测对象，一是建档立卡对象中家庭年人均收入低于 8160 元的脱贫不稳定户；二是建档立卡外家庭年人均收入低于 8160 元，但收入不稳定或较易发生支出型贫困的边缘易致贫户。扬州市主要监测两类对象：一是家庭年人均收入 7000 ~ 7300 元的脱贫不稳定户，二是当年支出明显高于上年度收入的边缘易致贫户。另一方面，也体现了纵向的动态变化标准。例如，贵州省则是以脱贫攻坚期国家扶贫标准的 1.5 倍为底线，综合物价指数增幅、农村居民人均可支配收入增幅和农村低保标准增幅等三方面因素，确定监测标准（2021 年监测线为 6320 元），以后每年根据三方面因素变化进行调整，其中，年人均纯收入的测算周期以其履行认定程序时间点往前推算一年。河南省以脱贫攻坚期国家扶贫标准的 1.5 倍为底线，每年根据上年度全省农村居民人均可支配收入增幅进行调整，2021 年以家庭年人均纯收入 6372 元为参考。（见表 4-6）

表 4-6　2021 年全国各省（区、市）防止返贫监测标准

省份（区、市）	监测标准 / 元	省份（区、市）	监测标准 / 元
福建	7152	湖北	6000
辽宁	6600	内蒙古	6000

续表

省份（区、市）	监测标准 / 元	省份（区、市）	监测标准 / 元
山东	6500	广西	6000
湖南	6500	重庆	6000
海南	6500	四川	6000
河南	6372	西藏	6000
贵州	6320	陕西	6000
河北	6000	甘肃	6000
山西	6000	青海	6000
黑龙江	6000	宁夏	6000
安徽	6000	江西	6000

资料来源：课题组根据相关政策文件整理所得。

为严格监测范围，一些地区如内蒙古自治区、贵州省、山东省、安徽省和云南省等建立“负面清单”，对存在“负面清单”上的情形的一般原则上不纳入监测范围。（见表 4-7）

表 4-7　部分省份（区、市）防止返贫监测“负面清单”

省份（区、市）	负面清单
内蒙古	(1)家庭成员中有国家机关、事业单位或国有大中型企业正式员工的；子女有赡养能力或子女在国家机关、事业单位或国有大中型企业有正式工作，人为地将父母单独分户独居的。（2）种养殖大户或家中有大额存款的。（3）家庭拥有货车、轿车、面包车、越野车等机动车，工程车辆、大型农机具之一的。（4）家庭成员在县城或集镇购置有商品房、商铺、自建住房的（唯一住房除外）。（5）家庭成员中有注册公司，拥有饭店、宾馆、工厂、农场等大型经济实体，并办理了工商登记的。（6）因工程拆迁、土地征占等得到大额补偿，收入明显高于当地平均水平的。（7）家庭供养学生中，有高费择校读书、在高费私立学校读书或出国留学的。（8）现任嘎查村支书、党支部委员、妇联主任等领取固定工资或补贴的。对上述人群，不搞“一刀切”，要针对具体情况分类处理，特殊情况由村民代表大会重点评议

续表

省份（区、市）	负面清单
四川	（1）家庭成员中有在国家机关或企事业单位工作且工资收入持续稳定的，有作为企业法人在工商部门注册企业的、有年审记录、经营收入持续稳定的；（2）家庭成员有高价商品房、门市房等（不含因灾重建、易地搬迁和拆迁建房）的，有高价载客汽车、工程机械、大型农机具等设备的，有大额存款或基金、股票、投资型保险等有价证券的；（3）法定赡养、抚养、扶养人收入水平较高，明显具备抵御风险能力，能保障其基本生活的；（4）家庭成员中有赌博、吸毒、非法经营、非法套取医保基金等违法犯罪行为，有特需医疗（美容、正畸等）、高消费等情况的；（5）家庭成员中有生产劳动能力但不主动参与劳动的；（6）拒绝接受家庭资产核查的；（7）整户长期（一年以上）不在本辖区内居住生活的
云南	（1）有家庭成员或户主的父母、配偶、子女为国家公职人员的；（2）有家庭成员任“村三委”干部并定期领取薪酬的；（3）购买了消费型汽车的；（4）在城镇拥有自建房或购买商品房、门面房以及其他经营用房的；（5）在市场监管部门注册登记公司、企业并实际开展经营活动的；（6）种植、养殖大户或雇佣他人从事生产经营活动的；（7）为享受监测对象帮扶支持，故意分户、并户，不符合监测对象识别条件的；（8）空挂户或为套取帮扶支持将户口迁入村组的空挂人口；（9）死亡人员、服刑人员、失踪人员以及与户主不共享开支或收入的人员；（10）纳入失信惩戒不符合监测对象识别条件的
宁夏	（1）对存在虚报家庭开支、隐瞒家庭资产财产、自费出国、高消费等情况的；（2）单人户、老人户但其直系亲属家庭条件好的；（3）过度医疗治疗、超范围使用报销名录范围之外营养类药物、进口类药物和进口类材料的；（4）民主评议或公示过程中群众意见较大且当事人不能提供佐证的；（5）存在违法行为及其家属故意行为造成伤害的、不按规定使用政策补贴的、其他不符合国家法律规定和相关政策的

续表

省份（区、市）	负面清单
安徽	（1）建（购）商品房（移民搬迁安置房除外）或现有住房装修豪华、家用电器豪华，家庭有大额现金资产和持有有价证券等金融资产的，自费参加高消费娱乐活动、家庭日常生活消费支出明显高于监测范围的；（2）家庭成员或分户子女购置享受型、消费型车辆，或购买价格超过 5 万元以上（含 5 万元）的工程机械、大中型农机具等；（3）家庭成员或法定赡养人、抚养人中有在国家机关、事业单位、社会团体等由财政统发工资，或在国有大中型企业工作连续十年以上，收入较稳定、明显具备抵御风险能力的（军烈属除外）；（4）家庭成员或分户子女是农业经营大户或创办经济实体或注册公司，且正常经营、收入持续稳定的以及长期从事各类工程承包、发包等营利性活动的；（5）家庭成员中有自费出国留学或购买商业养老保险的；（6）家中长期无人并无法提供其实际居住证明，人户分离的；（7）因赌博、吸毒、打架斗殴、寻衅滋事、长期从事邪教活动等违法行为被公安机关处理且拒不改正的；（8）在法定劳动年龄段内具备劳动能力，无正当理由拒绝就业或从事劳动生产的；（9）拒绝配合家庭经济资产情况查询，致使无法核实家庭收入和财产状况的，以及故意隐瞒家庭真实经济收入和家庭人口变动情况，故意放弃或转移生活财产的，或提供虚假申请材料及虚假证明的

资料来源：课题组根据相关政策文件整理所得。

三、监测程序

各省区市探索建立的监测程序主要包括以下几个步骤：监测对象识别、入户核实、村级评议公示、乡镇核查公示、部门信息比对、县级审定录入系统，经过程序认定后及时将存在返贫致贫风险且符合条件的农户纳入监测对象，做到应纳尽纳。具体而言，第一步，监测对象识别。监测对象识别主要通过农户线上线下自主申报、基层力量定期排查和日常走访、行业部门数据信息筛查等三种方式，并结合媒体、信访等渠道。监测对象应主动提交书面申请材料陈述个人情况，且其中应包含农户承诺提供情况的真实可靠、授权同意政府查验比对个人及家庭财产等信息。第二步，入户核实。县乡组织村支“两委”、驻村干部、乡村网格员等基层力量，对提出申请的进行入户核实，收集相关资料，初步进行返贫致贫风险研判，初步确定拟纳入监测对象的农户；对不符合纳入条件的，应及时向农户解释说明，确保群众认可。第三步，村级评议公示。经过入户核实后行政村应组织召开村民代表会议，根据入户采集信息提交村民代表会议进行评议，形成监测对象初选名单，并将评议结果在村内公开场合或网络渠道进行公示，公示无异议的上报乡级复核，对不符合条件的做好解释回应。第四步，乡镇核查公示。乡镇政府应及时审核村级上报的公示无异议的初选监测对象，对监测对象的材料进行逐户核查。第五步，部门信息比对。村委会将拟定新识别的监测对象名单和每户查询家庭资产信息授权承诺书上报乡镇，乡镇审核后统一报送县级乡村振兴部门，由县级乡村振兴部门牵头，联合市场监督管理、财政、住建(房管)、不动产登记、农机、社保、医保、公积金管理、税务、银保监等相关行业部门通过省级数据平台共享的数据进行比对，并及时将数据比对核查后的结果反馈乡镇政府和村委会。对符合标准的监测对象及时录入全国防止返贫监测信息系统。对不符合监测标准的群众，由乡镇扶贫部门书面告知审核结果，并做好沟通解释工作，积极协调解决实际困难。第六步，县级审定录入系统。县级乡村振兴部门就拟纳入监测对象的情况汇总、审核后，确定拟监测对象名单，报县级党委农村工作领导小组审批，将审批结果在县级政府网站公告。同时批复相关乡镇，由乡镇对县级批复的名单在乡村两级公告，在全国防止返贫监测信息系统对监测对象的相关数据信息进行录入、标识，正式纳入监测管理。(见图 4-1)

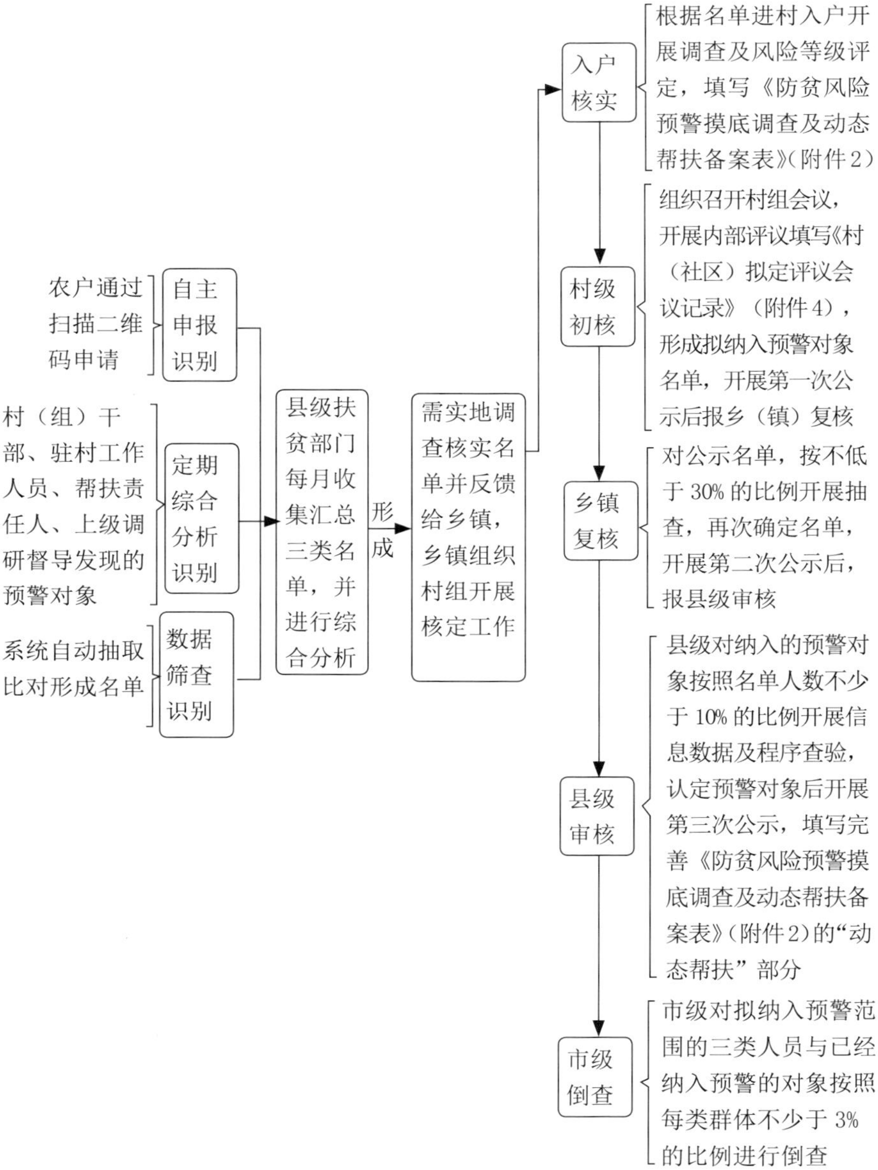

图 4-1　云南省禄劝彝族苗族自治县精准防贫监测工作流程图

四、风险消除

在明确返贫认定标准基础上，建立防止返贫风险预警机制，同时关注后续巩固需求，有助于及时有效化解返贫风险。风险消除意味着通过建立防止返贫风险监测的长效机制，使得已脱贫人口或边缘人口拥有良好的发展环境，且具有一定的发展能力能应对返贫风险，实现其可持续发展。

各地的风险消除标准主要依照中央政策要求进行制定，即对收入持续稳定、“两不愁三保障”及饮水安全持续巩固、返贫致贫风险已经稳定消除的，标注为“风险消除”，不再按“监测对象”进行监测帮扶。对风险消除稳定性较弱，特别是收入不稳定、刚性支出不可控的，在促进稳定增收等方面继续给予帮扶，风险稳定消除后再履行相应程序。对无劳动能力的，落实社会保障措施后，暂不标注“风险消除”，持续跟踪监测。

内蒙古自治区、甘肃省在此基础上补充说明以下 4 项指标全部达标、基本生活稳定保障、返贫致贫风险稳定消除或自然消失的，可按程序标注“风险消除”。(1) 根据返贫致贫风险落实针对性帮扶措施；(2)“三保障”及饮水安全持续巩固，即参加基本医疗保险、义务教育阶段无因经济困难辍学学生、实现住房安全和饮水安全；(3) 收入持续稳定，家庭人均纯收入稳定超出全区当年度收入监测底线；(4) 大额刚性支出问题得到稳定解决。广西壮族自治区补充规定对于需要发展产业的，应跟踪帮扶 1 年以上；对依靠就业务工的，应跟踪帮扶半年以上。广西从 3 个方面对风险消除进行了规定：对收入持续稳定、“两不愁三保障”及饮水安全持续巩固、返贫致贫风险已经稳定消除的，标注为“风险消除”，不再按“监测对象”进行监测帮扶，不再安排帮扶责任人。对风险消除稳定性较弱，特别是收入不稳定、刚性支出不可控的，在促进稳定增收等方面继续给予帮扶，风险稳定消除后再履行相应程序。对于需要发展产业的，应跟踪帮扶 1 年以上；对依靠就业务工的，应跟踪帮扶半年以上；对“三保障”和饮水安全保障出现问题的，要持续跟踪帮扶至落实政策措施且稳定有保障。对无劳动能力的，落实社会保障措施后，暂不标注“风险消除”，持续跟踪监测。

大多地区在风险消除程序主要遵循“怎么进、怎么出”的原则，对于初步认定达到风险消除标准的对象，根据监测和帮扶情况，按照“村级商讨研究、入户核实、行政村评议、乡镇审核公示、县级审定”等五步程序，在全国防止返贫监测信息系统标注为“风险消除”，并告知监测对象，对已履行完成消除风险程序的农户不再予以监测和帮扶。例如，四川省规定“风险消除”按照以下程序完成：（1）评议公示。村“两委”根据帮扶成效，开展“风险消除”评估，提出达到“风险消除”对象名单，组织村民代表进行民主评议，评议结果在村内公示 5 天。无异议的，由村（社区）报所在乡镇（街道）。（2）核查确认。乡镇（街道）收到“风险消除”对象名单后，组织力量逐户开展“风险消除”核查。达到风险稳定消除条件的，由乡镇（街道）报县级乡村振兴部门。（3）复核审定。县级乡村振兴部门牵头，组织县级相关部门对拟“风险消除”对象帮扶信息、帮扶成效进行实地复核，符合风险稳定消除对象的报县级党委农村工作领导小组审定。（4）公告标注。县级党委农村工作领导小组将审定结果在监测户所在行政村（社区）进行公告。乡镇（街道）在全国防止返贫监测信息系统中标注“风险消除”。

同时，需要注意的是，对于返贫重点对象的管理应坚持“有进有出、动态管理”原则，对监测对象常态化开展动态管理，包括监测对象识别、风险消除标注、人口自然增减、落实和跟踪帮扶措施及成效，做到“应纳尽纳、应扶尽扶、应消尽消”。各省区市根据国家要求制定了风险消除标准以及风险消除的相关程序，对达到风险消除标准的监测对象，严格履行完成消除风险程序，并及时在全国防止返贫监测信息系统中进行标注。针对标注“风险消除”后再次出现返贫致贫风险的，按照监测程序重新进行认定，并纳入监测帮扶范围。

第四节 防止返贫的创新性做法——防贫保

从各地实践来看，促进产业发展、加大就业、完善基本公共服务、提升人力资本以及健全多重保障体系等措施仍然在继续执行，在脱贫攻坚阶段发挥重要作用的公益性岗位、扶贫车间、选派第一书记等做法仍然在防止返贫阶段继续发挥作用。防贫保则是一项比较有代表性的实践创新政策，多地采取了这样的措施。

就其差异而言，其一，在参保对象方面，内蒙古自治区赤峰市、湖南省沅陵县事先不确定参保人员，将保障对象由个体转向群体，分别采取参保数量按照预警线6000元以下群体数量计算的方式或按照辖区农村人口的一定比例计算的方式，保障机制由定人定量转向群体共享；而安徽省岳西县与云南省禄劝彝族苗族自治县（以下简称“禄劝县”）则按照确定参保对象的方式，为当年脱贫户、监测对象等实时参保。此外，赤峰市允许普通农牧民自愿参保，而岳西县与禄劝县则将参保群体与事先确定的乡村振兴部门或者民政部门认定的身份挂钩。其二，在参保补贴方面，赤峰市采取逐年减退的方式，并对脱贫户和边缘户、普通户分类施策，符合过渡期对于时效、力度、节奏的调整要求；而岳西县则采取按险种规定参保费用和补贴的方式，并对脱贫户与监测户分类施策，补贴力度分别为50%、90%，既减少福利悬崖的形成，又弥合社会分歧，巩固脱贫成果；禄劝县与沅陵县以户为单位进行参保，由政府出资全额补贴。其三，在保障内容方面，各地均将脱贫户与监测户等群体面临的返贫和新增致贫的首要问题——疾病带来的风险纳入防范范围，但保障力度各有差异，表现在各地预警线（起付线）和保险范围的差别之中。以因病风险防范为主的人身保障为例，赤峰市将医疗报销的范围扩展至自付费用之中，而岳西县保留在政策报销后的合规范围内，这在无形中缩小报销保障的基数和力度。此外，各地根据自身保险发展阶段和当地发展能力，对于因产业风险、因灾、因学、因突发公共事件等风险的防范有所差异。其中，沅陵县将保险应对的风险扩展至突发公共事件引起的失业风险等，设立年度最高赔付 3 个月，累计最高限额 0.3 万元 / 人的赔付方式，有效提高防贫保障指数，进一步织牢“防贫安全网”，切实巩固脱贫攻坚成果。

就其共性而言，首先，各地防贫综合保障基金均实现由事后干预向事前干预的转变，通过自上而下和自下而上双向识别筛选流程，实现“未贫先防、临贫即防”。其次，防贫保障基金均采用委托保险公司运营而非政府直接负责的形式，充分发挥政府与企业主体优势，实现管办分离，提升基金运行效率，增强防贫效益。以保险理赔方式进行资金给付，既避免由政府运营使农牧民形成政策依赖，也避免使之成为基层以权谋私的福利，减少寻租空间，减少基层矛盾。最后，防贫保障基金的建立有助于农牧民树立保险意识，通过市场化手段建立多层次保障体系。

简言之，无论是以江苏省江阴市为代表的延续实施村民慈善互助“福村宝”，或是安徽省岳西县动员社会力量成立“医基金”，还是内蒙古自治区赤峰市等地创新实施防贫综合保险，党和政府、企事业单位、社会组织、公民个人等多元主体在诸多创新性极强的防止返贫常态化兜底保障机制的探索中，共同构建的协同治理结构逐渐形成，各方扮演的角色和承担的责任逐渐明晰，各个主体、各个部门纵横贯通共显兜底合力，新的协同治理模式逐渐形成。各地防贫保险内容见表 4–8。

表 4-8 各地防贫保险内容

地区	参保对象	资金来源和保费标准	保障内容及报销比例				
			人身保障（因病、意外）	收入保障（因产业风险等）	财产保障（因灾）	学费保障（因学）	因突发公共事件
安徽省岳西县	脱贫户和三类监测对象，参保期内不得重复投保	由财政和农户按比例承担。财政对脱贫户按照保费 50% 的比例予以补贴，对监测帮扶对象等按照保费 90% 的比例予以补贴。特色农产品保险：30 元 / 户；健康保险：50 元 / 人	各类医保政策报销后，对个人合规医疗费用扣除起付线后分档分比例再次报销，起付线暂定 5000 元 / 人。报销比例如下： 0 ～ 5 万元：60%； 5 万元～ 10 万元：70%； 10 万元～ 20 万元：80%； 20 万元以上：90%	特色农产品保险：每户最高赔偿限额 5 万元 / 户，每个品种单位赔偿限额设置不超过该品种的实际物化成本，保险费率为 0.6‰			

续表

地区	参保对象	资金来源和保费标准	保障内容及报销比例				
			人身保障（因病、意外）	收入保障（因产业风险等）	财产保障（因灾）	学费保障（因学）	因突发公共事件
云南省禄劝县	防贫对象：自治县脱贫户及贫困边缘户（2020年），共2500户	200元/户，2020年防贫保障线为4000元	年度累计给付限额不超过10万元/人。 扣除2000元/户·年免赔额后按照分级累进制给付，个人自付费用单次： 2000元～1万元（含）：30%； 1万元～3万元（含）：50%； 3万元～5万元（含）：70%； 5万元以上：90%	对实际收入与上年度国家扶贫标准的差额，保险公司在30000元/户·年的年度累计限额内予以给付防贫保险金	农房保障：年度累计给付限额不超过5万元/户。 已购买农房保险农户：无免赔金额，个人支付费用部分70%； 未购买农房保险农户：扣除1万元/户·次免赔额后，个人支付费用：1万元以上部分赔付70%	经各级政府相关政策补助后仍需个人支付的部分，无免赔金额，按100%比例发放防贫保险金；年度累计给付限额不超过30000元/人	

续表

地区	参保对象	资金来源和保费标准	保障内容及报销比例				
			人身保障（因病、意外）	收入保障（因产业风险等）	财产保障（因灾）	学费保障（因学）	因突发公共事件
内蒙古自治区赤峰市	全市各旗县脱贫人口和边缘易致贫人口以及有意愿参加防贫保险的其他农村牧区户籍人口，以家庭为单位进行投保	户内每人每年指导性保费标准为 50 元，允许各旗县上下浮动。由各级财政和投保的农牧户按比例共同分担，政府部分资金来源：自治区 60%+ 盟市 20%+ 旗县 20%。2021 年：脱贫户和边缘户：政府 100%；其他农牧户：政府 90%+ 个人 10%。2022—2023 年：脱贫户和边缘户：政府 90%+ 个人 10%；其他农牧户：政府 80%+ 个人 20%。2024—2025 年：脱贫户和边缘户：政府 80%+ 个人 20%；其他农牧户：政府 60%+ 个人 40%	预警线 6000 元，对自付医疗费用进行补差报销。 1. 住院医疗费用： 5000 元以下：30%； 5000 元（含）～ 5 万元：50%； 5 万元（含）～ 10 万元：70%； 10 万元（含）以上：20%。 累计限额：10 万元 / 年。 2. 门诊医疗费用：与住院相同病因前后 15 日内前提下：80%，1 万元 / 年累计限额。 3. 护理费用（治疗后失能期间）：护理机构以实际费用为准，家庭以每日限额 100、60、40 元计算，并设置年度限额		预警线 6000 元，累计限额 10 万元 / 年。 1 万元以下：60%； 1 万元（含）～ 5 万元：70%； 5 万元（含）：80%	预警线 6000 元，累计限额 10 万元 / 年。 3000 元以下：100%； 3000 元（含）～ 5000 元：80%； 5000 元（含）及以上：60%	

续表

地区	参保对象	资金来源和保费标准	保障内容及报销比例				
			人身保障（因病、意外）	收入保障（因产业风险等）	财产保障（因灾）	学费保障（因学）	因突发公共事件
湖南省沅陵县	由沅陵县财政出资为全县约10% 的农村人口购买精准防贫综合保险	以户为单位，每人每年 50 元的保费标准	预警线 2 万元，最高限额 15 万元。 5 万元以下：35%； 5 万元（含）～ 10 万元：55%； 10 万元（含）～ 15 万元：75%	预警线 0.1万元，最高限额 0.5万元。 0.15 万元以下：75%； 0.15 万元（含）～0.3 万元:55%； 0.3 万元（含）～0.5 万元：35%	预警线 1.5 万元，最高限额 3 万元。 1 万元以下：30%； 1 万元（含）～3 万元：50%； 3 万元（含）及以上：70%	预警线 0.8 万元，无最高限额。 0.3 万元以下：100%； 0.3 万元（含）～ 0.5 万元：80%； 0.5 万元（含）及以上：60%	年度最高赔付 3 个月，累计最高限额 0.3 万元 / 人。按月分别为 1500 元 / 人、1000 元 / 人、500 元 / 人

资料来源：课题组根据相关政策文件整理所得。

第五节　防止返贫动态监测和帮扶机制面临的挑战

实现高质量脱贫不仅要消除现有贫困，更需要防止新增贫困，构建“未贫先防、既贫即扶、脱贫防复”的系统性防贫固果长效机制。这一阶段，各地在强化监测帮扶、提前干预方面做出了不少尝试，对脱贫不稳定户、边缘易致贫户以及因疫情或其他原因收入骤减或支出骤增户加强监测，提前采取针对性的帮扶措施。对有劳动能力的贫困边缘人口，给予扶贫小额贷款贴息、技能培训、扶贫公益性岗位等扶贫政策支持。然而，在返贫监测与帮扶中仍然面临一些挑战。

第一，相关概念的不明确。一方面对“规模性返贫”至今仍未有明确的定义和判断标准，这是基层出现很多偏差行为的根源。防止出现“规模性返贫”是防止返贫监测和帮扶工作的底线任务，也是最核心的概念。在实践中，基层对于“规模性”的理解是出现一定数量的返贫人口或监测户，普遍担忧因为监测户太多而被认为是规模性返贫。“体外循环”、风险消除过急过快、致贫原因分析不准确等现象与对此事的担忧都有一定关系。另一方面，对于防止返贫监测和帮扶的主要概念不明确，在实践中造成一些困惑和混淆。例如，对“突发严重困难户”的理解各省不太一致，导致识别归类存在模糊，一些地方因为难以把握标准而没有识别此类户。又如“监测对象”和“帮扶对象”在基层普遍存在混淆的情况。

第二，监测预警机制的不完善增加了基层工作的压力。从更长时间的尺度来看，当前的返贫监测和帮扶未来可能是低收入人口的帮扶、救助。在顶层设计的基础上，基层在识别易返贫群体上开展实践。在一些具体工作中，一些系统建设、信息化建设还存在问题。比如行业部门信息和扶贫口的信息长期不一致，而且所在的信息系统重复建设、重复填报，地方都要填报两遍数据，加大了基层工作的压力。且由于防贫预警机制尚不完善，特别是自上而下预警机制存在部门数据对接不畅、关键收支数据难以准确获取等问题。具体而言：首先是信息化建设存在重复建设。部分省市县在国家系统之外，建立了自己的防止返贫监测数据系统，采集的信息先供地方使用，形成了技术上的“体外循环”，操作上重复填报、效率低下，甚至影响国家决策。其次是行业部门信息比对交换不够及时便捷，部分数据口径还未打通。一方面，因为技术的限制，行业部门数据普遍没有实现实时共享，而是采用定期比对的方式，县级层面一些数据比对采取的是数据刻盘后跨部门交换，再进行人工比对，导致一些数据比对反馈较慢，流程复杂。另一方面，乡村振兴部门和行业部门的统计口径不一致，有的甚至和国家法律有一定冲突，导致数据比对不彻底不精确，一些行业部门的政策落地有困难。例如对劳动力年龄上限，人社部门是60周岁，防止返贫监测系统是65周岁，导致一些政策无法落地。由此以来，部分监测数据的不精确，一些致贫返贫原因分析不符合实际，导致帮扶不够精确。

第三，帮扶政策方面的限制和不足。首先表现为“单一风险单一措施，多种风险综合帮扶”导致出现“体外循环”的现象。目前，为了防止陷入福利陷阱，在政策和机制上对监测户享受帮扶政策做了一定限制，政策初衷是好的，制度设计总体是比较科学的。但在操作中，由于帮扶力度没有明显增加，导致地方政府不愿纳入脱贫不稳定户，导致出现“体外循环”现象。具体而言，“缺什么补什么”的帮扶导向具有局限性，目前缺劳动力的家庭较多，需要一些综合性的帮扶，对于这些特殊困难群体和家庭的帮扶措施，只能加强不能削弱。由于顶层设计和工作落实等，在返贫群体的识别上较为清晰，但帮扶手段相对单一和简单，缺少特殊针对性的政策，使得防止返贫监测和帮扶成效不明显。例如一些地区在防贫保的实践中，主要集中于医疗支出过大导致的人身保障，大量资金用于医疗赔付势必挤占其他领域资金，致使风险防范能力下降，不利于基金可持续发展，且大多限于资金帮扶，缺乏系统性帮扶举措。此外，风险消除存在一些过急过快的现象。虽然国家层面对于风险消除的比例、快慢都没有明确的考核和要求，但地方对此仍有担忧，有的地方甚至要求在某个时间段消除某类风险，造成风险消除存在过急过快的现象。在后期，还有一些帮扶政策减退可能导致保障水平降低甚至返贫致贫问题。主要是医保政策，部分省医保参保没有采取“渐退”方式，2022 年起需要全额缴纳，对人口较多的监测户家庭开支压力很大，参保意愿有较大波动。

下一步，需要在健全长效机制上下功夫。一是加大投入力度，及时落实防贫动态帮扶措施。切实用好财政衔接推进乡村振兴补助资金，对监测对象采取有针对性预防性措施和事后帮扶措施。衔接推进乡村振兴补助资金用于支持监测对象产业发展、小额信贷贴息、生产经营和劳动技能培训、公益性岗位补助等。二是探索政策补位，探索城乡统筹解决相对贫困，不仅为其抵御致贫返贫风险提供有益助力，而且扩大防贫保障基金池，提升基金抗风险能力，更为我国未来统筹解决城乡相对贫困提供重要参考。三是因地制宜探索创新。及时总结推广好经验、好做法，及时发现和解决防止返贫监测和帮扶机制实施过程中的苗头性、倾向性问题，在实践中不断改进完善，提高成效。四是提高基层干部的素质和能力。各地要围绕防止返贫动态监测和帮扶工作的最新政策及工作要求，组织开展业务培训，全面提升基层干部业务水平和工作能力。要充分利用入户走访、村民大会等时机，采取多种手段，进一步加强政策宣传，提高农户政策知晓度。五是探索更加有效率的工作机制，加强部门数据共享，统筹利用信息资源，避免多头部署、重复排查和填表报数，防止层层加码，切实减轻基层负担等。

第五章 巩固拓展脱贫攻坚成果相关帮扶政策的衔接调整

脱贫攻坚与乡村振兴有机衔接的关键在于政策的承接和延续。如何在新时代做好脱贫攻坚与乡村振兴的政策衔接是当前迫切需要解决的重要议题。在梳理总结脱贫攻坚经验及现实问题的基础上，本章将梳理中央与地方相关政策调整，探讨政策衔接过程中巩固拓展脱贫攻坚成果相关帮扶政策调整的主要思路，对帮扶对象调整的范围及政策取向进行思考，以现金转移支付政策为例讨论帮扶政策的效果与改进。

第一节　相关政策调整

一、政策调整的主要内容

自 2020 年下半年开始，党中央、国务院和各相关部委陆续制定、出台了系列政策文件，使巩固拓展脱贫攻坚成果同乡村振兴有效衔接的政策体系逐步成型。主要有以下几个方面的政策调整。

（一）发布实现巩固拓展脱贫攻坚成果同乡村振兴有效衔接的指导意见

2020 年 12 月，中共中央、国务院发布了《中共中央　国务院关于实现巩固拓展脱贫攻坚成果同乡村振兴有效衔接的意见》；2021 年 1 月，中共中央、国务院印发了《中共中央　国务院关于全面推进乡村振兴加快农业农村现代化的意见》。两份文件对实现巩固拓展脱贫攻坚成果同乡村振兴有效衔接的主要政策框架予以了明确。

文件明确设立 5 年过渡期。即脱贫攻坚目标任务完成后，对摆脱贫困的县，从脱贫之日起设立 5 年过渡期。要求脱贫地区根据形势变化，做好过渡期内领导体制、工作体系、发展规划、政策举措、考核机制等有效衔接，从解决建档立卡贫困人口“两不愁三保障”为重点转向实现乡村产业兴旺、生态宜居、乡风文明、治理有效、生活富裕，从集中资源支持脱贫攻坚转向巩固拓展脱贫攻坚成果和全面推进乡村振兴。

文件还明确了过渡期工作的重点领域。包括：建立健全巩固拓展脱贫攻坚成果长效机制，聚力做好脱贫地区巩固拓展脱贫攻坚成果同乡村振兴有效衔接重点工作，健全农村低收入人口常态化帮扶机制，着力提升脱贫地区整体发展水平，加强脱贫攻坚同乡村振兴政策有效衔接，全面加强党的集中统一领导。同时，对这些重点领域主要帮扶政策的调整要点予以了明确。

（二）调整优化财税帮扶政策

调整优化中央财政专项扶贫资金政策。2021 年 3 月，财政部等 6 个部门发布了《中央财政衔接推进乡村振兴补助资金管理办法》，提出：为支持巩固拓展脱贫攻坚成果同乡村振兴有效衔接，原中央财政专项扶贫资金调整优化为中央财政衔接推进乡村振兴补助资金，并对衔接资金支持范围、分配、监管等方面作出了调整和规定。

调整贫困县涉农资金统筹整合政策。2021 年 4 月，财政部等部门发布了《关于继续支持脱贫县统筹整合使用财政涉农资金工作的通知》，明确规定：2021—2023 年，在脱贫县延续整合试点政策。2024—2025 年，整合试点政策实施范围调整至中央确定的国家乡村振兴重点帮扶县，确保平稳过渡。纳入整合试点范围的资金原则上与国办发〔2016〕22 号文件规定的范围保持一致。中央和省、市级财政继续按政策要求向符合条件的脱贫县倾斜。

延长部分税收优惠政策。2021 年 3 月，财政部和国家税务总局发布了《关于延长部分税收优惠政策执行期限的公告》，将《关于易地扶贫搬迁税收优惠政策的通知》的执行期限延长。2021 年 4 月，《财政部　税务总局关于延长国家电网有限公司脱贫攻坚内部帮扶资金企业所得税税前扣除政策执行期限的通知》决定将国家电网有限公司脱贫攻坚内部帮扶资金企业所得税税前扣除政策实施期限延长。2021 年 5 月，财政部等部门发布了《关于延长部分扶贫税收优惠政策执行期限的公告》，决定将企业扶贫捐赠所得税税前扣除政策和扶贫货物捐赠免征增值税政策执行期限延长。上述政策均延长至 2025 年 12 月 31 日。

（三）调整优化建设用地倾斜支持政策

2020 年 12 月，中共中央、国务院发布的《中共中央　国务院关于实现巩固拓展脱贫攻坚成果同乡村振兴有效衔接的意见》指出，新增建设用地计划指标优先保障巩固拓展脱贫攻坚成果和乡村振兴用地需要，过渡期内专项安排脱贫县年度新增建设用地计划指标，专项指标不得挪用；原深度贫困地区计划指标不足的，由所在省份协调解决。过渡期内，对脱贫地区继续实施城乡建设用地增减挂钩节余指标省内交易政策；在东西部协作和对口支援框架下，对现行政策进行调整完善，继续开展增减挂钩节余指标跨省域调剂。

（四）做好金融扶贫与乡村振兴金融服务的有效衔接

2021 年 3 月，中国银保监会等 4 个部门发布了《关于深入扎实做好过渡期脱贫人口小额信贷工作的通知》，将边缘易致贫户纳入脱贫人口小额信贷政策的支持对象。贴息方式由原来的全额贴息调整为财政资金对贷款适当贴息，地方财政部门应根据需要和财力状况，合理确定贴息比例。政策实施期限延长至 2025 年 12 月 31 日。

2021 年 6 月，中国人民银行等部门发布的《关于金融支持巩固拓展脱贫攻坚成果　全面推进乡村振兴的意见》提出：过渡期内，保持主要金融帮扶政策总体稳定。加大对脱贫人口、易返贫致贫人口和有劳动能力的低收入人口的信贷投放，支持脱贫人口就业创业。加大对易地搬迁安置区后续发展的金融支持力度。大力开展小额信用贷款。做好过渡期脱贫人口小额信贷工作，强化户贷户用户还原则，继续对脱贫户和边缘易致贫户发放脱贫人口小额信贷，支持其发展生产和开展经营。做好脱贫人口小额信贷质量监测和续贷展期管理，符合条件的要及时启动风险补偿机制，推动脱贫人口小额信贷持续健康发展。进一步发展农户小额信用贷款。

（五）构建防止返贫监测预警帮扶机制

2021 年 5 月，中央农村工作领导小组发布了《中央农村工作领导小组关于健全防止返贫动态监测和帮扶机制的指导意见》，对防止返贫监测预警帮扶相关工作提出了细化的政策部署。要求以家庭为单位，监测脱贫不稳定户、边缘易致贫户，以及因病因灾因意外事故等刚性支出较大或收入大幅缩减导致基本生活出现严重困难户，重点监测其收入支出状况、“两不愁三保障”及饮水安全状况等。重点关注有大病重病和负担较重的慢性病患者、重度残疾人、失能老年人口等特殊群体的家庭。各省（自治区、直辖市）可根据本地实际，合理确定监测范围，实事求是确定监测对象规模。文件还要求各地实时监测各类自然灾害以及疫情等各类重大突发公共事件带来的影响，全力防范大宗农副产品价格持续大幅下跌、农村劳动力失业明显增多、乡村产业项目失败、大中型易地扶贫搬迁集中安置区搬迁人口就业和社区融入等方面的风险隐患，及时排查预警区域性、规模性返贫风险，制定防范措施，落实帮扶举措，守住防止规模性返贫的底线。文件还对监测方式和程序进行了优化。

2022 年 4 月，国家乡村振兴局印发了《健全防止返贫动态监测和帮扶机制工作指南（试行）》，对防止返贫监测对象的把握和认定、收入计算、纳入时间、风险消除、动态清零等给出了更为细化的标准。

（六）调整优化兜底保障政策

2021 年 2 月，民政部办公厅印发的《民政部关于巩固拓展民政领域脱贫攻坚成果同乡村振兴有效衔接的实施意见》提出：在 5 年过渡期内，按照中央“四个不摘”的工作要求，保持民政领域兜底保障政策总体稳定，确保符合救助条件的脱贫人口基本生活。2022 年 10 月，民政部等 4 个部门发布了《关于进一步做好最低生活保障等社会救助兜底保障工作的通知》。上述文件调整优化了低保政策。要求将脱贫人口中完全丧失劳动能力或部分丧失劳动能力且无法通过产业就业获得稳定收入的人口，依规纳入农村低保或特困人员救助供养范围。调整优化农村低保“单人户”政策，将未纳入低保或特困供养范围的低收入家庭中的重病、重残人员，参照“单人户”纳入低保。对农村低保对象就业产生的必要成本，在核算家庭收入时给予适当扣减；家庭人均收入超过当地低保标准的，给予一定期限的救助渐退期。文件还要求强化残疾人和精神障碍患者福利保障工作、健全农村低收入人口监测预警机制、完善分层分类的社会救助制度体系等。

（七）调整优化健康帮扶政策

2021 年 2 月，国家卫生健康委等 13 个部门联合印发了《关于巩固拓展健康扶贫成果同乡村振兴有效衔接的实施意见》，就健康帮扶政策的优化调整给出了详细意见。

文件扩大了农村人口大病专项救治政策范围。将大病专项救治模式推广作为脱贫地区县域医疗机构针对所有 30 种大病患者住院治疗的规范化措施。结合当地诊疗能力，可进一步扩大救治病种范围，并逐步推广到省、市级医疗机构。

文件还扩大了农村人口家庭医生签约服务政策覆盖面。要求结合脱贫地区实际,逐步扩大签约服务重点人群范围。大病专项救治、家庭医生签约服务措施对农村低收入人口重点落实，建立农村低收入人口常态化健康帮扶机制。

文件对县域内住院先诊疗后付费政策进行了调整。提出在有效防范制度风险的前提下，有条件的地方可将县域内住院先诊疗后付费政策对象调整为农村低保对象、特困人员和易返贫致贫人口。

文件还优化调整了脱贫人口医疗救助资助参保政策。对特困人员给予全额资助，对低保对象给予定额资助，脱贫不稳定且纳入相关部门农村低收入人口监测范围的，过渡期内可根据实际，享受一定期限的定额资助政策。基本医保实施公平普惠保障政策。在逐步提高大病保障水平基础上，大病保险继续对特困人员、低保对象和返贫致贫人口实施倾斜支付。坚决治理医保扶贫领域过度保障政策。全面清理存量过度保障政策，杜绝新增待遇加码政策。依托农村低收入人口监测平台，做好因病返贫致贫风险监测，建立健全防范化解因病返贫致贫的主动发现机制、动态监测机制、信息共享机制、精准帮扶机制。根据个人年度费用负担情况，由地方根据实际情况，分类明确因病返贫和因病致贫监测标准。建立依申请救助机制，将发生高额医疗费用的易返贫致贫人口和因高额医疗费用支出导致家庭基本生活出现严重困难的大病患者纳入医疗救助范围，对其经基本医保、大病保险支付后，符合规定的个人自付费用酌情予以救助，防止因病返贫致贫。

（八）调整完善住房保障政策

2021 年 4 月，住房和城乡建设部、财政部、民政部和国家乡村振兴局发布的《关于做好农村低收入群体等重点对象住房安全保障工作的实施意见》提出，农村住房安全保障对象主要是农村低收入群体，包括农村易返贫致贫户、农村低保户、农村分散供养特困人员，以及因病因灾因意外事故等刚性支出较大或收入大幅缩减导致基本生活出现严重困难家庭等。为保持农村危房改造政策和农村住房救助政策的延续性，对农村低保边缘家庭和未享受过农村住房保障政策支持且依靠自身力量无法解决住房安全问题的其他脱贫户给予支持。

（九）做好教育脱贫攻坚同乡村振兴有效衔接

2021 年 4 月，教育部等 4 个部门发布的《关于实现巩固拓展教育脱贫攻坚成果同乡村振兴有效衔接的意见》提出：建立健全巩固拓展义务教育有保障成果长效机制，建立健全农村家庭经济困难学生教育帮扶机制。加大脱贫地区职业教育支持力度，提高普通高中和普惠性学前教育质量，继续实施重点高校招收农村和脱贫地区学生专项计划，实施国家通用语言文字普及提升工程和推普助力乡村振兴计划，打造升级版的“一村一名大学生计划”，推进乡村振兴育人工作。延续完善巩固拓展脱贫攻坚成果同乡村振兴有效衔接的对口帮扶工作机制，继续推进高校定点帮扶工作，优化实施职业教育东西协作行动计划，持续推进高校对口支援工作，继续实施系列教师支教计划。

（十）强化饮水安全政策

2021 年 8 月，水利部等 9 个部门发布了《关于做好农村供水保障工作的指导意见》；2022 年，水利部联合多部门又陆续发布了《关于支持巩固拓展农村供水脱贫攻坚成果的通知》《关于加快推进农村规模化供水工程建设的通知》《关于印发强化农村防汛抗旱和供水保障专项推进方案的通知》《关于开展农村供水水质提升专项行动的指导意见》等，提出强化脱贫地区和脱贫人口饮水安全的系列举措。要求把农村供水保障作为全面推进乡村振兴的一项重要任务，纳入对市县党政领导班子和领导干部推进乡村振兴实绩考核范围，并加大资金投入、供水监测和工程管理管护。

（十一）加强后续扶持力度巩固易地搬迁脱贫成果

2021 年 4 月，国家发展改革委等 20 个部门印发了《关于切实做好易地扶贫搬迁后续扶持工作　巩固拓展脱贫攻坚成果的指导意见》；2022 年 4 月，国家乡村振兴局等 3 个部门又印发了《2022 年易地扶贫搬迁安置点乡村治理专项行动方案》，要求聚焦原集中连片特困地区、原深度贫困地区、乡村振兴重点帮扶县的大中型安置点，按照分区分类、精准施策的原则做好后续帮扶，多渠道促进就业，强化社会管理，促进社会融入；促进更充分更稳定就业；推动后续产业可持续发展；促进人与自然和谐共生；构建开发融合的安置社区。

（十二）强化脱贫地区特色产业可持续发展和产业联农带农机制

2021 年 4 月，农业农村部等 10 个部门发布了《关于推动脱贫地区特色产业可持续发展的指导意见》，提出要实施特色种养业提升行动，通过强化财政资金投入政策、调整完善金融资金投入政策、确保用地需求等，长期培育和支持脱贫地区特色产业，促进内生可持续发展，为实现巩固拓展脱贫攻坚成果同乡村振兴有效衔接提供有力支撑。

2022 年 9 月，国家乡村振兴局发布了《关于进一步健全完善帮扶项目联农带农机制的指导意见》，要求使用相关产业帮扶资金的经营性帮扶资金，原则上都要建立联农带农机制，做到应带尽带；通过培育壮大农业经营主体、加强产业园区建设、增强农村集体经济组织发展活力、支持就业帮扶车间升级发展等方式，强化产业联农带农能力。国家乡村振兴局和中国科协发布了《组建产业顾问组支持脱贫县产业发展专项工作方案》，就组建产业顾问组支持脱贫县产业发展工作进行了部署。

（十三）加强扶贫项目资产后续管理

2021 年 5 月，国务院办公厅转发了国家乡村振兴局等部门制定的《关于加强扶贫项目资产后续管理的指导意见》，要求摸清扶贫项目资产底数，有序推进确权登记，落实后续管理责任，规范后续管护运营，规范收益分配使用，严格项目资产处置。

文件还要求规范扶贫资产收益分配使用。要求扶贫项目资产收益重点用于巩固拓展脱贫攻坚成果和全面实现乡村振兴；属于村集体的资产收益，鼓励采取参加村内项目建设和发展等劳动增收方式进行分配。提取的公积公益金重点用于项目运营管护、村级公益事业等方面。严禁采用简单发钱发物、一分了之的做法进行收益分配。

（十四）完善就业帮扶政策

2021 年 5 月，人社部等 5 个部门发布了《关于切实加强就业帮扶巩固拓展脱贫攻坚成果助力乡村振兴的指导意见》，提出完善农村低收入人口和欠发达地区就业帮扶机制。对稳定外出务工规模、支持就地就近就业、健全就业帮扶长效机制等工作进行了部署。2022 年 4 月，国家乡村振兴局综合司等 3 个部门印发了《“雨露计划 +”就业促进行动实施方案》，提出在过渡期内，以“雨露计划”为基础，以校企合作为重点，多方参与，全面开展“雨露计划 +”就业促进行动，组织引导 300 多万脱贫家庭新成长劳动力入读职业院校，提升技能素质，实现更充分、更高质量的就业。

（十五）做好生态脱贫同乡村振兴有效衔接

2021 年 5 月，国家林草局等 4 个部门发布了《关于实现巩固拓展生态脱贫成果同乡村振兴有效衔接的意见》，提出过渡期内要优化调整生态帮扶政策，在生态补偿、国土绿化、造林（种草）专业合作社（队）、生态产业等帮扶政策保持总体稳定的基础上，分类优化调整，逐步推进生态扶贫政策向稳定政策转变，增强生态脱贫稳定性。调整优化生态护林员政策，推进生态护林员可视化、精细化管理；支持脱贫地区林业草原基础设施建设和管护广泛采取以工代赈方式；支持各类自然保护地在按照国家有关规定严格保护的基础上，通过政府购买服务方式开展生态管护，吸纳本地脱贫人口就近就地就业。

（十六）优化调整驻村第一书记和工作队政策

2021 年 5 月，中共中央办公厅发布了《关于向重点乡村持续选派驻村第一书记和工作队的意见》，要求对脱贫村、易地扶贫搬迁安置村（社区）继续选派第一书记和工作队，将乡村振兴重点帮扶县的脱贫村作为重点，加大选派力度。对其中巩固脱贫攻坚成果任务较轻的村，可从实际出发适当缩减选派人数。各地要选择一批乡村振兴任务重的村，选派第一书记或工作队，发挥示范带动作用。对党组织软弱涣散村，按照常态化、长效化整顿建设要求，继续全覆盖选派第一书记。对其他类型村，各地可根据实际需要作出选派安排。

（十七）调整完善东西部协作政策

2020 年 12 月，中共中央、国务院发布的《中共中央　国务院关于实现巩固拓展脱贫攻坚成果同乡村振兴有效衔接的意见》提出，在保持现有结对关系基本稳定和加强现有经济联系的基础上，调整优化结对帮扶关系，将现行一对多、多对一的帮扶办法，调整为原则上一个东部地区省份帮扶一个西部地区省份的长期固定结对帮扶关系。中部地区不再实施省际结对帮扶。优化协作帮扶方式，加强产业合作、劳务协作、人才支援，推进产业梯度转移，鼓励东西部共建产业园区。教育、文化、医疗卫生、科技等行业对口支援原则上纳入新的东西部协作结对关系。更加注重发挥市场作用，强化以企业合作为载体的帮扶协作。适当予以调整优化定点帮扶机制，安排有能力的部门、单位和企业承担更多责任。军队持续推进定点帮扶工作。继续实施“万企帮万村”行动。2021 年 3 月，中共中央办公厅、国务院办公厅印发了《关于坚持和完善东西部协作机制的意见》，对东西部协作政策进一步进行了细化。

（十八）确定国家乡村振兴重点帮扶县及重点帮扶县倾斜政策

2021 年 8 月，中央农村工作领导小组办公室和国家乡村振兴局公布了国家乡村振兴重点帮扶县名单。对西部 10 个省区市综合考虑人均地区生产总值、人均一般公共预算收入、农民人均可支配收入等指标，统筹考虑脱贫摘帽时序、返贫风险等因素，结合各地实际，确定了 160 个国家乡村振兴重点帮扶县。

2021 年 7 月，国家乡村振兴局等部门印发了《关于支持国家乡村振兴重点帮扶县的实施意见》，从财政、金融、土地、人才、项目、生态、基础设施等 14 个方面提出倾斜支持政策。国家乡村振兴局组织西部 10 个省区市编制省、县两级国家乡村振兴重点帮扶县巩固拓展脱贫攻坚成果同乡村振兴有效衔接实施方案，指导西藏和新疆参照国家做法，自行选取部分巩固拓展脱贫攻坚成果任务较重的县编制实施方案。文件要求对国家乡村振兴重点帮扶县加大中央财政倾斜支持力度。在总结脱贫人口小额信贷经验基础上，开展“富民贷”农户小额信贷试点；与此同时，努力实现银行保险机构全覆盖，支持异地设立证券基金经营分支机构，对企业申请首发上市、新三板挂牌、发行公司债券和资产支持证券融资的，即报即审、审过即发，免征新三板企业挂牌初费。优先支持开展优势特色农产品保险、“保险＋期货”等项目。另外，要求强化土地政策支持。过渡期内为国家乡村振兴重点帮扶县每年每县安排建设用地计划指标600亩，专项用于巩固拓展脱贫攻坚成果和乡村振兴。人才支持方面，要求适当放宽人员招录条件，在待遇职称、“三支一扶”计划等方面予以倾斜支持，有计划开展教育、医疗干部人才组团式帮扶；在驻村第一书记和工作队政策中，将国家乡村振兴重点帮扶县的脱贫村作为重点，加大选派力度。

2021年11月，人力资源社会保障部与国家乡村振兴局发布了《关于加强国家乡村振兴重点帮扶县人力资源社会保障帮扶工作的意见》，提出要强化重点帮扶县人力资源保障帮扶工作。

（十九）强化责任落实

《中共中央　国务院关于实现巩固拓展脱贫攻坚成果同乡村振兴有效衔接的意见》（中发〔2020〕30号）提出，要健全中央统筹、省负总责、市县乡抓落实的工作机制，构建责任清晰、各负其责、执行有力的乡村振兴领导体制，省市县乡村五级书记抓巩固拓展脱贫攻坚成果和乡村振兴。脱贫攻坚任务完成后，脱贫地区开展乡村振兴考核时要把巩固拓展脱贫攻坚成果纳入市县党政领导班子和领导干部推进乡村振兴战略实绩考核范围。2021年中央“一号文件”强调，各省（自治区、直辖市）党委和政府每年对市县党政领导班子和领导干部开展乡村振兴实绩考核，纳入党政领导班子和领导干部综合考核评价内容，加强考核结果应用，注重提拔使用乡村振兴实绩突出的市县党政领导干部。2022年中央“一号文件”进一步强调，要完善市县党政领导班子和领导干部推进乡村振兴战略实绩考核制度，鼓励地方对考核排名靠前的市县给予适当激励，对考核排名靠后、履职不力的进行约谈。

2022年11月，中共中央办公厅、国务院办公厅印发了《乡村振兴责任制实施办法》（以下简称“《办法》”），明确了中央和国家机关有关部门、地方党委和政府在乡村振兴中的责任。该《办法》明确提出要实行乡村振兴战略实绩考核制度，由中央农村工作领导小组负责组织开展省级党委和政府推进乡村振兴战略实绩考核，制定考核办法。中央农村工作领导小组办公室、中央组织部、农业农村部每年制定考核工作方案，会同中央和国家机关有关部门组织实施。

二、中央和地方政策调整的特点

《中共中央　国务院关于实现巩固拓展脱贫攻坚成果同乡村振兴有效衔接的意见》要求，过渡期内在巩固拓展脱贫攻坚成果上下更大功夫、想更多办法、给予更多后续帮扶支持；在主要帮扶政策保持总体稳定的基础上，分类优化调整，合理把握调整节奏、力度和时限，增强脱贫稳定性。近 2 年来的政策调整贯彻了上述要求，呈现出以下几个特点。

（一）把防止规模性返贫作为底线要求

政策调整中，对防止规模性返贫的底线要求给予了高度重视。早在 2020 年 3 月,原国务院扶贫开发领导小组即已出台《国务院扶贫开发领导小组关于建立防止返贫监测和帮扶机制的指导意见》，要求把防止返贫作为当前及今后一个时期扶贫工作的重要任务，建立防止返贫监测和帮扶机制。2020 年 12 月，中共中央、国务院发布了《中共中央　国务院关于实现巩固拓展脱贫攻坚成果同乡村振兴有效衔接的意见》，强调要健全防止返贫动态监测和帮扶机制。2021 年 5 月，中央农村工作领导小组发布的《中央农村工作领导小组关于健全防止返贫动态监测和帮扶机制的指导意见》，对监测对象和范围、监测方式和程序等给出了细化的政策要求。2021 年 2 月，民政部办公厅发布的《民政部关于巩固拓展民政领域脱贫攻坚成果同乡村振兴有效衔接的实施意见》也提出了在5年过渡期内，要保持民政领域兜底保障政策总体稳定，补齐民生保障短板弱项，适度扩大兜底保障和福利政策覆盖范围，并健全农村低收入人口监测预警机制，及时预警存在致贫返贫风险的农村低收入人口，做到早发现、早帮扶。

（二）不减投入政策支持力度

一是财政投入力度不减。过渡期内在保持财政支持政策总体稳定的前提下对财政投入政策进行适当优化调整。原财政专项扶贫资金更名为“中央财政衔接推进乡村振兴补助资金”后对支出结构和支持重点进行了调整。原则上纳入脱贫县统筹整合使用财政涉农资金整合试点范围各项中央财政涉农资金用于832个脱贫县的资金总体增幅不低于每项资金的平均增幅，或确保当年安排脱贫县的资金县均投入规模不低于其他县的县均投入规模。

二是税收优惠政策力度不减。易地扶贫搬迁税收优惠政策、企业扶贫捐赠所得税税前扣除政策、扶贫货物捐赠免征增值税政策和国家电网有限公司脱贫攻坚内部帮扶资金企业所得税税前扣除政策实施期限均延长至2025年12月31日。

三是金融帮扶政策力度不减。过渡期内将保持主要金融帮扶政策总体稳定，并加大对脱贫人口、易返贫致贫人口和有劳动能力的低收入人口的信贷投放，加大对易地搬迁安置区后续发展的金融支持力度。

（三）逐步将政策覆盖对象由脱贫人群转向符合条件的低收入人群

以下是部分相关政策的具体调整：

金融帮扶政策。将边缘易致贫户纳入脱贫人口小额信贷政策的支持对象，并要求加大对脱贫人口、易返贫致贫人口和有劳动能力的低收入人口的信贷投放。

兜底保障政策。要求健全农村低收入人口监测预警机制，并将未纳入低保或特困供养范围的低收入家庭中的重病、重残人员，参照“单人户”纳入低保。

健康帮扶政策。要求建立农村低收入人口常态化健康帮扶机制，将大病专项救治模式推广作为脱贫地区县域医疗机构针对所有30种大病患者住院治疗的规范化措施，大病专项救治、家庭医生签约服务措施对农村低收入人口重点落实，有条件的地方可将县域内住院先诊疗后付费政策对象调整为农村低保对象、特困人员和易返贫致贫人口，大病保险对特困人员、低保对象和易返贫致贫人口实施倾斜支付，将发生高额医疗费用的易返贫致贫人口和因高额医疗费用支出导致家庭基本生活出现严重困难的大病患者纳入医疗救助范围。

住房安全保障政策。将保障对象调整为农村低收入群体，包括农村易返贫致贫户、农村低保户、农村分散供养特困人员，以及因病因灾因意外事故等刚性支出较大或收入大幅缩减导致基本生活出现严重困难家庭等。

就业帮扶政策。将符合条件的农村低收入人口纳入了就业援助、失业保险、职业技能培训范围。

（四）更加强调政策效果的可持续性

更为重视帮扶对象的能力提升。在教育帮扶政策方面，除继续巩固控辍保学成果外，注重加大脱贫地区职业教育支持力度，提高普通高中和普惠性学前教育质量，实施国家通用语言文字普及提升工程，打造升级版的“一村一名大学生计划”，提升人力资本质量。

就业政策方面，注重健全就业帮扶长效机制，加大脱贫人口、农村低收入人口职业技能培训力度，支持脱贫户、农村低收入人口所在家庭“两后生”就读技工院校。

更为重视发挥市场机制的功能。健康帮扶方面，不再实施对脱贫人口无差别的医保资助政策，对脱贫不稳定且纳入相关部门农村低收入人口监测范围的，过渡期内只享受一定期限的定额资助政策，要求坚决治理医保扶贫领域过度保障政策。脱贫人口小额信贷的贴息方式由原来的全额贴息调整为财政资金对贷款适当贴息，适当发挥利率的市场功能。优化东西部协作帮扶方式，更加注重发挥市场作用，加强产业合作、劳务协作、人才支援，推进产业梯度转移，鼓励东西部共建产业园区，强化以企业合作为载体的帮扶协作。产业帮扶政策注重支持培育和壮大欠发达地区的特色优势产业。

更加重视资产的后续管护和搬迁人群的后续帮扶。对供水设施，强调加强供水监测和工程管理管护。对扶贫资产，要求摸清扶贫项目资产底数，有序推进确权登记，落实后续管理责任，规范后续管护运营，并规范收益分配使用。对易地扶贫搬迁人群，要求按照分区分类、精准施策的原则做好后续帮扶，多渠道促进就业，强化社会管理，促进社会融入。

第二节　关于帮扶政策调整优化的思考

一、新帮扶政策制定要注重三大战略目标

（一）巩固脱贫成果

我国脱贫攻坚战取得了圆满胜利，但也应清醒地认识到，目前

脱贫地区和脱贫人口的发展基础仍然较为薄弱，脱贫人口的内生动力和自我发展能力亟待进一步提升，中西部部分地区的农村人口仍然存在返贫致贫风险。因此，在过渡期内，必须高度重视巩固脱贫成果问题，防止规模性返贫。这也是全面实施乡村振兴战略的底线要求。为此，中央在政策层面明确表示，要从脱贫之日起设立 5 年的衔接过渡期，在过渡期内保持现有主要政策总体稳定。这也意味着为了巩固拓展脱贫攻坚成果，国家将在过渡期内保障财政资金投入总体稳定，持续帮扶区域也会重点关注过去的脱贫地区，特别是中西部发展基础薄弱、存在返贫风险的地区和人口。

（二）衔接乡村振兴战略

实施乡村振兴战略，是党的十九大作出的重大决策部署，是决胜全面建成小康社会、全面建设社会主义现代化国家的重大历史任务，民族要复兴，乡村必振兴。取得脱贫攻坚战的胜利，是我国实现第一个百年奋斗目标——全面建成小康社会的关键；乡村全面振兴，则是我国实现第二个百年奋斗目标——建成社会主义现代化强国的重要标志。

十九届五中全会公报和 2021 年中央“一号文件”均重点强调，要实现巩固拓展脱贫攻坚成果同乡村振兴有效衔接。未来 5 年，要准确把握“巩固”“拓展”“衔接”的内涵，实现领导体系、规划体系、考核评估、政策体系的过渡和衔接，逐步将扶贫体制机制全面转化为乡村振兴体制机制。脱贫攻坚期内建立的帮扶体系已经形成，而“十四五”时期各级单位要逐步转型，形成乡村振兴的工作体系。而在保障财政投入、帮扶区域、工作体系稳定的同时，脱贫攻坚期内的帮扶政策要立足乡村振兴的长远战略进行逐项分类、优化调整，从而实现巩固拓展脱贫攻坚成果同乡村振兴有效衔接的重要目标。

（三）走向共同富裕

尽管中国如期完成了新时代脱贫攻坚的历史性目标，在现行标准下实现农村贫困人口全部脱贫，但是实现全体人民共同富裕才是中国共产党人的初心和使命。因此，消除绝对贫困之后，相对贫困问题仍然严峻。党的十九届五中全会上也提出要将“全体人民共同富裕取得更为明显的实质性进展”作为2035年基本实现社会主义现代化远景目标的重要内容。未来的帮扶政策还需要与共同富裕的目标相对应，林万龙、纪晓凯认为实现农民农村共同富裕的重点在于促进低收入农户的收入更快增长。[①] 因此，未来的帮扶政策不仅要强化对低收入群体的兜底保障功能，进一步巩固脱贫成果，防止规模性返贫，还应尽力提高低收入群体的收入水平和发展能力，逐步缩短低收入群体和其他群体的收入差距，逐步实现共同富裕的战略目标。

二、新帮扶政策应更加注重群体差异性和政策衔接性

当前，乡村振兴和农村扶贫工作将面对三个群体：生活水平略高于绝对贫困标准且有较大返贫风险的兜底保障人群，生活水平显著高于绝对贫困标准、但低于相对贫困标准且返贫风险相对较小的（非兜底保障）相对贫困人群（以下简称“低收入人群”）和一般农户。

从全国来看，2018年，低保和特困人口在全国农村人口中占比7.05%。如果未来将10%的最贫困人群纳入兜底保障范畴，那么，

① 林万龙、纪晓凯：《从摆脱绝对贫困走向农民农村共同富裕》，《中国农村经济》2022年第8期。

低限贫困标准所覆盖的另外15%左右的人群，可作为低收入人群加以扶持。由此，全国三类农村人群比例大致为：10%的兜底保障人群、15%的低收入人群以及75%的一般农户。

由于兜底保障人群和低收入人群在致贫原因、贫困程度等方面均有很大差异，脱贫攻坚期搞“政策叠加”的做法在2020年后并不可取。因此，针对不同的帮扶对象，帮扶政策应有所区别和侧重，注重群体的差异性。另外，应平滑贫困群体和非贫困群体的福利差距，以利于扶贫政策融入乡村振兴战略。具体来说，应采取如下措施：

一是对于兜底保障人群，应强化社会福利政策支持，增强人群对这些政策的“可得性”。应进一步提高低保标准和特困补助，加大对兜底保障人群在医疗、教育、住房、养老等公共服务领域的扶持政策力度，加大对兜底保障人群的无条件现金支付政策力度。

二是对于非兜底保障人群，应强化经济发展政策支持，增强人群对这些政策的“可及性”。对这部分低收入人群，应改变脱贫攻坚期大量给予直接补贴的做法，增加市场支持，变政策的自动“可得”为主动的政策“可及”，即加大对扶持对象自主发展或参与产业活动的政策支持力度，将政策由单纯的“精准到人”转向“精准到人与精准到业相结合”，使相对贫困户更多地从普惠政策中受益。

三是对脱贫攻坚期制定的贫困户和非贫困户“非此即彼”的扶持政策应加以改进，以平滑低收入人群和一般农户的福利差距。应充分注意部分低收入人群，特别是非兜底保障人群具有一定的收入水平和支付能力等特点，适当考虑成本—收益对等原则，提高政策效率和政策可持续性，平滑低收入人群和一般农户的福利差距，缓解扶持政策的“悬崖效应”，降低政策摩擦，使低收入人群扶持政策更好地融入乡村振兴战略。

三、新帮扶政策应更加强调政策效果的可持续性

脱贫攻坚期间，为实现现行贫困标准下所有贫困人口全部脱贫这一目标，任务重、时间紧，部分扶贫政策注重效果的即期性，可以理解。但在新的历史时期，新帮扶政策应更加强调政策效果的可持续性。具体来说，应实现以下几个转变：

（一）由“重建轻管”向“建管兼顾”转变

脱贫攻坚期形成的一些扶贫固定资产，如安全饮水、乡村道路等，随着使用年限的增长，管护压力会逐步加大。2020 年后，帮扶建设的基础设施应更加注重完善管护机制，确保设施投资效益的长效性。

（二）由城乡分割向城乡融合转变

脱贫攻坚解决了绝对贫困问题，提升了落后群众的收入水平，带动了乡村经济建设，提升了农村地区的基础设施和公共服务，但目前我国城乡之间的发展差异依然明显。党的十九大报告提出，要“建立健全城乡融合发展体制机制和政策体系”①。乡村振兴必须具备城乡融合思维。为此，在未来的帮扶政策设计上，无论是产业帮扶、就业帮扶，还是易地搬迁帮扶，都不应将思路仅仅限于农业和农村，而必须置于城乡融合发展的背景下予以考虑。对帮扶群体的帮扶不能仅局限于农业、农村视角，还应更加注重从政策的城乡统筹和产业的融合发展等方面对帮扶政策加以完善和拓展。

---

① 习近平：《决胜全面建成小康社会　夺取新时代中国特色社会主义伟大胜利——在中国共产党第十九次全国代表大会上的报告》，人民出版社，2017，第 32 页。

（三）由以政府手段为主向政府手段与市场机制相结合转变

新帮扶政策应更加注重调动金融资金、社会资本等各方面的资源，更好地发挥财政资金的杠杆效应，使扶贫手段由以政府手段为主向政府手段和市场机制相结合方向转变。

四、主要帮扶政策调整完善的具体建议

脱贫攻坚期实施的许多政策措施，例如金融帮扶政策、教育帮扶政策、兜底保障政策等，不仅在脱贫攻坚期发挥了重要作用，在“十四五”时期还将对防止返贫致贫、缓解相对贫困起到重要作用，这些有效的政策措施应继续加以坚持并根据情况变化不断完善。结合对脱贫攻坚期扶贫政策实施成效的评估和思考，我们对完善和改进主要帮扶政策的具体建议如下：

（一）关于产业帮扶政策

脱贫攻坚期的产业扶贫政策过于强调覆盖率，简单采用产业分红和资产收益分红模式的现象比较普遍，对不同贫困程度和贫困属性的贫困户缺乏区分；贫困农户的产业和产业管理的参与度较低，产业发展与贫困户发展之间的关联性差。例如，2018 年江西省会昌县、上犹县和石城县退出评估数据显示：在参与合作社分红的脱贫户中，同时参与合作社生产经营活动的脱贫户的比例，三县分别只占 28.7%、39.6% 和 36.7%。并且，全国大部分县都把分红期限设定到 2020 年，2020 年之后如何处理则还没有明确。考虑到部分脱贫户对分红等各类政府补贴的高依赖性（例如在上犹，政府补贴、亲友给钱等转移性收入占脱贫户纯收入的比重高达 37.3%），这种产

业扶贫方式在未来显然存在较大的持续性问题。另外，部分产业扶贫资产产权属性模糊，资产风险防控难度大，管护缺失。

以上问题导致了有些地区的产业扶贫实践背离了产业扶贫政策的初衷，政策效果的可持续性不足。

新时期的产业帮扶政策必须遵循市场规律发展，通过帮扶人群真正参与产业发展来脱贫致富；与此同时，必须尽快出台政策，强化脱贫攻坚期所形成的产业扶贫资产的有效管理。为此，建议：

调整产业帮扶对象。缺乏产业参与能力的兜底保障人群应从产业帮扶政策扶持对象中剔除出去，将产业帮扶的主要对象设定为具有一定产业发展能力的低收入人群。

取消产业收益分红，从“精准到人”向“精准到人与精准到业相结合”转变。2020 年后应取消产业资产收益分红，创新低收入人群产业参与机制，大力扶持低收入人群有效参与产业发展，实现由强调“精准到人”向“精准到人与精准到业相结合”的方式转变。

实施向小农户和低收入人群倾斜的产业和公共服务政策。因势利导地发展产业，通过设立产业发展专项扶持资金、强化金融支持和加大产业基础设施建设等方式，把指向新型经营主体的政策适度下移拓展，形成面向特定地区小农户发展的支持政策，通过强化普惠性小农户支持政策使产业发展自动惠及更多的相对贫困农户。

加强产业扶贫资产的有效管理。分类明晰各类产业扶贫资产的产权属性。对于村级光伏电站，应重点解决电站村集体产权虚置问题，积极支持鼓励村集体经济组织成员参与电站管护和收益分配决策。对于企业资产收益分红资产、一村受益的资产，可以由村里管理或委托第三方管理；多村受益的资产，可由多村共同管理或委托第三方管理；涉及面广、数额巨大的产业扶贫资产，可成立县级层面的资产管理机构或依托本县已有的国有资产管理机构代表政府履行资产所有者职责。动态调整产业扶贫资产收益的收益对象。2020年后，产业扶贫资产收益的受益对象应以提高兜底人群基本收入及壮大村级集体经济和村级公共事业建设为主。县级资产管理机构管理的企业资产收益分红，可在县级层面进行统筹，根据帮扶人口的变化和村庄之间生产生活水平的实际差异实行动态调整。

（二）关于就业帮扶政策

脱贫攻坚期的就业扶贫政策存在的几个问题是：技能培训效果有限，部分技能培训与就业脱钩，为培训而培训，未能较好对接就业；转移就业信息服务质量不高，转移就业稳定性较差，劳务输出的组织化水平低；部分地区外出就业补贴总额不小，但无助于真正促进外出务工，资金使用效益较差；部分扶贫公益岗设置较为随意，管理制度不明晰、不完善。

新时期就业帮扶政策应更加强调政策实效。在帮扶对象上，应把帮扶家庭“两后生”（未继续升学的初高中毕业生）纳入帮扶重点。为此，建议：

加强转移就业后续扶持服务，切实维护外出务工帮扶劳动力的合法权益。建立帮扶劳动力就业信息动态管理制度。在贫困户建档立卡信息的基础上，摸清已就业帮扶劳动力的就业地点、就业单位、就业岗位等信息，对其就业情况进行动态追踪和帮助。维护帮扶劳动力外出务工的各项合法权益。在转移就业公共服务中设立法律援助专岗，确保转移就业帮扶劳动力的基本权益能够得到落实。有条件进行组织化劳务输出的地区，应主动加大帮助帮扶劳动力对接就业企业的力度，确保转移就业的稳定性。

引入市场化就业培训机制，提高就业培训精准度。将更多的市场化的就业培训机构引入帮扶就业培训项目。尝试采取“先培训后奖补”就业培训新机制。联合用工企业开展培训。提高就业培训与市场需求的有效对接。

重视“两后生”职业技能培训。将未继续升学的初高中毕业生（“两后生”）列入就业重点帮扶对象,鼓励参加中长期培训或者就读技工院校。使培训学校或者相关机构关注“两后生”的就业问题，采取订单培训、企业委培、定向输送等多项措施，保障接受技能培训后无缝对接就业。

将公益性岗位与乡村振兴战略有机结合。随着乡村振兴战略的实施，农村地区在公共基础设施建设运维和公共服务提供方面将产生大量人员需求。公益性岗位的设置可以和村级公共服务紧密结合，水、电、路的运维管理，以及医疗保健、护理照料、便民服务的提供，均可与公益性岗位的设置结合起来，由政府或村集体购买（农户）公共服务,解决难以外出务工帮扶人员就业困难的同时,提升村级公共服务水平。与此同时，进一步规范公益性岗位的管理和考核。

（三）关于金融帮扶政策

脱贫攻坚期的金融扶贫政策的主要举措是扶贫小额信贷政策。经过一段时间的探索，扶贫小额信贷政策已逐步完善。例如，不再强调扶贫小额信贷覆盖率，禁止了户贷社用和户贷企用等可能导致金融风险的行为。但与新的扶贫形势相比，金融扶贫也还有若干需要完善的地方。主要表现在：对低收入群体来说，小额信贷政策如果继续采取财政全额贴息方式，有违基本的市场规律，不利于资金效益的发挥；小额信贷风险防范机制还需进一步加强；除小额信贷之外的其他金融扶贫手段相对单薄。为此，建议：

改小额信贷全额贴息政策为部分贴息政策。新时期小额信贷应主要瞄准低收入人群。这些农户大多具有一定的经营能力和资金偿还能力，不宜再对他们的小额贷款实行全额贴息，可以采取部分贴息方式，以遵循金融资金市场规律，提升信贷资金使用效率。

有效利用已建立的扶贫工作机制，加强小额信贷的贷后管理。应针对还款能力不足的问题，做好风险预判和处置。对于具备按期还款能力的贷款对象，贷款到期后应及时收回贷款资金；对于贷款到期仍有用款需求的帮扶户，做好展期、续贷和借新还旧业务的对象甄别、贷款总额研判等工作。各商业银行金融机构应针对还款能力不足的贷款对象，开发适于帮扶对象的信贷产品，在扶贫政策到期后可将政策类贷款转化为银行商业贷款。

从金融扶贫向普惠金融发展，构建可持续的普惠金融服务体系。建议创新信贷服务模式，在风险可控的前提下，探索运用“整村授信”模式，将小额贷款纳入整村推进的信用体系建设，批量办理农户小额贷款、小微贷款，为小农户、小微企业提供信用扶持。银行端应从金融扶贫向普惠金融发展。搭建信用、信贷、支付一体化的数字金融服务平台。利用金融科技手段，鼓励银行机构大力推广网上银行、手机银行，充分运用云计算、大数据等技术，研发线上金融服务平台。实行贷款流程网络化、数字化。减少银行机构到乡村布放网点的成本。政府和银行金融机构应共同搭建信用大数据平台，将农户、小微企业、规模化生产大农户、农民专业合作社、家庭农场、农家乐业主、电商户等信息纳入信用体系，解决银行机构对接农户难的问题。

完善抵押、担保和农业保险体系，增加对脱贫地区农业新型经营主体的信贷支持。可将金融扶贫中的政府风险缓释金转化为农业产业发展担保基金，设立政策性农业担保公司，鼓励银行与涉农信贷担保公司合作，为银行机构分担信贷风险。强化农村产权交易平台建设，建立农村产权交易中心，完善不良贷款处置机制。不断拓展贷款抵押物品种。推进农村集体产权股份制改革，向村民释放集体经济发展红利。健全脱贫地区农业保险体系。结合地方种养特色，量身定制特色农业保险产品；加大农业全成本保险推行力度；健全县乡村三级保险服务网络；建立直接保险、再保险、大灾基金及紧急预案四层农业风险分散机制。

（四）关于易地搬迁后续帮扶政策

易地搬迁后续帮扶应加以关注的问题有三点：一是脱贫户搬迁后产业发展和就业务工条件未得到较大改善。二是安置点公共服务供给和社会治理面临挑战。大多数搬迁户原为山区散居农户，有的搬迁户一时还不适应新的生存环境，户籍、学生的学籍等没有及时迁转，造成社会保障无法及时落实，社会融入缓慢。三是土地增减挂钩政策落实难度大。拆迁和土地整治工作明显滞后，土地指标迟迟腾不出来，实际可进行交易的土地指标有限。为此，建议：

强化搬迁后续产业发展和就业帮扶政策的研究制定。应因地制宜完善安置区产业发展所需政策环境和基础设施建设，为安置区产业发展提供支持，大力引进龙头企业，鼓励村集体经济组织和能人大户创办专业合作社，鼓励东西部扶贫协作和对口支援省份的各类企业到安置区投资兴业，完善后续产业带贫益贫机制，带动搬迁群众发展产业。对于尚未就业的非农安置户，根据搬迁户家庭情况和劳动力情况，精准实施技能培训、提供就业信息和就业服务、组织劳务输出等就业帮扶措施。

以城乡融合理念保障搬迁人群基本公共服务供给，完善安置区社会治理。各地应结合迁入地人口规模和医疗机构设置规划，建设卫生室、社区卫生服务站、各级医院等医疗机构，保障搬迁户的基本医疗卫生服务。结合迁入地学龄儿童数量合理规划学校建设。根据实际情况制定计划，及时从迁出地向迁入地调整划转人员编制，充实安置点尤其是集中安置点教育、医疗服务人员队伍。引导搬迁群众参与安置点的管理，为搬迁户提供户籍管理、就业、就学、就医和社保等公共服务。合理设置管理单元，完善安置点社会管理，加强综合防控。通过县乡干部与搬迁户结对子和开展各类志愿服务工作等方式帮助搬迁户融入新环境，对于民族宗教地区集中安置点，要尊重少数民族的风俗习惯和宗教信仰，大力推广国家通用语言文字，促进各民族交往、交流、交融。

强化落实土地增减挂钩政策。认真细致做好搬迁群众的旧房拆除工作，推动搬迁户加快拆旧复垦步伐，落实土地增减挂钩政策，消除或缓解可能带来的政府债务风险。

（五）关于危房改造政策

脱贫攻坚期的危房改造政策在后续需要改进和完善的问题主要有：一是改造后的新房维护和管理需要进一步加强。目前部分改造后的房子本身存在一定的质量问题；有些脱贫户入住新房后，卫生环保意识相对较差，呈现“脏、乱”现象，与乡村振兴和乡村环境整治目标不协调。二是中西部生态脆弱地区住房安全成果亟须巩固。中西部部分生态脆弱地区易遭受各类自然灾害，造成危房改造的投入和成果付诸东流。目前部分地区已经开始试点政策性农房保险，但保险力度不大。三是危房改造与农房改善政策之间需要进一步协调。相对经济比较发达的省份已经提前解决了绝对贫困问题，目前正在进行农房改善工程，主要以集中居住、平房改楼房为主。在农房改善的情况下，4 类重点人群的住房条件仍然坚持限定面积的平房改造则会使贫困户的房屋在整个村中显得不协调。为此，建议：

建立脱贫和低收入人群的住房安全巡查常态化机制。在新时期，需要加强对弱势群体和低收入人群的住房安全问题的关注，建立健全住房安全巡查制度，即便是近年来改造新建的危房也要进行“回头看”，遇到安全隐患问题及时解决，形成住房安全巡查的常态化管理。

探索“政府 + 市场”的农村住房改造及筹资模式。农村住房与饮水、道路等公共物品不同，其建设者和实施者均为农户自身，因此不能一味地依靠政府的投入补贴。地方政府应在建立农村房屋质量常态化巡查制度的基础上，对于难以承担房屋改造成本的兜底保障群体，可以引导社会资本参与，把农房建设改造和特色产业相结合，利用村集体土地建设共有产权或集体产权的公租房或廉租房，以保障此类人群的住房需求；对于具有一定收入能力的低收入人群，要适当坚持成本—收益对等原则，给予适当补贴。

促进农房使用维护与乡村振兴的融合协调。在保证农户不因大量举债而返贫的前提下，应允许部分有条件的低收入人群和已脱贫的一般农户对“十三五”期间改造和新建的农房进行扩建和改善，以提升其居住舒适性；在现有危房改造的基础上，进一步实现改水、改厕，提升农户居住卫生意识，在村庄环境整治中重点关注改造后的农房维护问题；在保持村庄规划统一的基础上，通过共有产权、集中居住等途径保证兜底保障人群的居住问题，以缩小弱势群体与普通居民的居住体验差距。

加大生态脆弱地区农村住房政策性保险力度。坚持“政府引导、市场运作、自主自愿、协同推进”的原则，一方面扩大农村住房保险覆盖面；另一方面，增加农村住房保险的赔付力度。有条件的地方可通过财政保险费补贴等手段引导和鼓励农户参保，加强制度建设，强化监督检查。

（六）关于安全饮水政策

未来一段时期，安全饮水政策应着力解决饮水设施持续有效发挥作用的问题。一是中西部偏远地区小微供水工程水质监测需要进一步加强。2017 年数据显示，内蒙古、重庆、广西、山西、湖南、江西、云南、西藏、四川等省（区市）使用经过净化处理的自来水的农户比重均低于全国平均水平，其中，四川、西藏、云南和江西等省（区市）的农户使用经过净化处理的自来水的比重不足三分之一。二是饮水脆弱地区的供水工程建设需要进一步完善。一些饮水脆弱地区的供水设施易受到暴雨、洪涝、冰冻等自然因素的影响，供水水质和水量都容易出现不稳定的情况。例如，西藏、青海等高寒和偏远地区农村供水工程冬季缺水现象普遍存在；在内蒙古的调研中，有农户反映夏季容易出现缺水；2019 年 8 月以来，江西、安徽、福建、湖北、湖南、重庆 6 个省（市）旱情严重，导致部分供水工程出现了取水井里无水、山溪水断流等问题，共有 168 万人面临饮水困难。三是农村小微供水工程的管护力度不够。主要表现在：缺乏懂技术的管护人员定期检测；缺乏对水源地的有效管理；没有建立集中供水设施的用水收费机制，导致养护资金不到位、管网更新维修不及时。为此，建议：

饮水脆弱地区安全饮水工程要由“重建轻管”向“建管兼顾”转变。要按照乡村振兴战略部署要求，结合城乡融合发展和村庄总体规划，推动城乡一体化和规模化供水工程建设，深化工程建设和运行管护体制机制改革，不断提升农村供水保障水平。在西藏、青海等高寒和偏远地区，需要加强农村供水工程防冻保暖工作的指导、监督和检查，采取形式多样的方法和措施解决冬季供水保证率不高的问题；在旱灾易发地区需要做好抗旱饮水、抗旱提水、抗旱调水，加强用水管理、节约用水，强化工程调度。对于帮扶人口饮水难比较集中的地区，要将扶贫资金适当向安全饮水工程倾斜，加大饮水安全脆弱地区的补贴力度，提高对饮水困难群体的补助水平。

建立农村小微型安全供水工程水质监测常态化机制。进一步加强对农村安全饮用水水源地的保护，建立农村安全饮用水水质监测常态化机制，分期分级建设完善区域农村饮水安全工程水质检测中心，积极探索通过委托、承包、采购等方式，由政府向社会力量购买水质检测公共服务；建立农村水质安全问题预警响应机制，及时发现问题、解决问题；加大村级管护人员的培训力度，增强村级小型供水工程的自检能力。

建立合理的成本补偿机制，有效解决小微饮水工程运管资金不足问题。一是采取灵活的政府补贴方式，减轻薄弱地区集中供水的成本压力；二是要根据农村用水的实际情况制定合理的水价体系，增强农村安全饮用水的经营性，“以水养水”，实现农村安全饮用水设施运行管护可持续；三是增强村集体经济实力，对经济薄弱的村集体提供部分运营维护补贴，满足其对村内供水点的日常管理。

（七）关于生态帮扶政策

由于脱贫攻坚期的任务较重、时间较紧，因而生态扶贫相关政策的贯彻落实缺乏系统性和持久性。下一阶段应将巩固拓展脱贫攻坚成果与乡村振兴有机衔接，从生态扶贫迈向生态振兴，在发展中脱贫致富，使绿水青山持续发挥生态效益和经济社会效益，实现脱贫地区生态可持续发展。为此，建议：

建立健全生态保护补偿机制，实行补偿标准的动态调整。积极探索建立政府补偿与市场补偿相结合机制，通过市场的参与来弥补政府补偿管理成本高、效率低下的弊端；完善生态保护补偿投入机制，同时根据各地的切实需求建立补偿标准动态调整机制；积极探索建立生态效益分类补偿机制，并将原则性与灵活性相结合，因地制宜地制定较为合理的补偿标准；构建公益林补偿标准增长机制，探索国家和省内公益林补偿双轨制，稳步合理地提高我国公益林补偿标准；探索跨省流域生态保护补偿试点，明晰相关江河流域的任务分配指标，为水流生态补偿机制建立提供基础支撑；继续加大退耕还林还草、三北防护林等生态工程的支持力度，并根据当地生态状况适当提高中央投资补助标准，使贫困地区群众在生态保护中获得更多的收入。

夯实生态产业发展基础，切实提高生态产业减贫能力。针对脱贫地区普遍经济基础薄弱、生态产业起步不顺的难题，可以尝试建立政府主导的生态产业发展模式，由地方政府充分考虑当地实情，统筹支持脱贫地区最有市场潜力且长期见效的产业。加大金融及配套产品打造，建立有效的企业、合作社带贫机制，确保生态产业健康、有序、可持续发展。引导国家级生态产业优秀企业到贫困地区开展产业示范及技术指导，带动贫困地区一二三产业融合发展。通过以上方式推动生态资源优势顺利转化为产业优势、经济优势，在脱贫攻坚中更好地保护生态环境，不断提升贫困群众的增收能力，切实巩固提升脱贫成果。

完善生态保护帮扶的制度体系。建议将“生态护林员”政策纳入国家长期生态建设战略，并长期坚持下去。鼓励生态护林员参与到生态重点工程及生态产业发展，以帮助生态管护人员拓宽增收渠道，巩固脱贫成果。与此同时，规范生态公益性岗位管理，强化生态护林员动态监督。国家发展改革委、财政部、中央和国家机关工委、原国务院扶贫办等部门和开发性金融机构密切配合，相互之间明确责任、协同作战，形成中央统筹、行业主推、地方主抓的生态帮扶格局；加强生态帮扶队伍建设，注重定期文化教育和技能培训，逐步将其培养成造林员、技术推广员、生态文明宣传员等生态建设的一线排头兵和生态振兴的中坚力量。要在全国各省培育一批生态好、产业兴、群众致富的典型示范村落，提炼“十三五”时期生态扶贫典型示范村的好经验、好做法、好模式，在全国范围内树立扶贫样板，发挥其引领和带动作用，在周边村镇形成辐射效应和示范效应。

（八）关于教育帮扶政策

从阻断贫困代际传递、促进城乡教育公平角度来看，新时期教育帮扶尚面临不少挑战。不少脱贫县特别是原深度贫困县自然条件艰苦，乡村学校教育质量、办学水平和城镇学校还存在明显差距，义务教育“乡村弱”和“城镇挤”的矛盾突出。脱贫攻坚期主要解决了“有学上”的问题，今后应重点解决“上好学”的问题，即提高教育质量、缩小城乡教育差距的问题。对于少数民族脱贫地区来说，普通话是制约教育质量提升的一大障碍。以凉山州为例，全州54万名学前儿童中，有49%的儿童不会说普通话。为此，建议：

合理布局城乡义务教育学校布局，解决留守人口教育公平性问题。新时期需要进一步重视脱贫地区城乡义务教育学校布局，一方面要满足农村外移人口对优质教育资源的需求，扩大优质教学资源容量；另一方面要保证留守脱贫人口的义务教育可及性，加强寄宿制学校建设，扩大寄宿规模、改善寄宿条件、提高保育水平。高度重视校车建设，减轻接送孩子上学和陪读的贫困家庭劳动力负担。在特别偏远地区，无法通过寄宿和校车的方式就读的地区，要适当保留一定教学点。

进一步强化落实脱贫地区教育条件建设，缩小城乡教育差距。

加大脱贫地区义务教育专项经费转移支付力度，全面落实和提高乡村教师生活补助经费，特别是提高中西部脱贫地区教师生活补助标准，吸引优质教师资源到脱贫地区教学，促进城乡教师资源的均衡配置。继续提升脱贫地区义务教育薄弱学校基本办学条件。加快完善脱贫地区学前教育公共服务体系的建设，推动脱贫地区普惠性幼儿园建设，保障脱贫家庭适龄儿童接受学前教育。

继续加大对原“三区三州”深度贫困地区的教育投入。“三区三州”等原深度贫困地区是教育水平落后的地区，需要继续对这些地区加大转移支付投入，从资金、人才、物质装备、优惠政策等多方面给予支持。

加大少数民族脱贫地区“学前学会普通话”工作力度。加强脱贫地区，尤其是少数民族脱贫地区 3 ~ 6 岁学龄前儿童学会普通话工作，使其在接受义务教育前能使用普通话进行日常交流对话，能用普通话接受义务教育，补齐脱贫地区教育短板中的短板。扩大“学前学会普通话”行动项目实施范围，增加幼教点数量和辅导员力量投入，广泛动员社会力量参与。

（九）关于健康帮扶政策

脱贫攻坚期所实施的健康扶贫成效显著，但也存在一些亟待调整的问题。一是现行贫困户医疗报销政策引发建档立卡贫困人口与非贫困人口医疗保障“悬崖效应”。二是部分原深度贫困县、乡、村三级医疗卫生体系仍较为薄弱。三是普遍存在健康扶贫重治轻防的现象，影响健康扶贫效果的可持续性。整体看来，政策的落脚点集中在贫困人口患病后的救治，前端针对提高贫困人口健康素养的健康教育宣传、基本公共卫生服务的供给、疾病防控宣传相关政策设计、落实稍显不足。

新时期健康帮扶政策的总目标应从脱贫人口“基本医疗有保障”向“分三类人群施策，使更广泛的低收入群体获得有质量的健康服务”转变，有效衔接不同群体，并提高政策的财政承受力和政策绩效。为此，建议：

制定可持续的健康帮扶政策。一是政策框架的连续性。确保相关健康帮扶政策的实施、调整相对稳定，有良好充分的过渡衔接。二是将贫困人口“特惠”的健康扶贫政策机制纳入统一的医疗保障体制中。三是注重政策的公平性，分三类人群施策，适当扩大健康帮扶政策的受惠面。四是细化政策设计，确保健康帮扶政策的精准性和可持续性。五是全面提升农村地区的公共卫生服务水平和基层医疗机构的医疗服务能力，补齐农村疾病防控短板，实现防治并举。

完善顶层设计，建立城乡统一、保障职能清晰的三重基本医疗保险机制。第一道保障线是城乡居民基本医疗保险，作为医疗保障的基础线，该保障线实行无差异化的政策设置，有效解决各类人群目录内报销的问题。第二道保障线是大病医疗保险，重点解决目录范围内大病、重病医疗报销问题，应在全面提升参保群众大病保险保障水平的基础上，细化大病报销政策设计，继续实施困难群体倾斜支付政策。第三道保障线为医疗救助，应当充分发挥医疗救助的兜底保障作用，仍实施困难群体倾斜支付政策。该道保障线为不同群体提供差异化的兜底保障措施，形式上具有一定的灵活性，分三类群体、依情况对前两道保障线进行补充，强调支出有据、支出有效。

做好新医保制度和三类人群的对接，通过细化医疗报销政策缩小各类群体间医疗保障的“悬崖效应”，增强制度设计公平性。在公平普惠提升城乡居民医保和大病保险待遇的基础上，细化大病保险和医疗救助制度中针对兜底保障人群和低收入群体的报销政策，缩小三类群体之间基本医疗保险报销待遇差距，增强制度设计公平性。

进一步提升县、乡、村三级医疗机构医疗水平及公共卫生服务能力，实现基本医疗的实质可及。继续加强县医院能力建设，切实推动基层医疗机构提升诊疗技术和服务能力。进一步完善“县乡一体、乡村一体”的机制建设，确保县乡村各级医疗机构有专业、稳定的人才队伍，保障医疗服务实质可及性。重点突破乡村一级医疗卫生服务水平“短板”：通过优化聘用机制、提高待遇等方式增强岗位吸引力，建立基层医疗机构稳定的专业人才队伍；明确基层医疗卫生机构职能定位，形成以十四项基本公共卫生服务项目为基础，常见病、多发病诊治为补充的乡村卫生室职能定位；考虑到农村地区人口老龄化程度高、慢性病传染病多发的现状，基本公共卫生服务的重点可进一步放在居民健康档案建立、慢性病地方病防治管理、重点人群跟踪管理及居民日常健康教育宣传等方面。

继续实施针对原深度贫困地区及特殊帮扶人群的健康扶贫特惠帮扶政策。新时期应继续对原深度贫困地区及部分特殊帮扶人群，如老人、儿童、残疾人等实施健康帮扶特惠政策。一方面，通过专项资金支持及机构对口帮扶措施加强原深度贫困地区医疗机构建设，提升地区医疗服务能力；另一方面，提升地区公共卫生服务水平，进一步加强地区传染病工作的防治。此外，继续对兜底保障的老人、儿童、残疾人等弱势群体实施倾向性帮扶措施，确保其基本健康有保障。

（十）关于兜底保障政策

健全完善的兜底保障体系是确保不发生规模性返贫的关键环节。下一阶段应本着“强化预警、及时干预、加大投入”的基本思路，加大兜底保障政策的可得性，增强贫困脆弱群体的抗风险能力。

为此，建议：

强化致贫返贫预警干预机制建设。健全监测预警机制，进一步改进完善各部门之间的衔接方案。整合并掌握各部门、各类人群的详细信息，健全完善监测预警机制，制定有效措施，充分发挥兜底保障的作用，防止返贫致贫。推动各地区建立致贫返贫风险救助基金，实行联防联控，整合教育、卫生健康、医保、民政、残联、住房城乡建设、水利等部门资源，统筹临时救助、社会捐赠、帮扶资金等救助金，对因大病重病、因自然灾害、因突发事件等致贫返贫的，可采取“一事一议”方式，适度提高临时救助额度，实施多层次、复合式的综合保障性帮扶措施。

提高识别和施策精准性。以国家和省市制定的政策文件为依托，充分利用各类数据信息共享平台，进一步明确农村低保人员、特困供养人员的帮扶认定及建档立卡贫困户的收入评估，加强低保人员动态管理。对完全或部分丧失劳动能力的贫困人口，全面落实农村低保、基本医疗保险、养老保险、特困人员救助供养、临时救助等综合社会保障政策。对因病、因残、因灾、因学、因突发事件等返贫致贫的农村人口，符合低保条件的要应保尽保。对有因病致贫返贫风险的，纳入签约服务范围，制订“一病一方”，及时做好住院转诊服务，不降低医疗费用报销标准，跟踪指导救治后用药和康复管理。

逐步提高低保标准。特别是考虑到集中连片贫困地区、民族地区、革命老区自身财力不足，低保标准和补助水平依然偏低这一情况，建议适时逐步提高城乡居民最低生活保障标准，为贫困群众提供更好的生活保障。

加大对精神卫生福利机构的投入。精神卫生福利机构的建设是兜底保障体系中的短板，需求很大但投入不足。在解决了基本物质生活的兜底保障之后，应该强化精神卫生投入力度。确保全国每个设区的地级城市都至少有一所民政直属的精神卫生福利机构，满足城乡特困人员、城乡低保群体、低收入群体和流浪乞讨人员中的特殊困难精神障碍患者的养护、康复、托管需求。

第三节 帮扶政策体系的衔接

在巩固脱贫攻坚成果同乡村振兴有效衔接过程中，做好帮扶政策体系的有效衔接与过渡是关键。根据现实情况，通过动态调整帮扶对象，调整完善帮扶政策，脱贫攻坚期形成的体制成果、政策成果才能融入乡村振兴战略的体制和政策体系之中，从而实现与乡村振兴的有效衔接。

一、帮扶对象及政策调整的现实依据

中央政策文件要求，在脱贫攻坚目标任务完成后设立 5 年过渡期，过渡期内保持现有主要帮扶政策总体稳定，并逐项分类优化调整，合理把握调整节奏、力度和时限。调整时限无疑就是 5 年过渡期，那么，如何做到合理把握调整节奏和力度？这就需要对脱贫县农户的收入水平和收入结构现状有个基本的把握。

课题组的调查数据显示，在 20 个脱贫县中，农户之间的收入差异很大。这不仅表现在不同收入组别的脱贫户之间，也表现在脱贫户与一般农户的对比之中。2021 年，脱贫户 20% 最高收入组的人均可支配收入为 28299 元，远超受访县所有农村居民人均可支配收入（16079 元），但脱贫户 20% 最低收入组的人均可支配收入仅为 6217 元，分别相当于脱贫户 20% 最高收入组和受访县所有农村

居民人均可支配收入的21.97%和38.67%。脱贫户5%最低收入组的人均可支配收入更是仅为3408元，甚至低于当年的收入贫困标准。① 再看一般农户中那些具有一定致贫返贫风险的突发严重困难户和边缘易致贫户，他们的人均可支配收入仅仅高于脱贫户40%低收入组的人均可支配收入。

从收入结构看，不同收入组别农户对转移性收入的依赖程度差异很大。在脱贫户20%最高收入组中，转移性收入占人均可支配收入的比例为8.6%；而在脱贫户5%最低收入组和脱贫户20%最低收入组中，转移性收入占人均可支配收入的比例分别高达56.7%和36%。也就是说，如果没有政策性补贴等转移性收入，高收入脱贫户的人均收入水平仍可达到全国农村居民平均收入水平，不会返贫；但处于最低收入水平的脱贫户极有可能返贫。

这些数据揭示了两个基本事实：一是，尽管我们已经实现了贫困人口全部脱贫，但仍有相当比例的农户收入水平比较低，存在较大的返贫风险。加强对这些农户的返贫监测预警帮扶，确保不发生规模性返贫，是过渡期一项底线性的任务。二是，脱贫攻坚结束之后，不仅脱贫农户之间分化明显，而且部分脱贫户与原来的非贫困户之间收入水平的界限也不再那么清晰，以原建档立卡户为帮扶对象已不再适用，过渡期的帮扶政策对象理应实行动态调整。

二、帮扶政策体系调整原则：双渐并重、动态调整

基于脱贫县农户收入数据的调查表明，帮扶对象及帮扶政策有必要及时调整。笔者认为针对原建档立卡贫困户的帮扶政策体系在过渡期内要实现合理把握调整节奏和力度，必须遵循“双渐并重、

① 需要注意的是，中国的脱贫标准主要依据的是“两不愁三保障”，收入只是其中一个参考因素。因此，人均可支配收入略低于贫困标准并不意味着未脱贫。

动态调整”的原则。

一方面，对于稳定脱贫户的特惠帮扶政策应逐步退出，即“渐退”。具体而言，应将在脱贫攻坚期享受特惠帮扶政策的建档立卡脱贫户细分为两类：收入水平较高、可持续发展能力较强的稳定脱贫户和收入水平较低、贫困脆弱性较强的脱贫不稳定户。对于前者，特惠帮扶政策应尽快退出，以体现政策公平性；对于后者，特惠帮扶政策的退出则不宜过急，甚至应持续保持，以降低规模性返贫风险。

另一方面，特惠帮扶应同时向部分一般农户适当延伸，即“渐进”。这部分一般农户主要指的是脱贫攻坚期内没有享受特惠帮扶政策，但收入水平较低、有较大致贫风险的农户。特惠帮扶只有向这部分农户延伸,才有可能守住不发生规模性返贫的底线。事实上，上述需要特惠帮扶政策加以覆盖的脱贫不稳定户和一般农户，就是目前政策体系中所指的监测户。① 监测户与脱贫攻坚期的建档立卡贫困户的一大区别，就在于监测户的“动态化”，即各地政府根据农户实际状况的变化将其纳入或使其退出监测系统，实现应纳尽纳、应退尽退（见图 5-1）。建立并完善动态管理的监测户帮扶政策体系，是巩固脱贫成果、守住不发生规模性返贫底线、实现帮扶政策体系由脱贫攻坚向乡村振兴有效衔接和过渡的关键。

①《中共中央　国务院关于实现巩固拓展脱贫攻坚成果同乡村振兴有效衔接的意见》提出，要对脱贫不稳定户、边缘易致贫户，以及因病因灾因意外事故等刚性支出较大或收入大幅缩减导致基本生活出现严重困难户，开展定期检查、动态管理，重点监测其收入支出状况、“两不愁三保障”及饮水安全状况，合理确定监测标准。

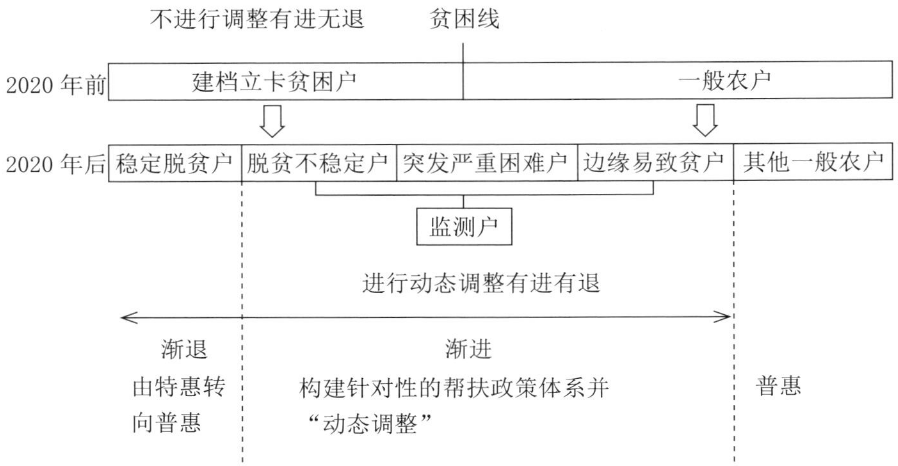

图 5-1　“双渐并重、动态调整”帮扶政策体系示意图

三、帮扶政策体系调整存在的问题

从中西部地区 22 个省（区、市）2021 年帮扶政策的调整情况来看，目前部分政策在“渐退”和“渐进”两个方面都还存在一些问题：一是“应退未退”。例如，2021 年，课题组在另外一项对中西部地区 22 个省（区、市）79 个脱贫县的调查中发现，74.7% 的县仍然延续了脱贫户到户产业奖补支持政策，92.4% 的县仍然延续了脱贫户资产收益分红帮扶政策，所有的县都没有将稳定脱贫户剔除出特惠帮扶政策覆盖范围。二是“应进未进”。这一问题在医保帮扶政策调整方面表现得较为突出（见表 5-1）。有的省（区、市）在取消脱贫户特惠帮扶政策时，未能区分稳定脱贫户和脱贫不稳定户，导致政策退出太快；有的省（区、市）则未将一般农户中有较大致贫风险的突发严重困难户和边缘易致贫户纳入帮扶政策覆盖范围。概括起来说，就是尚未建立系统完备、行之有效的监测户医保帮扶政策体系。

表 5-1 2021 年中西部地区 22 个省（区、市）医保帮扶政策调整情况

政策调整状况	省份数 / 个
完全取消对所有脱贫户的基本医保参保资助政策	12
所有监测户均未被纳入大病保险报销倾斜支持对象	16
未将边缘易致贫户纳入基本医保参保资助范畴	4
未将突发严重困难户纳入基本医保参保资助范畴	8
未将边缘易致贫户纳入医疗救助倾斜帮扶范畴	3
未将突发严重困难户纳入医疗救助倾斜帮扶范畴	4

资料来源：课题组根据中西部地区 22 个省（区、市）发布的相关政策文件整理所得。

注：表中统计的是各省（区、市）于 2021 年出台、拟于 2022 年实施的政策情况。

第四节 帮扶政策的效果及政策改进：现金转移支付政策案例分析

立足全球减贫实践，现金转移支付项目被普遍用作低收入人群的财政帮扶工具[①②]。然而，针对该类政策的实施效果也存在诸多争议。部分研究人员认为现金转移支付帮扶资金对于改善家庭收入、提升消费水平等方面成效显著[③]，然而亦有学者发现现金转移支付容易对目标群体劳动供给产生负向激励。聚焦中国减贫历程，脱贫

① Banerjee A V, Hanna R M, Kreindler G E, et al, "Debunking the Stereotype of the Lazy Welfare Recipient: Evidence from Cash Transfer Programs," *The World Bank Research Observer*32, no. 2(2017): 155–184.

② 卢盛峰、陈思霞、时良彦:《走向收入平衡增长：中国转移支付系统"精准扶贫"了吗？》,《经济研究》2018 年第 11 期。

③ Skoufias E, Maro VD, "Conditional Cash Transfers, Adult Work Incentives, and Poverty," *The Journal of Development Studies* 44, no. 7(2008): 935–960.

攻坚期内重点面向原建档立卡人口实施了大量的现金转移支付政策，进入过渡期后该类政策的实施重点和帮扶对象也在进一步完善调整。然而,中国针对低收入人群的现金转移支付政策,其具体作用效果同样面临一些质疑。部分学者高度认同各类现金转移支付措施的全面减贫成效[①②],但也有部分学者担心直接提供货币补贴的转移支付政策容易降低受助群体的内生动力[③④],滋生“扶贫养懒汉”“等靠要”等不良习气。

笔者将以现金转移支付政策为案例，探讨帮扶政策的效果及政策改进。我们将对国内外现金转移支付政策效应的学术争论展开综述，并以课题组开展的脱贫攻坚以来低收入农户现金转移支付策略的实证结果为基础，为揭示转移支付政策对于受助群体劳动供给的作用效应提供中国减贫实践的研究证据，并进一步探究此类政策对于促进低收入农户走向共同富裕的潜在贡献。

一、国内外研究中的“现金转移支付政策争议”

为本国的贫困与低收入人口提供相应帮扶政策，是世界各国消除贫困行动的普遍做法。其中，现金转移支付着眼于提高受助群体的家庭收入与福利水平，已发展成为各国减贫体系的关键支柱和核心要素。例如，墨西哥率先开展的“进步”“机会”“繁荣”等一系列现金转移帮扶项目，巴西 2003 年启动的“家庭津贴计

① 李实、詹鹏、杨灿:《中国农村公共转移收入的减贫效果》,《中国农业大学学报（社会科学版）》2016 年第 5 期。

② 解垩、李敏:《政府公共转移支付的扶志效应》,《中国人口科学》2022 年第 1 期。

③ 韩华为:《农村低保会引致负向就业激励吗？——基于 CFPS 面板数据的实证检验》,《人口学刊》2019 年第 6 期。

④ 王强:《贫困群体脱贫内生动力及影响因素研究——基于全国农村困难家庭 2014—2016 年面板数据的实证分析》,《云南民族大学学报（哲学社会科学版）》2020 年第 1 期。

划”，2005 年印度辛格政府出台的“全国农村就业保障计划”，以及中国的“农村最低生活保障政策”等。伴随该类项目在全球范围内的不断普及，现金转移支付的全面实施效果备受瞩目。纵观已有研究成果和理论探究，针对现金转移支付政策的实践作用存在对比鲜明的两种观点。一方面，诸多学者立足南美洲、亚洲等广大发展中国家的减贫实践，认为现金转移支付在提升受助群体物质福祉、主观福利，以及缓解不平等方面成效显著①，因而现金转移支付对于减贫增收的重要性得到众多研究人员的高度认同；另一方面，部分国家高福利政策“养懒汉”的实践案例，以及理论上现金补贴对于劳动供给潜在的“收入效应”容易造成“增加闲暇”“福利依赖”等现象②，使得对于“现金转移支付产生负向劳动激励”的质疑与担忧之声层出不穷。

关于“现金转移支付政策争议”，众多研究人员基于不同视角提供了各自的支撑证据。源自墨西哥“机会”计划的项目设定与儿童入学时间直接挂钩，研究发现受益家庭的子女们显著地减少了劳动供给；对于尼加拉瓜 RPS 项目（the Red de Protección Social）的经验研究显示，现金转移支付方案的实施显著地减少了男性受助群体的工作时间；通过分析墨西哥、洪都拉斯、菲律宾等 6 个发展中国家转移支付方案的随机干预效果，学者们并未发现明显证据表明福利项目对于受助者是否工作以及工作时长存在显著影响。而针对伊朗“全民现金发放”项目进行倍差法政策评估，检验结果始终否定现金转移支付存在负向劳动激励的初始假定，且服务业经营者获得

① Case A, Deaton A, “Large Cash Transfers to the Elderly in South Africa,” *The Economic Journal* 108, no. 450(1998): 1330–1361.

② 韩华为:《农村低保会引致负向就业激励吗？——基于 CFPS 面板数据的实证检验》,《人口学刊》2019 年第 6 期。

补助后显著提升工作时长也被研究证实。就中国减贫实践而言，尽管政府对于困难群体的转移支付对于消除绝对贫困发挥了重要作用[①]，但也有相关测算显示政府转移支付容易加深农户家庭的贫困脆弱性[②]。此外，聚焦中国低保现金转移支付的追踪研究显示，最低生活保障金基于收入效应机制容易对农户就业产生负向激励，此结果同拉瓦雷和陈少华的相关结论迥然不同。近期也有研究认为，无条件现金转移支付能够通过人力资本和资产积累显著提升家庭发展韧性，且其作用效果伴随时间推移会逐渐增强[③]。综上，既有研究成果为解析现金转移支付的政策争议提供了丰富的经验论据，但是源于不同项目政策设计、研究方案以及样本类型等多重差异，目前现金转移支付项目的政策效应究竟如何仍未出现高度一致的结论。

总体来说，尽管现金转移支付是否存在负向劳动激励问题尚存争议，然而通过梳理各国项目的实施内容不难得出如下推论：若现金转移支付的政策导向或实施方案中不附加劳动投入这一前提条件，那么该类帮扶项目通常对于受助群体缺乏足够的劳动供给激励效果。因而，在对现金转移支付政策争议进行具体验证之前，有必要依据资金发放形式和方案是否与劳动投入等经济活动挂钩，将现金转移支付政策分为“无条件现金转移支付”（Unconditional Cash Transfers，UCT）与“有条件现金转移支付”（Conditional Cash Transfers，CCT）两大类，对不同类型转移支付方案的政策效果分别开展研究。

① 解垩、李敏：《政府公共转移支付的扶志效应》，《中国人口科学》2022 年第 1 期。
② 肖攀、苏静、刘春晖：《“加剧”还是“缓解”：政府转移支付与农户家庭未来减贫——基于贫困脆弱性视角的实证分析》，《财经理论与实践》2020 年第 4 期。
③ 李晗、陆迁：《无条件现金转移支付与家庭发展韧性——来自中国低保政策的经验证据》，《中国农村经济》2022 年第 10 期。

二、中国脱贫攻坚期的贫困户现金转移支付政策

（一）脱贫攻坚期对于贫困人口的主要现金转移支付政策

事实上，中国自改革开放以来便有计划、有组织地实施减贫行动，在 2013 年之前，中国已经基本形成以“转移支付”为主要形式的扶贫体系，[①] 针对低收入群体的转移支付政策也并非攻坚期内的创举。然而，中国大规模、系统性集中实施现金转移支付方案以帮扶贫困人口则主要开端于脱贫攻坚期。因而，这一时期的政策极具典型性和代表性。同时，在脱贫攻坚战取得决定性胜利之后，中央便已明确要设置 5 年过渡期，通过“扶上马，送一程”以巩固拓展脱贫成果。根据“保持主要帮扶政策和财政投入力度总体稳定”的战略要求，目前绝大部分脱贫攻坚期的现金转移支付政策仍在延续，[②] 且针对农村低收入人口的常态化帮扶在今后相当长的时期内都将是全面推进乡村振兴的重点内容。通过对减贫政策体系的系统梳理，针对贫困人口的主要现金转移支付主要存在以下几种类型：

农村最低生活保障金。农村低保的帮扶对象主要是因残、因病或其他原因导致年人均纯收入明显低于当地最低生活保障标准的群体，具体发放金额是按照本地保障标准实施差额补助。自 2008 年起，中央财政资金成为农村低保的主要资金来源，而在地方财政中县级以下财政出资最多。[③] 低保的发放形式是每月按人发放无偿性

① 李芳华、张阳阳、郑新业：《精准扶贫政策效果评估——基于贫困人口微观追踪数据》，《经济研究》2020 年第 8 期。

② 当然，为了更好地实现过渡期的目标，在具体实践中对于政策内容和帮扶对象进行了一定的优化调整。其中，最主要的变化莫过于将过去非贫困户中存在致贫风险的农户（即防止返贫监测政策体系中所谓的边缘易致贫户和突发严重困难户）也纳入政策覆盖对象之中。

③ 陈蔡春子、林万龙：《发展能力、社会压力与城乡低保标准并轨》，《兰州大学学报（社会科学版）》2022 年第 5 期。

的专项救助资金以满足农民的基础生活需求，从而有效促进社会公平、维护社会稳定。截至 2020 年的数据显示，中国各省农村低保标准普遍在 330 元 / 人 · 月以上，为历史性消除区域性整体贫困提供了重要的兜底保障。截至 2022 年第一季度末，全国农村平均低保标准为 6506.8 元 / 人 · 年，为后脱贫时代严守不发生规模性返贫底线奠定了坚实的基础。截至 2020 年底，全国共有 1852 万原建档立卡贫困人口纳入了低保，占全国总建档立卡人口的 18.71%。

特困人员救助供养金（五保金）。特困供养金是面向鳏寡孤独等农村最弱势、最特殊的困难人群，为该类群体提供无偿的基本生活保障。其具体发放形式是为无劳动能力、无生活来源、无法定赡养（抚养、扶养义务人）的老年人、残疾人以及未满 16 周岁的未成年人群提供无偿的基本生活保障救助资金。脱贫攻坚以来特困人员救助供养制度不断完善，通过将符合特困人员认定条件的原建档立卡人口纳入救助供养范围，并为特困人群提供基本生活条件、照料服务、疾病治疗、殡葬服务等保障，是特殊困难群体实现稳定脱贫的重要兜底保障。截至 2020 年底，全国共有 152 万原建档立卡贫困人口纳入特困人员救助供养，当年特困人员基本生活标准为 8569 元 / 人 · 年。

资产收益分红。2015 年 11 月，《中共中央　国务院关于打赢脱贫攻坚战的决定》就资金收益分红的来源、运营主体、收益分配等作出明确规定。资产收益分红是将财政资金入股企业或建设资产收益项目，与农户签订合约到期以折股量化以及收益分配的形式无偿地提升弱劳动能力和无劳动能力的农户群体收入。其中，光伏收益项目具有易于实施、绿色清洁、收益稳定、分红持续等优势，是最为普遍、广泛的资产收益扶贫实践。截至 2020 年 6 月，全国农村小水电扶贫工程建成总规模 74.2 万千瓦，累计实现资产扶贫收益 1.6 亿元。光伏扶贫是资产收益扶贫的一项重要内容。全国 27 个省

（区、市）、1400 多个县，以单村或联村形式建设了约 8.1 万座村级光伏扶贫电站，总建设规模约 1500 万千瓦，每年发电收益超过 130 亿元。根据课题组的调查统计，在全部 4472 个脱贫样本中，2021 年拥有资产收益分红的农户样本有 2083 个，占脱贫户调查样本的 46.57%，实际拥有资产收益分红的脱贫户当年获得的资产收益平均达到 991.91 元。而拥有光伏分红资格的有 957 户，占全体脱贫户样本的 21.4%。实际拥有光伏分红资格的脱贫群体，在该年度内平均获得的光伏收益实际高达 1319.08 元。

生产类补贴。生产类补贴是通过鼓励农户进行产业类或生态类发展项目并给予相应奖补资金的惠农帮扶，主要包括生态补偿金（生态公益林补偿、造林种草补助、退耕还林）以及农业支持保护补贴（主要指粮食直接补贴、农作物良种补贴、农资综合补贴）两种类型。生态补偿金不仅来源于中央财政专项，还包括国家林草局林业草原生态扶贫专项、社会捐赠生态产业基金等。在生态补偿金方面，2020 年中央财政森林生态补偿标准为每年 15.75 元 / 亩，地方财政森林生态补偿标准为每年 15 元 / 亩；2021 年中央预算内投资人工造林每亩提升至 800 元，人工种草每亩也提高到 300 元，同时，中央财政单位面积造林补助资金也有增加。此外，2020 年新一轮退耕还林每亩补助 1200 元，退耕还草每亩补助 850 元。需要说明的是，上述补贴事实上并非完全针对低收入人口的特惠性补贴，而是对符合条件的农村人口展开普惠式的补贴。

公益性岗位补贴。公益岗是运用政府购买服务的理念和方式，设置一批岗位和工资用以安置家中年满 16 周岁的半劳力或弱劳力等就业困难群体。而公益性岗位扶贫是在原贫困地区设置公益性岗位用以安置有劳动能力和就业愿望但无业可扶、无力脱贫的劳动力。政府运用财政资金或资产收益（包括国家林草局专项资金、地方财政资金、光伏与资金收益、涉农整合资金、东西部协作资金等）每月支付其一定标准的岗位补贴作为工作的报酬，以提高低收入农户的福利水平。截至 2020 年底，中西部 22 个省区市扶贫公益性岗位安置 478.55 万脱贫人口，其中护林员 122.38 万人、护路员 30.28 万人、保洁员 138.05 万人、护水员 16.81 万人、护理员 5.66 万人、村务管理员 33.88 万人以及其他公益岗 131.49 万人。

临时救助金。临时救助是政府对于遭遇意外伤害、重大疾病等特殊原因导致生活陷入困境，在其他救助制度暂时无法覆盖或救助之后基本生活仍有严重困难的群体给予应急性、过渡性的救助资金。在脱贫攻坚实践中，临时救助金与最低生活保障、特困人员救助供养相互衔接，形成救助帮扶的有效合力，体现临时救助金的突出时效性，是解决“两不愁三保障”的重要举措。实践中，针对因子女就学、疾病治疗等问题造成家庭支出较大，正常生活受到影响的脱贫户、低保群体和特困人员，临时救助能够有效解决突发性、紧迫性、临时性的生活困难，从而助力实现稳定脱贫、防范返贫。根据 2019 年民政部等部门发布的《关于在脱贫攻坚兜底保障中充分发挥临时救助作用的意见》的数据，上半年共计实施临时救助 324.6 万人次，累计支出救助资金 45.3 亿元；截至第三季度末，共计实施临时救助 478.8 万人次。平均救助水平达 1395 元 / 人次，较前一年同比增长了 41.8%。

医保倾斜帮扶资金。医保倾斜帮扶也是脱贫攻坚以来针对农村低收入群体的重要帮扶举措，主要包括对受助群体参保缴费的定额或全额资助，就医的检查费、手术费、诊疗费给予一定减免，以及住院给予更高报销比例从而降低农户家庭支出。具体而言，国家对于原建档立卡贫困户参加居民基本医疗保险有困难的群体，给予个人缴费补贴；参与医疗保险的脱贫户，若某年度住院所需的医疗费用超过了个人的起付标准，对于起付线起至最高支付限额的这部分费用，农户在不同等级医院享受相应百分比的支出减免；对于患有重大疾病且存在严重困难的脱贫户，该类群体将提升起付标准、突破常规的居民大病保险最高支付限额，且个人只需要承担合规医疗费用的固定百分比；最后，对于住院治疗政策范围内的医疗费用，经基本医疗保险、大病保险、医疗机构减免、医疗救助、医疗商业补充保险等补偿后仍有困难的，将再给予一定比例的救助帮扶。根据中央农村工作领导小组办公室的公开数据，仅 2018 年、2019 年两年，中央财政对脱贫人口的参保补贴投入总额分别为 104.4 亿元和 124.3 亿元，相当于脱贫群体人均补贴 120.6 元和 144.9 元。根据国家卫生健康委员会的数据，脱贫人口医疗费用自付比例从 2016 年的 43% 逐步下降至 2019 年的 10%。

教育资助补贴。教育补贴政策主要是针对困难群体子女从幼儿园到大学给予不同程度的资金补贴，包括学前教育免除保教费、义务教育补助生活费等。例如，对于在学前教育阶段的脱贫户家庭儿童予以免除全部保教费、生活费等。特别是对于义务教育阶段的儿童，按照国家规定对脱贫户家庭的义务教育子女免除学杂费、书本费，且对该阶段内脱贫户家庭学生的寄宿费用给予固定的生活补助。此外，国家对于原贫困家庭子女在高中阶段、职业教育阶段也可以按照程序享有国家助学金、生源地信用助学贷款，甚至免除学费等不同形式的教育资金补助。同医保救助资金类似，鉴于教育资助补贴并非来自中央财政专项扶贫资金或涉农整合资金，因而此处难以搜集教育扶贫投入或农户教育支出减免的整体资金数额。根据 2020 年各地方的教育扶贫政策文件，通常原建档立卡贫困户的学前儿童能够享受大约 1500 元 / 人 · 年的免保教费。而在义务教育阶段的儿童享受大约 800 元 / 人 · 年的免学费和免教科书费用，此处的“两免”政策通常是针对所有义务教育阶段学生的普惠政策。

危房改造补助。农村危房改造政策的重点补助对象是居住在危房中的农村低保户、五保户以及其他脱贫户家庭。对于需要进行危房改造修建的各类受助群体，政府利用财政资金给予不同级别的资金补贴以缓解农户支出压力。地方用于危改户的住房补贴资金被称为“中央农村危房改造补助资金”，具体分为“中央财政补助资金”和“中央预算内投资补助资金”两部分。通常，危房改造需要由保障群体和原贫困群体自主申请，而后村委采取入户调查、邻里走访等形式，对申请人居住的房屋安全情况、家庭基本信息以及是否接受过其他渠道的房屋补助资金等情况进行调查核实。在危房补贴标准方面，地方总体按照“群众自建为主，政府给予适当补助”的原则，同时综合考量危房等级以及脱贫户、低保户、五保户、残疾户等不同类型给予不同的户均补助标准。在具体实施过程中，地方住建部门会根据《农村危险房屋鉴定技术导则》对需要危改的房屋进行“ABCD”评级，其中D级危房需要推倒重建，而C级危房需要修缮加固，其他非C、D两级的危房不能列入农村危房改造补助对象。国家针对不同的帮扶对象设置的危房补贴标准也不一样，而鉴于不同地区的经济发展水平差异具体补贴标准也存在不同。大体上，对于一级危房改造的补贴为5000 ~ 20000元不等，二级危房改造的补贴为3000 ~ 7000元，而三级危房改造的补贴为2000 ~ 3500元。

（二）转移支付政策资金分类

此处将上述针对脱贫人口的现金转移支付依照发放方式是否与“劳动或人力资本投入”等经济活动挂钩，分为“无条件现金转移支付”（以下简称“UCT”）和“有条件现金转移支付”（以下简称“CCT”）两大类。进行此类区分的原因在于，通常认为减贫政策目标中如果不包含促进劳动的制度设计，那么大多数减贫项目对于劳动供给难以产生显著的激励作用。而有条件现金转移支付的理论基础是以目标群体劳动或达到指定要求为前提的现金转移支付，[①]因而能够有效激发农民的主体性，避免贫困治理中的福利依赖现象。[②]基于这一国际常用的分类标准，脱贫攻坚期实施的主要九类现金转移支付政策可以分为如下两种。

无条件现金转移支付（UCT）：包括“农村最低生活保障金”“特困人员救助供养金（含五保金）”“资产收益分红（含光伏收益）”“临时救助金”“医保倾斜帮扶资金”“教育资助补贴”“危房改造补助”。观察可知，上述七类转移支付方案的制度设计均与生产劳动脱钩，属于典型的UCT项目。

有条件现金转移支付（CCT）：包括“生产类补贴”和“公益性岗位补贴”两类转移支付资金。其中，公益性岗位补贴的制度设计主要基于“工作换福利”的思想，带有生产扶贫的性质，能够有效增强贫困人口依靠自身努力脱贫致富的能力与信心。[③]而生态补偿、惠农补贴等各项“生产类补贴”的理论制度设计与生产挂钩，且具体发放方案类似于有条件的现金转移支付。[④]

---

① 郑晓冬、上官霜月、陈典、方向明:《有条件现金转移支付与农村长期减贫：国际经验与中国实践》,《中国农村经济》2020年第9期。

② 左停、王琳瑛、旷宗仁:《工作换福利与贫困社区治理：公益性岗位扶贫的双重效应——以秦巴山区一个行动研究项目为例》,《贵州财经大学学报》2018年第3期。

③ 吴国宝:《用好公益岗位扶贫这一政策工具》,《人民论坛》2018年第29期。

④ 汪三贵、曾小溪:《有条件现金转移支付减贫的国际经验》,《学习时报》2016年2月25日第A2版。

三、有关“现金转移支付政策争议”的经验证据：基于中国脱贫攻坚期转移支付政策的实证分析

（一）现金转移支付对于脱贫群体收入的直接贡献

首先需要指出的是，并非所有的转移支付帮扶资金都会最终形成收入。就个体农户而言，“农村最低生活保障金”“特困人员救助供养金（含五保金）”“资产收益分红（含光伏收益）”“生产类补贴”“公益性岗位补贴”等五类现金转移支付政策能够直接体现“收入增长”，而“医保倾斜帮扶资金”“教育资助补贴”“危房改造补助”则属于“支出减免”类帮扶资金，对收入的贡献通常难以直接获取，其具体金额在国家统计标准中也不计入家庭人均纯收入。另外，“临时救助金”也不属于家庭人均纯收入的计算范畴。综合以上因素，接下来的后续分析与验证内容将围绕前五项现金转移支付展开。

这里利用课题组的大样本调查数据①，整理归纳了各类现金转移支付收入，进而观测不同收入组别农户（依据人均纯收入进行分类）的现金转移支付及其余各项收入在农户家庭收入中的比例。一方面，政府的转移支付资金本身就是低收入农户重要的收入和福利来源，能够客观反映农户整体享受到的政府福利；另一方面，农户收入能够在较大程度上反映经济行为的结果，因而政府现金转移支付视角下的农户收入结构分析不仅能够客观反映帮扶资金对于农户的重要性，也可以体现低收入农户对于转移支付政策的依靠程度。

① 课题组在 6 个省 20 个原国家级贫困县（市、区）共计获取有效问卷 6672 份，其中脱贫户 4472 户，脱贫地区一般户 2200 个。根据实证设计筛除无劳动力农户后，最终实证样本脱贫户 2869 户，一般户 1336 户。

总体上看，全体受访农户平均接受的现金转移支付在家庭纯收入中占比 22.41%。其中，20% 最高收入组贫困户（2021 年已全部脱贫，下同）的现金转移支付资金占家庭纯收入的比例最低，仅为 12.01%。而在 20% 最低收入组贫困户中，现金转移支付在家庭纯收入的比例则高达 34.77%。通过比较 5% 和 20% 最低收入组贫困户以及 20% 中等偏下收入组贫困户的收入结构，三组农户的收入结构高度类似，现金转移支付资金在家庭纯收入中的占比均接近甚至超过 1/3，同时，现金转移支付收入也是上述三组农户家庭收入结构中占比最高的一项。因此，现金转移支付可被视作低收入农户最为仰仗的收入来源。

（二）现金转移支付对脱贫群体收入贡献的进一步分析

上述分析表明，现金转移支付对于低收入农户摆脱绝对贫困、提升家庭收入而言至关重要。然而，上述分析毕竟只是静态层面的比较分析。立足于探究如何以现金转移支付促进低收入农户走向共同富裕，有必要以帮扶资金对于低收入农户经济行为的影响作为政策讨论依据。有部分学者认为政府提供的非劳动性收入容易滋生“收入效应”，进而导致受助群体增加“闲暇”消费、产生负向劳动激励，这也正是国内外产生“现金转移支付政策争议”的原因。有鉴于此，我们运用课题组所掌握的 6 个省、20 个县、2869 个脱贫农户的第一手微观调查数据，以低收入农户的劳动供给反应作为切入点，来验证受助群体获得现金转移支付以后生产、就业的行为差异。基于此项研究的结果与分析，我们希望能够为国内外现金转移支付政策的学术争议提供来自中国减贫实践的典型研究证据，并在此基础上进一步探讨现金转移支付对于低收入农户走向共同富裕可能的贡献。

在具体实证分析中，我们以“资产收益分红（含光伏收益）”作为“无条件现金转移支付”的代理变量，而通过加总“生产类补贴”“公益性岗位补贴”用以反映农户“有条件现金转移支付”的获取情况。鉴于“农村最低生活保障金”的特殊性，我们还对这一政策的效应进行了单独验证。低保金政策的特殊性在于：虽然对于受益对象而言，低保金的发放形式是典型的“无条件现金转移支付”，但是低保的受助对象和领取资格却是“有条件”的。

为准确模拟“现金转移支付”对于低收入农户“劳动供给”的影响，课题组对中西部6个省农户开展了较大规模的入户微观调查。抽样调查主要搜集了2020年农户获取的“农村最低生活保障金”“资产收益分红（含光伏收益）”“生产类补贴”“公益性岗位补贴”等现金转移支付的详细金额，以及2021年农户家庭“务工就业时间”“农业生产投入”相关数据，同时调查了户主特征、家庭人口特征、“两不愁三保障”等相关帮扶政策、经济发展状况等信息作为控制变量。课题组在完成全部调查后对原始数据进行了实证处理：首先，剔除逻辑错误问卷以及家庭无劳动力的样本（剩下2869个脱贫户）；接着，对所需变量进行补充、清洗、加工（例如根据前文政策资金分类将各项现金转移支付加总生成“无条件现金转移支付”和“有条件现金转移支付”两个自变量）；然后，筛选实证研究所需的不同样本和关键变量（例如低保群体、特困群体在领取保障金之余还享有医保、住房等隐性福利，因而对低保户进行单独验证）[①]；最后，完成描述性统计、相关性检验，为实证分析奠定基础。

我们在此不侧重于详细汇报我们的研究过程和研究方法，仅将

① 课题组共计获取了161个特困户样本，其家庭结果主要以单人户为主并总体保持稳定，故在实证设计中不再进行单独验证，将特困户作为控制变量。

我们得到的结论总结如下：

第一，无条件现金转移支付对于低收入农户农业生产投入存在较为显著的负向激励效应。具体来说，无偿性的补贴收入对于低收入农户农业生产投入的替代弹性为 -0.035，即低收入农户每增加1% 单位的无条件现金转移支付，来年将减少 0.035% 单位的农业经营投入；同时，无条件现金转移支付对于务工就业的作用效果并不显著，可见无条件现金转移支付对于农户务工劳动供给并无显著的激励效果，而且无条件现金转移支付对于外出务工并无明显的打破资金流动约束的作用。

第二，与此相反，有条件现金转移支付对于低收入农户农业生产投入存在高度显著的促进作用。低收入农户每得到 1% 单位的有条件现金转移支付，来年会增加投入 0.172% 单位的资金用于农业生产；与此同时，实证结果证实有条件现金转移支付对于低收入农户务工就业供给具有较为显著的正向影响，其劳动供给弹性为 0.059。

第三，低保金当前主要用于满足农民的基础生活需求，纳入低保体系短期内不会对农户经济行为产生明显的激励效应。我们的研究发现低保金对于低保脱贫户与一般脱贫户的农业生产投入和务工就业时间均无显著差异。

表 5-2 概括了我们分析的主要结果。

表 5-2 主要实证研究结果

弹性	农业生产投入	务工就业时间
无条件现金转移支付	-0.035*	-0.050
有条件现金转移支付	0.172***	0.059***
低保金现金转移支付	-0.110	0.019

注："***""**""*"分别表示在 1%、5%、10% 水平上显著。

四、讨论：现金转移支付政策如何有效促进低收入农户走向共同富裕

国内外关于各类现金转移支付政策的研究众说纷纭，其对于低收入群体的作用效果亦存在诸多争议。就中国而言，现金转移支付资金是目前低收入农户重要的收入来源。基层干部对于部分农户“等靠要”的批判言论，也同样引发了社会大众对于中国这些现金转移支付帮扶政策的质疑与担忧。我们通过对中国脱贫攻坚期的贫困户现金转移支付政策进行系统论证分析后发现：无条件现金转移支付容易对低收入农户农业生产投入产生负向激励效果，有条件现金转移支付则对于低收入群体的农业生产和非农就业均存在显著的正向激励。此外，纳入低保对贫困群体短期内的经济行为并无显著激励效应。由此看来，现金转移支付不仅能够提升低收入群体的家庭收入，也会对农户生产、就业等经济行为产生不同的激励效应，不同实施目标和制度设计下的现金转移支付对于农户的作用效果亦有差异。

因此，为了有效发挥现金转移支付政策的正向影响，有必要对政策予以优化，以促进低收入农户走向共同富裕。

（一）优化完善现金转移支付实施方案

目前，中国的现金转移支付方案不仅包含兜底保障和资产分红，也涵盖了产业收益、帮扶就业等可持续帮扶资金。因此，建议进一步强化完善现金转移支付策略，针对不同受助群体特征采取差异化的实施方案。首先，资产收益分红对于农民生产劳动无促进作用，功能单一且效果有限，针对此类无条件转移支付，亟须强化发放资金与家庭产业间的关联，凸显其特惠性与精准性。其次，低保

金现金转移支付的福利陷阱不在于低保金本身，对于该项转移支付政策潜在的“低保捆绑”和“悬崖效应”仍需保持高度警惕。最后，有条件现金转移支付能够有效促进就近就业、鼓励农户生产发展，后续应明晰项目对象、扩大实施范围，助推更多低收入农户实现收入“向上流动”。

（二）对政策帮扶对象进行动态调整

目前，部分脱贫户收入水平已远超农民的平均水平，而有些非贫困户当前收入水平却相对落后。因此，在“十四五”及今后相当长的一段时期，政府现金转移支付及其他帮扶政策的保障对象不宜再完全延续脱贫攻坚期内的政策部署，而应针对新阶段、新形势对低收入农户的重点保障群体进行逐步调整。针对目前收入较高的一般脱贫户的帮扶举措应当尽快退出，而对于部分收入较低的非脱贫户应当尽快将其纳入监测，做到应纳尽纳、应帮尽帮。通过对政策帮扶对象进行动态调整，有助于提高资源配置效率，强化财政现金转移支付帮扶实效。

（三）健全低收入农户常态化帮扶体系

首先，以更高标准强化低收入人口的现金转移支付，构建精准的低收入人口监测与帮扶体系；其次，通过构建财政帮扶资金与产业发展的联系、强化城乡之间的要素流动与产业融合、发挥乡村地区的独特生态环境优势，从而推动初次分配领域的包容性经济增长；再次，通过补齐农村公共服务短板、支持乡村医疗教育事业、提升医保政策资助力度等方式，在再分配领域强化公共服务的益贫性；最后，社会各界对于农民农村的帮扶行动要注重培养受助群体的自我发展能力，在三次分配领域营造可持续的社会帮扶。

第六章 巩固拓展脱贫攻坚成果的案例调研与典型经验

巩固拓展脱贫成果和衔接乡村振兴之间不是非此即彼的关系，而是包含和递进关系。一方面，衔接是巩固拓展的递进，脱贫成果巩固之后，才能考虑接下来如何在脱贫地区和欠发达地区进一步实施乡村振兴；但是，另一方面，巩固脱贫成果和衔接实施乡村振兴不是截然分开的两个阶段，衔接之中和衔接之后仍有巩固任务。因此，巩固脱贫成果的任务不仅应贯穿于过渡期，而且应贯穿于全面实施乡村振兴时期，是实施乡村振兴的应有之义。无论在哪个时期，巩固脱贫成果都是工作任务之一，都必须体现在领导体制、考评体系、政策举措等各个方面。

自 2021 年进入过渡期，脱贫地区在领导机构和政策体系的转向下调整工作重心，在做好本地区巩固拓展脱贫攻坚成果的基础上，逐步推进乡村振兴工作。部分地区深刻把握地方特点、结合过渡期的特征，扎实推动了巩固拓展脱贫攻坚成果同乡村振兴有效衔接，形成了各具特色的案例和典型经验。

第一节 四县巩固脱贫成果案例

课题组于 2021 年 5—9 月前往 LP 县、XH 县、JGS 市（县级市）和 HY 县四县就脱贫县巩固拓展脱贫成果情况进行了实地调研。笔者将以四县的实地调研信息为基础，以案例研究方式分析过渡期第一年四县巩固拓展脱贫成果工作的执行情况。

一、责任落实情况

四县均不再保留原扶贫开发领导小组。其中，XH 县、HY 县、JGS 市原扶贫开发领导小组职能并入县农村工作领导小组，LP 县则成立新的“巩固脱贫攻坚推进乡村振兴领导小组”替代原扶贫开发领导小组职能。四县原扶贫开发领导小组办公室改组为县乡村振兴局，与农业农村局平级（正科级）。

四县驻村工作队陆续开始轮换，完成轮换的新队员已到岗在岗，尚未轮换的老队员仍坚守岗位，帮扶责任继续压紧；巩固脱贫成果新政策新举措加快出台，初步形成以防止返贫动态监测帮扶机制为主要抓手的巩固脱贫成果工作新机制。

二、政策落实情况

义务教育。四县政府聚焦巩固义务教育保障成果，延续或强化了原有的帮扶资助体系。四县在压实“双线四级”责任、逐步加强控辍保学率方面延续了一系列提升教育服务能力、提升教育总体质量的政策，如对因身体原因无法在校读书的学生，提供送教上门服务政策；通过生活费补助、学前教育助学金、高中国家助学金等手段稳固现有教育帮扶体系的“家庭经济困难学生资助工程”政策；强化学生辍学劝返复学工作，清除辍学风险政策；等等。以 XH 县为例，在持续落实政府、部门及学校共同参与的联控联保责任机制的同时，进一步健全和强化了控辍保学工作机制，针对因厌学失学辍学的潜在风险，对全县 64 名存在厌学情绪的学生，实行“一人一策”帮扶台账，提前消除辍学风险。

医疗保障。四县保持了脱贫攻坚期医保政策的总体稳定。在此基础上，有部分县开始对脱贫攻坚期超常规医保措施进行调整。四县稳定脱贫户、监测户及农村低收入人群基本医疗有保障，医疗保险定额资助范围和定额补助标准、大病救助政策、“一站式”结算、慢病签约管理等健康帮扶政策持续稳定。

LP 县对基本医疗保险参保方面进行了强化，对于患有高血压、糖尿病但又达不到医保特慢病评定标准的建档立卡脱贫人口患者及时纳入“两病”管理，提升了补偿报销比例，减少了因病返贫的风险；对监测户和低收入农户，特别是 2021 年新审核纳入的无法享受与脱贫户完全一致的资助补助和帮扶政策的监测户，由民政部门牵头将其纳入帮扶名单，并给予相应的帮扶和资助，包括提高大病报销比例，给予医保缴费补助等，使得监测户和低收入农户基本医疗更有保障。

JGS 市取消了暖心工程，将商业健康保险并入医疗救助，将脱贫攻坚期内开展的重大疾病医疗保险及地方财政兜底等保障措施资金统一并入医疗救助基金，建立基本医疗保险、大病保险、医疗救助三重保障制度，对于不属于低保对象、特困人员和返贫致贫人口的脱贫人口，逐步转为按规定享受基本医疗保险待遇。

住房安全。四县延续或强化了脱贫攻坚期内住房安全的相关政策，部分县将政策覆盖范围由脱贫户向低收入人群转变。稳定脱贫户、监测户及农村低收入人群住房安全有保障。四县均建立了住房安全动态机制，通过部门数据互享、强化农村危房动态监测、开展农房抗震改造和建立灾后排查制度等方式确保农村低收入群体等重点对象住房安全。在 2021 年上半年，均开展了排查危房的行动，发现了部分新增C级、D级危房和抗震等级（烈度8级）不达标住房，新增的危房和不达标住房部分已得到解决，未解决部分根据各地不同情况预计都将在今年年底得到解决。

XH县围绕持续巩固住房安全保障，强化了农村危房动态监测，截至评估时点，共开展动态监测检查4次；并设立住房安全保险，针对当地地质灾害频发、农户负担能力不足等问题，县财政投入50万元，按1000户规模为农户购买农村住房安全保险，从机制上解决住房安全增量、变量问题。

JGS市2021年继续实施农村危房改造，拓宽了补助对象范围，在原有“4类重点人群”基础上，新纳入因病因灾因意外事故等刚性支出较大或收入大幅缩减导致基本生活出现严重困难家庭、农村低保边缘家庭和7度及以上抗震设防地区住房达不到当地抗震设防要求、有意愿有能力且符合条件实施抗震改造的农户；建立农村低收入群体等重点对象住房安全动态监测机制，落实农房日常安全巡查报告制度；为减轻自然灾害等原因对农户住房和生活的影响，鼓励通过财政贴息等政策引导保险机构设立“农村住房安全保险”险种，加大对农村住房安全保障的信贷支持，切实保障农村低收入群体等重点对象住房安全。

饮水安全。四县均延续或强化了脱贫攻坚期内饮水安全相关政策，稳定脱贫户、监测户及农村低收入人群安全饮水有保障，水质、取水便利程度符合国家标准。JGS市和XH县围绕巩固饮水安全保障成果，采取了一定举措进一步强化了饮水安全保障水平，如JGS市建立了“政府主导、市场化运作、企业化经营、建管养一体”的城乡供水一体化模式，提升农村人口饮水安全保障。XH县对全县农村供水工程进行全面摸排，以发现设施设备管护方面的问题并妥善解决；设立500万元到村到户安全饮水工程管护维修基金，从机制上解决后续管理维护资金的来源问题。

HY县在脱贫攻坚期间解决了千百年吃水难的问题，建立了“大网格”+“小网格”无缝对接的供水工程运行网格化管理机制。2021年，HY县制定了《巩固拓展安全饮水成果工作方案》。在安全饮水问题解决后，HY县着力提升农村饮水管理的自动化、信息化水平，提升工作效率，与宁夏水务投资集团有限公司签订了人饮工程运行管理合作协议。截至2021年4月，全县所有乡镇的农村饮水安全运行管理全部移交给该公司，实现了全县城乡水务一体化管理。

三、工作落实情况

建立防止返贫动态监测和帮扶机制。目前四县防止返贫监测机制均已经建立并常态化运行，在巩固拓展脱贫攻坚成果、健全完善防止返贫监测和帮扶机制的工作中发挥着重要作用。

四县防止返贫动态监测和帮扶机制均有一个逐渐转型完善的过程。为积极贯彻巩固脱贫攻坚成果的相关要求，四县于2019年开始对脱贫人口进行动态管理，主要监测建档立卡贫困户中脱贫不稳定户和边缘易致贫户两类对象。在动态管理基础上，四县后续建立了防止返贫致贫的监测预警体系，结合县乡各行业部门优化推进重点监测人群的识别、纳入、干预工作，对确定的监测对象分类精准施策进行帮扶。在2021年四县乡村振兴局正式揭牌成立后，即由县乡村振兴局承担防止返贫动态监测和帮扶工作具体业务，在监测对象中新增了年人均纯收入超出防止返贫监测范围，但因病因灾因意外事故等突发状况，导致基本生活出现严重困难存在返贫致贫风险的突发困难户。

四县均制定了相关标准，将符合条件的返贫致贫人口及时纳入监测系统并开展帮扶。参照履行认定程序前12个月内家庭成员收入的总和计算年人均纯收入，以脱贫攻坚期国家扶贫标准的 1.5 倍 (6000 元) 作为监测范围，综合物价指数变化、农村居民人均可支配收入增幅和农村低保标准等因素，每年动态调整；将返贫致贫风险细分为因病、因学、因残、因自然灾害、因意外事故、因产业项目失败、因务工就业不稳、缺劳动力等，由相关行业部门结合实际逐项研究确定各类风险的预警标准。

四县统筹政府、市场和社会资源，开展多种监测方式，完善防止返贫监测和帮扶机制，提升响应速度和防贫实效。其中 XH 县采用农户不定期自主申报与基层干部常态化排查两种监测方式落实监测工作，另外三县在此基础上还增加了县级行业部门定期筛查方式或部门自上而下筛查的方式优化推进重点监测人群的识别、纳入、干预工作。四县虽在监测方式方面有些许差别，但均实现了实时动态管理，对确定的监测对象分类精准施策进行帮扶，做到了早发现、早干预、早帮扶。（见表 6–1）

表 6–1　截至 2021 年 6 月底四县防止返贫监测户具体情况

地区	监测户类型	监测户数 / 户	占全县农村总户数比例	监测人数 / 人	占全县农业户籍人口比例
XH 县	防止返贫监测户	3956	—	18165	—
	其中：脱贫不稳定户	1758		8176	
	边缘易致贫户	2198		9989	
	突发严重困难户	0		0	
LP 县	防止返贫监测户	1527	0.87%	5592	1.31%
	其中：脱贫不稳定户	656		2465	
	边缘易致贫户	832		2961	
	突发严重困难户	39		166	
JGS 市	防止返贫监测户	113	2.34%	370	0.61%
	其中：脱贫不稳定户	47		143	
	边缘易致贫户	62		210	
	突发严重困难户	4		17	

续表

地区	监测户类型	监测户数／户	占全县农村总户数比例	监测人数／人	占全县农业户籍人口比例
HY 县	防止返贫监测户	1861	1.42%	7765	2.14%
	其中：脱贫不稳定户	587		2723	
	边缘易致贫户	1112		4376	
	突发严重困难户	162		666	

资料来源：对四县的实地调研数据。

注："—" 表示缺该项数据。

加大易地搬迁后续帮扶力度。四县按照集中安置与分散安置相结合、以集中安置为主的方式，立足自身水土资源条件、经济发展环境，合理选择和建设了数个集中安置点。充分考虑搬迁后续产业发展和就业接口，提升安置区就业，产业组织化程度，发展扶贫车间，引导搬迁群众参与产业发展，通过开展就业培训服务，提高搬迁群众就业技能，促进搬迁群众就地就业增收。并实施了一系列优化易地扶贫搬迁安置区社区管理，促进搬迁群众社会融入的政策措施。

LP 县在工业园区、集中安置点推行"支部＋物业＋网格＋楼栋"管理模式，在行政村、自然村安置点推行"支部＋自管委"模式，每个安置点明确不少于 1 名管理人员、1 名保洁员，完善管理员制度，实现搬迁群众管理全覆盖。各个安置点居民就业状况良好，收入较去年同比均有增长，生产生活条件明显改善，总体实现了搬得出、稳得住、有就业。

稳定产业发展及产业帮扶政策。四县扶贫产业发展及产业帮扶政策措施持续、稳定，延续了脱贫攻坚期内的相关政策。攻坚期内，四县政府积极引导龙头企业与脱贫户、边缘户建立联系紧密的利益联结机制，实现"带得稳""绑得牢"的产业帮扶机制；加大扶贫小额信贷投放力度，切实满足贫困群众生产资金需要；大力推动农林产业发展，结合当地自然条件，编制产业发展规划，鼓励脱贫人口发展特色农作物，推动建设特色优势产业示范基地。但需要指出的是，XH 县的调研也显示，51% 的调研户在脱贫攻坚期内通过将产业帮扶资金入股合作社、企业获得分红，户均入股 1 万元，年均分红 800 元，这一政策将于 8 月到期，后续如何处理目前当地还没有明确。

JGS 市 2021 年继续实施“四个一”（“一户一丘茶园，一户一片竹林，一户一块果园，一户一人务工”）产业帮扶模式，鼓励引导群众大力发展茶竹果富民产业。据我们对 7 个村的调研，2021 年产业到户扶持类资金均未调整，延续脱贫攻坚期措施。2021 年上半年，参与“资金入股分红”、合作社（龙头企业）带动的样本稳定脱贫户、样本监测户仍在继续享受入股分红和合作社带动，其中部分合同还未到期，部分续签了合同或重新签订了合同。目前产业发展状况及收益仍较好。

持续巩固实施积极就业政策。2021 年上半年，四县均继续实施积极就业政策，加大稳岗就业力度。四县脱贫人口务工人数较 2020 年均有增加，帮扶对象就业比例稳步提升。各地实施了不同的政策，对参加技能培训和外出务工的贫困劳动力减免或补贴交通费、务工费、体检费、防护用品费等费用；对有就业需求意愿的帮扶对象，积极提供政策咨询、职业指导、岗位信息推荐等服务鼓励就业。各地公益性岗位政策措施基本无调整，保持了乡村公益性岗位规模总体稳定，以兜底保障为出发点，对“无法外出、无业可扶”且有能力胜任岗位工作的脱贫劳动力，开发乡村公共服务岗位。

进入过渡期，XH 县将就业务工作为巩固拓展脱贫攻坚成果的重点，继续落实脱贫人口就业帮扶措施。2021 年就业务工帮扶资金投入规模总体稳定、力度不减，县财政安排1800万元就业帮扶资金，对脱贫户和防止返贫监测户外出务工给予交通补贴；安排600万元，对县内经济组织吸纳务工进行奖补；安排100万元，落实创业担保贷款等就业优惠政策。从入户调研情况看，283户脱贫户外出务工人数总体保持稳定，较2020年全年下降2.51%。其中，县内、乡内务工人数分别下降13.95%和10.17%。省外、县外务工人数相应增长2.96%和22.73%。外出务工有向省外、县外转移的趋势。各类务工月工资水平与去年基本持平。截至2021年5月，务工人数已与2020年全年务工人数、工资水平基本持平，预计年底前将超过去年全年水平。

四、巩固成效

“两不愁”情况。全部调研户均表示吃饭穿衣没有问题，平时不仅能“吃得饱”，还能“吃得好”，有足够的应季衣服、被子和鞋子，生活质量明显提升。

“三保障”和饮水安全方面。XH县、JGS市、HY县全部调研户义务教育适龄儿童，除JGS市一人出于身体原因不具备条件接受送教上门外，其他儿童均实现就近入学接受教育，无义务教育阶段辍学情况。课题组在云南LP县进行入户调查时发现，2021年有一户边缘易致贫户家庭学生厌学情绪严重，多次劝返后仍不愿意上学。除此之外，LP县其余家中有义务教育阶段适龄儿童的均正常前往学校读书。

四县脱贫人口参保率稳定为100%，实现了建档立卡脱贫人口100%参加基本医保和大病保险。每个调研村都有标准化村卫生室和1～2名合格村医，各村村民能够及时前往村卫生室就医。

四县均建立了住房安全动态机制，有专人负责片区巡查和走访调查，能及时发现因自然灾害等造成的危房，并及时处理，确保农户住房安全。

四县所有调研村均有自来水入户，不存在单次取水往返时间超过 20 分钟及一年中连续缺水时间达 30 天以上的情况。但受自然禀赋制约，水源不稳定、管护不到位、资金短缺等限制，饮水安全保障仍存在隐患。由于各地地理位置、资源禀赋的不同，各地安全饮水政策应着力解决的问题也不同。云南 LP 县部分村由于相对复杂的地形地质结构，降雨时空分布不均等条件导致季节性缺水村依旧存在。调研的 90 个稳定脱贫户中，15 户饮用水窖水，这部分农户饮水保障仍待提高。甘肃 XH 县由于自然灾害频发,年均降水量小，导致该地供水系统维护成本高、难度大，冬季冻管断水风险高，居民饮水安全问题仍有隐患。

收入方面。关于收入，由于调研在 2021 年上半年开展，课题组调研的是四县调研户 2020 年的收入情况。四县中，JGS 市于 2017 年率先在全国脱贫摘帽，LP 县于 2018 年摘帽，这两个县 2020 年的农户收入状况可以反映其脱贫摘帽后的状况；XH 县和 HY 县均于 2020 年摘帽，其农户收入状况仅可作为参考。

在实地调研的 850 个农户中，2020 年家庭人均纯收入最低为 -6364 元（因投资枸杞产业经营成本过高导致收入过低），最高为 301233.3 元，平均为 16446.81 元；其中 154 户一般农户家庭人均纯收入（平均值）最高，为 25278.95 元，181 户监测户家庭人均纯收入（平均值）最低，为 13174.75 元，515 户稳定脱贫户家庭人均纯收入（平均值）为 14955.73 元。（见表 6-2）2020 年家庭人均纯收入低于 6000 元的有 53 户，占全部调研户的 6.24%。主要是因疫情、突发性事件、家中有人去世等影响，出现暂时性收入减少，截至 2021 年上半年，基本生活保障均无碍。

表 6-2　2020 年四县调研户家庭人均纯收入

地区	指标	稳定脱贫户	监测户	一般农户	全部调研户
JGS 市	户数 / 户	103	11	81	195
	最低值 / 元	4275	4913	4552	4275
	最高值 / 元	202199.2	23676	142857.14	202199.2
	均值 / 元	15851.84	13191.61	22720.45	18555.89
LP 县	户数 / 户	90	57	38	185
	最低值 / 元	5150	3549	8325	3549
	最高值 / 元	61145	42440	301233.3	301233.3
	均值 / 元	18718.3	12601	35874.5	20624.2
XH 县	户数 / 户	232	51		283
	最低值 / 元	2225	5003.54		2225
	最高值 / 元	72673.34	20028.14		72673.34
	均值 / 元	11680.72	10349.24		11440.77
HY 县	户数 / 户	90	62	35	187
	最低值 / 元	6585.83	-6364	6253.33	-6364
	最高值 / 元	203442	8379.76	60000	203442
	均值 / 元	18609.85	16023.45	19696.3	17955.67
总计	户数 / 户	515	181	154	850
	最低值 / 元	2225	-6364	4552	-6364
	最高值 / 元	203442	42440	301233.3	301233.3
	均值 / 元	14955.73	13174.75	25278.95	16446.81

资料来源：对四县的实地调研数据。

注：实地调研未调查 XH 县一般农户 2020 年收入。

从 2020 年收入结构看，515 户稳定脱贫户的工资性收入在家庭人均纯收入中占比最高，为 66.58%，其次是经营性净收入，占比为 19.66%，转移性收入占比为 11.99%；181 户监测户的工资性收入占比最高，为 55.96%，其次是经营性净收入，占比为 21.47%，转移性收入占比为 20.17%；154 户一般农户的工资性收入占比最高，为 61.63%，其次是经营性净收入，占比为 33.21%，转移性收入占比为 4.98%。可以看出，全部调研户主要收入来源为经营性净收入和工资性收入，财产性收入在全部调研户的收入结构中所占比重均不高。可见做好稳定脱贫户、监测户稳岗就业保障工作对巩固脱贫攻坚成果尤为重要。

总的来看，人均纯收入中，一般农户经营性净收入的占比明显高于监测户和稳定脱贫户；稳定脱贫户和监测户转移性收入占比则明显高于一般农户，其中监测户中转移性收入的占比最高为28.21%（HY县），最低为15.20%（LP县）。可见兜底保障工作在消除贫困、改善民生方面具有重要意义；也从另一方面提示，监测户自主造血能力尚待加强，仍未能充分发挥生产积极性，存在增收渠道拓宽不足的弊端。（见表6-3）

表6-3　四县调研户家庭收入结构

地区	指标	稳定脱贫户	监测户	一般农户	全部调研户
JGS市	户数／户	103	11	81	195
	经营性净收入占比	16.88%	7.94%	35.57%	24.14%
	工资性收入占比	73.04%	68.80%	63.06%	68.66%
	财产性收入占比	1.66%	2.37%	0.04%	1.03%
	转移性收入占比	8.41%	20.89%	1.33%	6.17%
LP县	户数／户	90	57	38	185
	经营性净收入占比	31.30%	29.70%	38.70%	33.60%
	工资性收入占比	60.40%	50.40%	58.80%	58.10%
	财产性收入占比	3.20%	4.70%	0.20%	2.40%
	转移性收入占比	5.00%	15.20%	2.30%	5.90%
XH县	户数／户	232	51		283
	经营性净收入占比	9.04%	9.77%		9.15%
	工资性收入占比	80.59%	73.13%		79.40%
	财产性收入占比	1.48%	1.32%		1.45%
	转移性收入占比	8.90%	15.78%		9.99%

续表

地区	指标	稳定脱贫户	监测户	一般农户	全部调研户
HY 县	户数／户	90	62	35	187
	经营性净收入占比	38.57%	25.92%	21.77%	31.38%
	工资性收入占比	29.28%	44.66%	61.39%	40.42%
	财产性收入占比	1.10%	1.22%	0.49%	1.01%
	转移性收入占比	31.04%	28.21%	16.35%	27.19%
总计	户数／户	515	181	154	850
	经营性净收入占比	19.66%	21.47%	33.21%	22.80%
	工资性收入占比	66.58%	55.96%	61.63%	63.72%
	财产性收入占比	1.75%	2.41%	0.18%	1.46%
	转移性收入占比	11.99%	20.17%	4.98%	12.01%

资料来源：对四县的实地调研数据。

注：实地调研未调查 XH 县一般农户 2020 年收入。

外出就业情况。根据实地调研，四县 2021 年上半年外出务工情况各有不同，但预计收入均高于或与上年同期水平持平。

其中 JGS 市就业创业部门采取就业援助、技能培训、创业扶持和政府兜底保障等手段，优化就业创业各项扶持政策，积极推动帮扶对象外出务工，简化交通补贴申领手续。2021 年上半年共发放交通补贴 161.24 万元，补贴帮扶对象 3450 人。HY 县 2021 年因遭遇严重旱灾，有种植业经营的脱贫户和监测户的家庭经营性收入预计会有所下降。但临时外出务工人数也将有所增加，因此，农户工资性收入会有所增加。XH 县调研的 2 个安置点的 62 户搬迁户，目前外出务工 130 人，与 2020 年全年持平，每户均实现至少一人就业，总体较为稳定。2021 年前 5 个月人均纯收入 8276.79 元，已达到 2020 年收入的 54%，预计全年将较 2020 年进一步增加。LP 县调研的外出务工人数、月平均工资水平与2020年整体保持不变。截止到6月底，调研户务工时间已达到2020年的一半；185户调研户户均就业务工收入22936.4元，达到2020年的47.3%，其中，90户稳定脱贫户与57户监测户2021年上半年的就业务工收入也均达到2020年全年的50%以上。

五、对案例县巩固脱贫成果的基本判断

案例县已建立巩固脱贫成果责任和工作体系。四县均已从领导机制和机构设置方面落实巩固脱贫成果责任，并与乡村振兴战略相衔接。四县把握阶段性特点和重点，突出抓好防止返贫动态监测和帮扶机制的健全和落实，注重保持易地搬迁后续帮扶、脱贫地区产业、脱贫人口就业等重点工作的连续性。

案例县“两不愁三保障”成果持续稳固。四县调研户均吃穿不愁。四县教育帮扶资助体系继续延续，控辍保学力度不减，脱贫人口、监测户以及农村低收入人群基本义务教育有保障。调研户中，除身体原因不具备学习条件者外，2021年上半年仅有1户边缘易致贫户家庭的1位初二学生因厌学情绪严重而暂时性辍学，其他户的义务教育阶段适龄儿童均正常在校读书。四县稳定脱贫户、监测户及农村低收入人群基本医疗有保障，脱贫人口参加基本医疗保险比例均达到100%。四县均建立了住房安全动态机制，有专人负责片区巡查和走访调查，能及时发现因自然灾害等造成的危房，并及时处理，确保农户住房安全。调研户中未发现脱贫人口、监测户及农村低收入人群住房安全问题，住房安全有保障。调研户均不存在单次取水往返时间超过20分钟及连续缺水时间达30天以上的情况，水质符合国家标准，安全饮水有保障。

案例县巩固脱贫成果工作有两个亮点。一是逐步构建完善了防止返贫监测预警帮扶机制。四县于2019年开始对脱贫人口进行动态管理，主要监测建档立卡贫困户中脱贫不稳定户和边缘易致贫户两类对象。在此基础上，四县后续逐步建立完善了防止返贫致贫监测预警和帮扶体系。多样化监测。四县均在自上而下的基层干部常态化排查和部门比对排查基础上，增加了农户自下而上申报监测方式，确保将具有返贫风险的农户及时纳入监测系统。以JGS市为例，多数调研户家中墙上有自主申报二维码，且知晓自主申报事宜。2021年上半年，除收集各有关行业部门预警线索400余条外，还通过农户自主申报66条，核实确认1条并纳入突发严重困难户。及时预警。四县均由相关行业部门结合实际逐项研究确定各类风险的预警标准，对防止返贫风险发生户及时预警和帮扶。例如，HY县各部门利用现有的数据平台，采取“一月一比对、一月一分析、一月一反馈”的方式，对风险户及时预警和帮扶。2021年纳入的样本监测户从纳入到享受帮扶措施的时间间隔仅0.4个月，明显低于2019年的2.4个月和2020年的2个月。精准帮扶。四县对确定的监测对象，根据其返贫致贫风险，分类精准施策进行帮扶。

二是帮扶政策体系开始向长效性、常态性、普惠性帮扶政策转变。2021年上半年，四县在延续产业、就业、住房以及饮水等重点政策基础上，开始对帮扶政策实施分类优化调整，精准推动部分临时性、超常规、特惠性帮扶政策向长效性、常态性、普惠性帮扶政策转变，为巩固脱贫攻坚成果、接续全面推进乡村振兴奠定了坚实基础。例如，JGS市在保持健康扶贫政策基本稳定的基础上，调整脱贫攻坚期超常规保障措施，将不属于低保对象、特困人员和返贫致贫人口的稳定脱贫人口，逐步转为按规定享受基本医疗保险待遇；将边缘易致贫户纳入脱贫人口小额信贷政策的支持对象，并加大了信贷投放力度；拓宽危房改造补助对象范围，新纳入因病因灾因意外事故等刚性支出较大或收入大幅缩减导致基本生活出现严重困难家庭、农村低保边缘家庭，并建立了农村低收入群体等重点对象住房安全动态监测机制。HY 县将危房改造对象由 2020 年的四类重点对象（建档立卡户、低保户、分散供养特困户、残疾人家庭）调整为农村易返贫致贫户、其他脱贫户、农村低保户、农村分散供养特困人员、因病因灾因意外事故刚性支出较大或收入大幅缩减导致基本生活出现严重困难家庭、农村低保边缘户等六类重点对象。LP 县调整优化产业帮扶利益联结机制，通过龙头企业绑定农民专业合作社（家庭农场、种养大户）及农户，形成稳定的“双绑”利益联结。

第二节　部分县巩固脱贫成果的典型经验

课题组于 2022 年 7—9 月前往 ZA 县、SD 县、HY 县和 WY 县四县就脱贫县巩固脱贫成果情况开展调查、结合当地工作情况开展深度专题调研。接下来的内容是课题组成员在深度专题调查基础上挖掘出的在过渡期值得推广和借鉴的典型经验。

一、着眼小问题，解决大痛点——ZA 县配建“五小设施”强化搬迁后续扶持实效

ZA 县地处秦岭南麓，是“九山半水半分田”的山区县。“十三五”以来，ZA 县累计新建搬迁社区 55 个和集中安置点 59 个，顺利实现搬迁 8043 户 27399 人，分别占全县脱贫户和脱贫人口的 40% 和 45%。针对搬迁群众适应新居过程中的迫切需求，ZA 县进行广泛摸底调查，确定将后扶工作的首要着力点聚焦于“吃菜难、购物难、

仓储难、办事难、丧葬难”五个方面。通过因地制宜探索配套小菜园、小超市、小库房、小组织、小公墓“五小设施”，有效地解决了搬迁户的急难愁盼问题，让搬迁群众真正实现了“稳得住”，这对于生态脆弱山区如何切实做好易地搬迁后续扶持工作具有重要借鉴意义。

一是流转土地落实“小菜园”，解决百姓吃菜难问题。“有种小幸福，叫吃着自己种的菜。”长期以来，ZA县农民习惯于耕耘房前屋后的小菜园，每天吃着自种的新鲜蔬菜。这既是百姓日常食材供给的习惯，也早已成为农民每日幸福的来源。摸排情况显示，全县有4000余户搬迁群众存在自家种菜的迫切需求。为此，县移民局首先牵头组织各镇（办）、村（社区）对各安置小区附近的耕地、闲置地、“五边地”以及荒废地进行逐处排查，累计清理4500余块共147.26亩土地。其次，采取“政府搭桥、群众自愿、流转土地”的土地管理模式，社区与搬迁户签订协议流转分租到户，并以低租或者免费的方式优先保障低保户、失能户等弱势群体的种菜需求，累计签订协议近4000份。最后，以物业公司或村代管的方式对各片菜园进行动态管理，及时回收常年举家外出家庭的小菜园，再整理、再分配，防止菜地闲置撂荒。截至2022年底，全县安置点已流转菜地4103块约154亩，保障了4128个搬迁户的种菜需求，解决了全县一半以上搬迁户的吃菜难题。

二是就近开办便民小超市，解决日常购物难问题。实践来看，提供便民服务是保障群众“长住久安”的一种有效方式。由于居住环境变更、农村电商相对滞后，搬迁农户就近购买生活用品的需求常常无法满足。察觉到这一需求后，ZA县以配套“小超市”作为解决搬迁群众购物难问题的发力点。首先，统一为全县59个集中安置点至少配备一个便民小超市，通过完善设施促进搬迁户实现社区融入；其次，对于距离集镇较远的中心村安置点，鼓励安置点内有经营头脑的常住搬迁人口，利用自家安置房或政府帮助协调租用空置房等方式自主兴办小超市；最后，针对行动不便的安置点住户，超市经营者通过提供不定期上门服务的形式将供应的大米、食用油、调味剂等生活必备物资点对点配送到户，从而更好地满足受助群体的日常消费需求。伴随各安置社区便民小超市的持续推进，柴米油盐不再难买，“小超市”带来了“大幸福”。

三是统筹资源整合“小库房”，解决仓储难问题。过去，ZA县农户住房多依山而建，房屋间距充足，立体空间较大，因而屋后、山前、仓储间均是农户存储农机具以及设置加工间的场所。搬迁后，农户原先旧宅的生活物资、农机等生产工具、磨面与制作豆腐等生产场所无法同步安置，因而配备仓储空间成为部分搬迁群众的迫切需要。对此，ZA县多方筹措资金为搬迁户新建、改建生活临时用房，并按照“精简节约、合理利用”的原则，用活安置小区内部的闲置空间、小区周边的闲置房，为确实存在仓储需要的搬迁群众原则上提供不超过20平方米/户的过渡用房，解决了搬迁群众大宗物品的存放难题。截至2022年底，全县安置点改建新建小库房1.2万平方米，为2350户具有仓储用房强烈需求的搬迁户落实了“小库房”，较好地解决了搬迁群众的仓储难题。

四是因地制宜单独成立小组织，解决办事难问题。易地搬迁后，很多搬迁群众居住地与户籍所在地村委会距离较远，办事很不便利，再加上多数家庭青壮年外出打工，留守的老人和小孩居多，办事更是困难。为解决群众办事难问题，县民政局在全县59个易地扶贫搬迁安置点均设立了便民服务室，向群众提供医疗、社保、养老、民政救助等公共服务，让搬迁群众在家门口就能享受到基本民生事项“一站式”服务。对留守老人和儿童实行帮办、代办，有效解决了搬迁群众办事远、办事慢、办事难的问题，让留守在家的搬迁群众办事简单、方便，解除了在外务工人员的后顾之忧。此外，由于搬迁后住房面积有限，搬迁群众办红白喜事没有场所，ZA 县结合各安置点实际情况，对 800 人以上的大型安置点成立红白理事会，分批配套建设红白理事场所，向搬迁点群众提供环保、节俭、文明的管理服务，解决了搬迁群众红白喜事操办难的问题。截至 2022 年 9 月，已为 58 个安置点配建红白理事场所，最大程度地满足搬迁群众操办红白喜事的基本需求。

五是根据民意配套小公墓，解决丧葬难问题。ZA 县保留着传统浓厚的丧葬习俗，“故土难离”的部分老人希望落叶归根，搬迁户中的回族群众也强烈要求就近配建“回民墓地”。对此，ZA 县在充分调研的基础上推行殡葬改革，坚持尊重“传统秩序”、不搞“一刀切”，为有需求的集中安置点合理规划配建小型公墓，实行“双选择”策略，即搬迁群众可以选择回归故土，也可就近就地安葬。截至 2022 年底，全县已建成规模公墓 6 处，规划小公墓 177.5 亩，预留墓穴 8852 个。此外，对于主要分布在各中心村附近的 28 个安置点，依托村“两委”统一划定服务区域，尊重群众意愿，为搬迁群众协调解决丧葬地点。

千头万绪的事，说到底是千家万户的事。ZA 县从搬迁群众需求出发，有针对性地开创“五小设施”举措，瞄准新环境下搬迁群众的刚性需要，帮助他们实现了安心安居，8043 户搬迁户基本实现了稳定融入，在强化易地扶贫搬迁后续扶持的同时，助力拓展脱贫攻坚成果。该项机制以搬迁群众的需求为导向，通过瞄准困扰搬迁群众的小问题，解决了搬迁群众难稳住这一大痛点，真正做到了解决小困难、助推大民生，有利于做好易地扶贫搬迁的“后半篇文章”，真正实现“搬得出、稳得住”，进而走向“逐步能致富”之路，为易地搬迁后续扶持工作提供了有益的地方实践。

二、SD 县迎来种业“芯”动能

习近平总书记指出:“农业现代化，种子是基础，必须把民族种业搞上去，把种源安全提升到关系国家安全的战略高度，集中力量破难题、补短板、强优势、控风险，实现种业科技自立自强、种源自主可控。”[①] 近年来,SD 县委、县政府积极贯彻落实习近平总书记关于打好种业翻身仗的决策部署，响应国家种业振兴号召，主动对接现代化农业高科技龙头企业，勇闯“育繁推一体化”的种业发展道路。并通过“党支部＋公司＋村集体合作社＋农户订单种植”的运行模式，实现政府、企业、农户等多主体合作互补，开创多方共赢新格局，为当地乡村产业振兴提供种业“芯”动能。

SD 县是当地马铃薯主要种植基地，但种薯产业发展严重滞后。2020 年,中央经济工作会议把“解决好种子和耕地问题”列入 2021 年八项重点任务之一，指出“要开展种源‘卡脖子’技术攻关，立志打一场种业翻身仗”[②]。2021 年,中央“一号文件”再次对“打好种业翻身仗”作出顶层设计和系统部署。在此背景下,SD 县立足于国家粮食安全和种业振兴战略需求，全面统筹规划，围绕自身“中国薯都”核心种植区的优势，积极引进推广马铃薯种薯繁育、种植等项目，致力于马铃薯种薯主导产业发展。同时，深入探索种薯产业发展联农带农模式，以种业创新夯实乡村产业振兴基础，让更多农民参与到产业发展当中，分享产业增值收益。

从无到有，为传统产业注入“芯”科技。近年来，随着人民生

① 习近平:《论“三农”工作》，中央文献出版社，2022，第 130 页。

② 中央农村工作领导小组办公室组织编写《习近平关于“三农”工作的重要论述学习读本》，人民出版社、中国农业出版社，2023，第 43 页。

活水平的不断提高，马铃薯主粮化地位愈发凸显，相比商品薯，种薯具有更高的经济价值和显著的比较效益优势。培育马铃薯原原种，不仅可以为传统产业拓宽国际国内市场，突破长期以来制约农户的增收瓶颈，也可为推动农业科技进步、保障国家粮食安全贡献力量。近年来，SD 县政府积极与内蒙古希森马铃薯种业有限公司（以下简称“希森公司”）对接交流。2020 年，在种子问题的顶层战略部署下，SD 县更加坚定了发展信心，铆足干劲，依托希森公司在马铃薯“育繁推一体化”中的科技优势，积极研发适宜 SD 县旱作生产和市场需求的良种，逐渐形成年繁育脱毒苗 1.5 亿株、原原种 4 亿粒的产能规模，构建起完整的脱毒种薯三级繁育体系。当前，马铃薯扩繁示范和良种繁育面积稳步增长，已实现“希森 1 号、3 号、4 号、5 号、6 号、8 号”6 个优良品种原原种的繁育，种薯经营市场趋于活跃。制种产业稳步发展的同时，SD 县也完成了马铃薯产业链的向前延伸，市场竞争力大大提升。

从少到多，能人示范带动小农户“芯”发展。为了推动小农户参与到马铃薯种薯繁育产业中，SD 县采取了“政府建、企业租、能人带、农民种”的模式，即政府出资建设温网式大棚，希森公司整体承租大棚，交给合作社经营管理，农民向合作社租赁大棚种植原原种。项目之初，当地并没有种植原原种的经验，农户普遍不愿冒险种植，在 2019 年即项目开展的第一年，政府建设的 56 个大棚，仅村支书和本村一名大户分别主动承包了 8 个、30 个大棚，其余大棚均被闲置。由于希森公司提供统一供苗、统一指导、统一培训、统一标准、统一回收“五统一服务”，农户种植难度低、风险小，并且种植原原种的收益远远高于传统的马铃薯，当年一个大棚即实现了 1 万多元的纯收入。第二年起，受到鼓励的农户的积极性大大提升，政府整合京蒙协作资金和衔接资金，也在不断扩大大棚规模，现已建成 443 座温网式大棚，全部交由脱贫户租赁种植，每户 1 ~ 2 个大棚，供不应求。

从散到合，多方参与造就共赢“芯”格局。在积极探索中，SD 县已经实现了成熟的“党支部 + 公司＋村集体合作社＋农户（脱贫户）订单种植”的运行模式。其中，党支部作为推动产业和村集体经济发展的第一责任人，发挥“统”的作用，积极对接各方主体需求，引导项目顺利落地。希森公司垫资提供种苗，负责技术指导、原原种回收。与此同时，希森公司可获得质量、产量双保障的原原种供给，实现扩产增收。村集体成立专业合作社，吸收本村农户为社员（以脱贫户为主），负责大棚原原种的生产种植，同时政府租给希森公司大棚的收益，全部作为村集体经济，现有大棚共 443 座，涉及 9 个乡镇 48 个村委会，每年为村集体增收 270 万元。农户直接或间接参与到原原种产业中，实现多渠道增收：包括实现土地流转稳增收，截至 2022 年 7 月，原原种的种植基地已流转土地 1340 亩，亩均租金 160 元，每年收入共 21.4 万元；科学经营促增收，农民种植原原种，每座大棚可获得纯收入 1.5 万 ~ 2 万元；带动务工创增收，原原种的种植基地常年辐射带动周边 300 多人季节性务工（其中脱贫人口 200 多人），每人每年增收约 5000 元。2021 年种植基地村民人均可支配收入为 12978 元，相较于 2019 年的 9191 元增长了 41.2%。

种薯产业的发展积极落实了国家粮食安全和种业振兴战略，更有助于 SD 县因地制宜地实现巩固拓展脱贫攻坚成果同乡村振兴的有效衔接。SD 县种薯产业发展中政府、企业和农户优势互补、分工合作的机制，使乡村发展有规划、有抓手，并让企业为乡村振兴添动能，实现集体经济持续稳步增长，把更多的农户吸附到主导产业链上，带动脱贫户稳定增收，带动周边老百姓在家门口务工，真正实现了“县域主导产业发展、龙头企业扩产、村集体经济发展壮大、农民致富增收”的多赢局面。

三、壮士断腕保生态，“退砂”转产促增收——HY县硒砂瓜产业顺利转型

硒砂瓜是西瓜界的“翘楚”，也是HY县地标农产品，凭借个头大、甜度高、价格贵等优势，发展成为该地区的“脱贫致富果”。硒砂瓜中的“砂”，是指在干旱的土地上铺上一层约15cm厚的细砂，砂地抗旱保墒，种出的西瓜品质特别好。然而，随着土地压砂年限的增长，瓜秧“枯萎病”、土壤盐渍化等问题日益增多，土地荒漠化风险加剧，生态持续恶化。为此，中卫市对硒砂瓜产业“重拳出击”，下发了一系列要求清退压砂地的文件。

2021年，课题组初次来到中卫市HY县时正值“退砂”第一年。我们发现，“退砂”群众情绪不稳、因产业调整带来的预期收入下降等系列风险是HY县面临的巨大挑战。时隔一年，课题组再次来到HY县，发现HY县在脱贫产业触碰生态红线时主动进行了产业调整和转型，做出了有益探索。2021年末，全县3.58万亩确权压砂地全部顺利清退，成为中卫市压砂地一次性清退的先行区，同时也帮助瓜农平稳度过产业转型期，在守住生态红线的同时也守住了民心。

（一）“组合拳”化解产业调整风险，保瓜农收入稳着陆

重宣传，思想开导“对症下药”。当地干部首先向群众宣讲生态保护政策，做通思想工作。一方面强调保护生态是守住生存之本的重大战略，提高群众的生态保护意识；另一方面，向群众介绍即将完工的供水工程及政府配套保障措施将带来新的产业发展机遇，解除群众的后顾之忧。2022年入户访谈时，课题组感到虽然“退砂”

对瓜农收入影响较大，但瓜农并无明显不满情绪。

慢转型，“退砂不退瓜”循序渐进。退出压砂种植的目的是改变这种不可持续的种植方式，压砂地除了西瓜，没有其他效益较好的替代作物。因此，HY 县并未采取一步到位直接改种其他作物的方式，而是提出“退砂不退瓜”、稳步调整保增收的思路，确定了以覆膜西瓜为主、其他产业为辅的种植结构。2022 年，全县压砂地退出区域种植覆膜西瓜 1.96 万亩，甜瓜 0.13 万亩，其他农作物 1.29 万亩，休耕 0.2 万亩。

强技术，做示范，“双管齐下”。为防范因西瓜种植方式转变带来的技术风险，HY 县研究制定了一系列配套技术措施，包括退砂地土壤培肥、新品种筛选、覆膜种植、水肥一体化、有机肥替代化肥、配套滴灌设施等。村支书和驻村第一书记还带头流转退砂地种西瓜，示范引领，消除瓜农的转产担忧。

增补贴，做细做实，精准分类。为保证瓜农收入不骤降，配合新的种植方式，HY 县出台了细致的补贴方案，内容涉及机深翻、有机肥、滴灌带、瓜子瓜苗、农膜和水管等，补贴方案覆盖了除水费以外的其他西瓜种植成本，保证瓜农种瓜不亏本。

（二）退砂后的惊喜

HY 县“退砂”后第一年，西瓜覆膜种植情况不如压砂地种植在瓜农预料之中，但产业技术风险仍在可控范围，且新的技术方式也给瓜农带来了意外的便利。一是退砂地进行了深翻，铺设了滴灌带，使种瓜工序简化。二是育苗移栽技术的推广应用使西瓜保苗率提高到 90% 以上，既降低了因干旱造成的折苗，又减少了补苗投入的人工和费用。三是地力提升，生态加速修复。退砂地深耕翻后，土壤中的微生物菌群得以有效改善，蓄墒保墒能力提高；有机肥和生物菌肥的施用加快了土壤的培肥改良；部分地块休耕有利于生态加速修复。

（三）“退砂”后的问题与应对措施

“退砂”的影响主要表现为“一增三降”。一是种植成本增加。压砂地不用浇水，而退砂地需浇 2 次水，费用每亩增加 500 元。二是西瓜产量下降。退砂地西瓜单果重普遍下降，总产下降约 1/2 到 2/3。三是品质下降。失去砂粒阻隔，西瓜甜度有所下降，而且遇到大雨西瓜贴地的一侧易腐烂。四是销售收入下降。西瓜单果重和品质下降导致其商品率下降，瓜贩也较往年减少，使得西瓜价格下跌，2022 年西瓜亩均纯收入比正常年份下降 40% ~ 50%。

针对以上问题，HY 县在初步实践的基础上，以坚持改善生态环境、可持续发展为原则，加紧谋划后续应对措施。一是加快实施供水工程。能够有效保障 HY 县西瓜核心种植区水源的西安供水工程预计于 2023 年底建成运营，其灌区将全部改造为滴灌，同时配套建设高标准农田，能够有效缓解压砂地退出后产业发展和生态修复的用水矛盾，为当地群众增收致富提供更多的选择。二是抓好土壤保护作业。HY 县将继续推广深耕翻作业，示范推广有机肥穴施、生物菌肥施用等技术，促使土壤逐步熟化，土壤有机质和腐殖质含量逐步增加，达到土壤改良培肥、用养结合的效果。三是发挥新品种、新技术示范引领。建立 80 亩良种繁育基地，引进 34 种西瓜新品种，开展品种筛选试验，选择适宜当地种植的西瓜优良品种；推广生物有机肥、硒肥、水溶肥（沼液肥）搭配施用，西瓜病虫害大处方综合防控，水肥一体化滴灌等技术集成应用。四是加大现代农业技术培训。根据未来产业发展需要，有针对性地对瓜农开展节水灌溉、数字农业、智慧农业、精准农业、绿色生产、生物防治、农产品质量安全、现代化养殖等现代农业技术培训，为瓜农产业转型做好技术储备。

（四）“退砂”后的思考与启示

产业调整或转型必然要经历一段阵痛期，HY县在生态红线面前及时刹车，积极转向，确保产业平稳过渡，有效化解转型风险可能带来的社会矛盾，为其他地区提供了有益经验。课题组还注意到，其他一些地区同样面临着产业发展与生态保护之间的取舍。究其原因，主要是一些地方在经济发展过程中，存在以牺牲生态环境的长远利益换取增收的短期利益的现象，违背了可持续发展原则。为此，农村地区尤其是脱贫地区选择产业时绝不能竭泽而渔，必须从长计议，方能生生不息。

四、WY县推出三大金融产品，为乡村振兴注入活水

进入衔接期，随着“三农”工作的重心逐渐转向乡村产业振兴和乡村建设，群众对资金的需求更加突显，特别是一般农户。金融支持较少、发展和建设资金投入不足的难题已经成为当下阻碍脱贫地区巩固拓展脱贫成果的“拦路虎”。为破解困局，2022年以来，WY县围绕乡村产业发展、乡村建设等重点领域，立足县情实际积极创新金融产品，深受老百姓欢迎。

（一）金融产品推陈出新

1.“畜牧贷”助推草牧业发展

草食畜牧业是WY县传统产业，是当地农村居民家庭收入的重

要来源，全县 6.12 万农户中从事养殖业的有 5.11 万户，占比高达 83.5%。2022 年，WY 县创新开发“畜牧贷”，主要支持从事肉牛肉羊养殖的农户、家庭农场、农民专业合作社（小区）、企业，以贷款贴息和奖补政策配套落实，有效激励群众扩大养殖规模。主要措施如下：一是贷款利率上，实行当期贷款市场报价利率。二是贷款额度上，养殖户不超过 15 万元、家庭养殖场不超过 30 万元、合作社不超过 50 万元、养殖小区和企业不超过 100 万元、产业化龙头企业不超过 1000 万元。三是贷款期限上，一般为 3 年以内。四是担保方式上，农户小额贷款以信用贷款形式发放，企业贷款可由承贷银行协调引入农业担保公司担保，有效解决抵押物不足的问题。五是贴息及奖补上，对监测户、脱贫户采取“贷款贴息 + 财政奖补”模式，贷款全额贴息 1 年，第 2 年按照新增基础母畜量达到标准的落实 1 万元至 6 万元额度不等的奖补。对规模场（户）按全额贴息 3 年。对饲草加工企业、牛羊肉分割包装企业按 50% 贴息 3 年。六是贷款用途上，坚持户借户用户还，精准用于发展肉牛、肉羊养殖等草食畜牧业生产经营。七是贷款贴息条件上，为激励扩大养殖规模，贷款对象养殖数量达到一定条件方可享受贴息政策，如农户须达到饲养牛 3 头以上或基础母牛 2 头以上、饲养羊 20 只以上或基础母羊 10 只以上。

2.“富民贷”助推群众增收致富

WY 县全力推行“富民贷”特色贷款产品，针对全县有发展产业项目、有经营能力、有贷款意愿、有较强信用意识的农户，由中国农业银行 WY 支行向符合条件的农户发放免抵押免担保小额经营贷款，单户贷款额度最高不超过 20 万元，贷款期限不超过 5 年，贷款利率执行 1 年期贷款市场报价利率。为保证“富民贷”项目的顺利实施，WY 县还探索建立了以下工作机制：一是风险补偿机制，政府筹集 200 万元作为风险补偿金，按 20 倍向农户提供信用贷款。二是借贷服务机制，按照“农户申请、村级初筛、乡镇审核、县乡村振兴局推荐、银行调查审批”工作程序，及时组织对贷款农户上门走访，有针对性识别、建档和跟进，确保贷款对象精准、贷款流程规范、贷款发放及时。三是建立科学监管机制，积极创新以承贷银行为主体、乡村两级为协助的监管机制，村“两委”、驻村工作队常态化入户走访和重点人员个别走访，实现贷款从发放到收回全程监管，提升农户还款意识和贷款资金使用效果。

3.“建房贷”推动农房新建改建，助推乡村建设

作为甘肃省乡村建设行动示范县，建设美丽宜居乡村是 WY 县接续推进乡村振兴的重要任务。面对农村住房改造提升资金难这一关键难题，WY 县 2022 年起在全县 15 个省级市级乡村建设示范村试点，创新推出“建房贷”信贷产品，以政府资金为杠杆撬动银行信贷和农户自筹资金投入农村居民房屋新建改建。从两个方面激发市场主体活力和防范信贷风险：一是产品设计，面向示范村有意愿建房的群众发放无抵押、无担保、无风险基金，贷款年限 5 ~ 15 年，额度 15 万元以内，利率为长期贷款市场报价利率并按年浮动，前 5 年县级自筹资金全额贴息，从第 6 年开始由农户自付利息，贴息采用“先清后补”方式，还款方式为前 3 年只付息、第 4 年开始分期还款。二是保障措施，成立领导小组，形成住建、金融部门牵头和乡村分级负责的申请推荐机制，充分利用县乡村各级组织推进宣传和推荐，提高试点项目知晓率，扩大覆盖面，让更多群众受益；充分运用银行自主调查审批的放贷机制，强化贷款专业化管理，做好贷款风险防范。

（二）金融产品初见成效

一是有效助推产业发展。截至2022年8月，全县累计发放“畜牧贷”951户10488万元，其中一般农户637户、监测户96户、稳定脱贫户218户；发放“富民贷”728户4600万元，其中监测户6户、稳定脱贫户145户、一般农户577户。“畜牧贷”“富民贷”的创新推出，形成了“贷款+奖补+自筹”的农业产业投入模式，有效解决了特色种养业投入不足的问题，为群众发展马铃薯、中药材、草食畜牧业等特色农业提供了有力的金融支持。二是探索推动乡村建设。积极探索了县域商业银行通过农户贷款模式支持乡村建设的模式。截至2022年8月，全县共发放“建房贷”158户1735万元，为农户新改建房屋、维修院落等提供了资金保障，对于提升住房质量、改善人居环境有着明显的支持效果。三是提升金融服务能力。随着金融产品的创新推广，金融机构服务“三农”、支持乡村振兴的服务触角进一步延伸，服务能力进一步增强，为乡村发展和乡村建设注入了活水，发挥了重要支撑作用。

（三）经验和意义

金融是乡村振兴的重要支撑，金融活则经济活，经济活则乡村兴，乡村兴则百姓富。WY县聚焦产业风险相对较小的传统产业，量身定制“畜牧贷”、全力推广“富民贷”，有利于进一步夯实产业基础，扩大产业规模，带动产业升级，促进农户稳定增收；聚焦农户建房需求，结合村容村貌改善计划，创新开发“建房贷”，有利于推动农户与乡村建设的有机融合、共建共享，激发了乡村发展新活力、释放了乡村振兴新动能。此外，金融活水有效破解了巩固衔接和乡村振兴投入不足的难题，通过拓展金融产品用户范围，推进工作对象逐步由脱贫户、防止返贫监测户逐步向一般农户转变，有利于均衡发力，解决农村发展中的不平衡不充分问题。

第三节　村级经营性扶贫项目资产管理的实地调研案例分析

脱贫攻坚期，脱贫地区多渠道投入大量资金形成了大批经营性扶贫项目资产，通过产业经营、带动就业、土地流转和资产收益分红等多种形式促进贫困户增收脱贫和提高村集体经济收入。

进入衔接期，国家乡村振兴局、中央农办和财政部联合发布了《关于加强扶贫项目资产后续管理的指导意见》(以下简称《意见》)，第一次明确了扶贫项目资产按照经营性资产、公益性资产和到户类资产三类资产进行管理，其中经营性资产又分为具有经营性质的产业就业类项目固定资产和权益性资产两类，主要包括产业基地、生产加工设施、房屋建筑、旅游服务设施、电商服务设施、经营性基础设施、器械设备、光伏电站等固定资产，以及各类资金投入扶贫车间、村集体经济、新型经营主体等市场经营主体形成的股权、债权等权益性资产。《意见》要求，各地在巩固拓展脱贫攻坚成果同乡村振兴有效衔接框架下，建立健全扶贫项目资产的长效运行管理机制，确保项目资产稳定良性运转、经营性资产不流失或不被侵占，为巩固拓展脱贫攻坚成果、全面实现乡村振兴提供更好的保障。

村级经营性扶贫项目资产具有数量庞大、投资内容和形式复杂多样、产权归属于村集体而具有公共物品属性等特征，使得其有效运营管理难度更大，发生损毁或流失的可能性更高。且脱贫攻坚期经营性扶贫项目资产不记账、产权不清晰，相关收益不明确、分配不科学等问题普遍存在。为此，笔者以村级经营性扶贫项目资产为主要研究对象，以SD县、HY县、ZA县、CD县和WY县5个县50个村的实地调查为基础，辅以相关文献梳理，重点研究《意见》出台后，脱贫地区村级经营性扶贫项目资产在后续管理运营中的工作成绩、总结提炼地方的典型经验、发现问题短板并提出对策建议。旨在研究衔接期脱贫地区持续管好用好村级经营性扶贫项目资产，防范化解村级经营性扶贫项目资产后续管理风险，降低集体资产流失风险，使其长期稳定发挥促进脱贫地区增收作用，提供参考借鉴。

一、村级经营性扶贫项目资产后续管理的实践成效和经验做法

（一）实践成效

1. 村级经营性扶贫项目资产清查工作完成情况较好

2021年5月，《意见》出台后，各地均迅速开展村级经营性扶贫项目资产清查核资工作。调查县中的SD县、ZA县、HY县和WY县4个县仅用半年左右时间分别于2021年底前完成了8年脱贫攻坚期内利用各种资金来源（包括各级财政资金、行业扶贫资金、地方政府债券用于扶贫的资金、东西部协作和中央单位定点帮扶资金、省内定点帮扶资金、社会捐赠资金等）形成的村级经营性扶贫项目资产的清查核资和确权登记移交工作。CD县该项工作也正在积极推进中，预计可于2022年底前完成。

2. 多地已制定指导文件明确村级经营性扶贫项目资产归属和管理要求

SD县、ZA县、HY县和WY县4个县均已制定了本县村级经营性扶贫项目资产后续管理办法，明确村级经营性扶贫项目资产清查

核实、登记入账、确权移交、经营管护、收益分配、处置、监管等各环节的责任主体、操作方法等，为村级经营性扶贫项目资产后续管理工作提供指导方案，实现规范化管理。4 个县均建立了县、乡（镇）、村三级经营性扶贫项目资产管理台账，规定产权归村集体所有的经营性扶贫项目资产需按农村集体“三资”管理。此外，SD 县和 WY 县对权益性村级经营性扶贫项目资产的收益率范围，SD 县和 HY 县对村级经营性扶贫项目资产的管护经费来源做出了具体规定。（见表 6-4）

表 6-4　2022 年 9 月调研 5 个县的村级经营性扶贫项目资产核查台账数据

县名	全县脱贫村数 / 个	全县有经营性扶贫项目资产的脱贫村数 / 个	全县经营性扶贫项目资产		全县村级经营性扶贫项目资产		村均经营性扶贫项目资产额 / 万元
			项目数 / 个	资产总额 / 万元	项目数 / 个	资产总额 / 万元	
SD 县	107	107	268	58669	214	43460	406
HY 县	123	21	46	47747	41	5392	257
ZA 县	96	96	839	49933	585	48368	504
CD 县	23	21	230	19143	57	8671	413
WY 县	135	135	157	108581	70	57610	427

（二）经验做法

1. 吸纳外援，开展专业化考核评价

由第三方专业公司对村级经营性扶贫项目资产开展绩效评价，并将村级经营性扶贫项目资产后续管理纳入考核，更加准确和客观地对资产进行监督，提升了资产管理的专业化水平，有效调动了资产管理责任人的积极性。SD 县从 2020 年开始聘请经达会计师事务所对 2014 年以来投入财政扶贫专项资金形成的 50 多个经营性扶贫项目进行绩效评价，项目评估优良率达到 95%。2022 年全县累计建立起 10 个扶贫项目资产管理示范村，以点带面推动全县各乡镇扶贫

项目三类资产后续管理工作。ZA 县各村经营性扶贫项目资产，均聘请专业会计公司进行财务管理，确保账目清楚、管理规范。ZA 县落实经营性扶贫项目资产风险预警机制，建立了县、镇、村、组、片五级监测平台，根据经营性扶贫项目资产运营效益状况，分为运营良好资产、加强监管资产和风险预警资产三类，并把脱贫村经营性扶贫项目资产后续管理作为重要内容纳入乡村振兴战略实绩考核。

2. 调整分红比例、规范协议内容，推动村级经营性扶贫项目资产良性运营

脱贫攻坚期间，地方政府采取了超常规措施推进资产收益分红类项目（权益性村级经营性扶贫项目资产的主要形式），以确保贫困人口收益分红最大化。但由于近年来市场利率下降，部分经营主体认为资金成本太高，协议到期后不愿续签。同时，未约定协议期限、未明确协议到期后入股资金如何处置等属于协议内容约定不规范的问题也较为常见。

衔接期，为减轻扶贫项目资产的经营压力，保证资产能够良性运转，使收益金能够按时缴纳，发挥资产收益项目的社会效益，各地纷纷做出调整，出台改进措施使资产收益分红类村级经营性扶贫项目资产的管理更加规范，更加遵循市场规律，资产运营更加透明和安全。一是调低分红比例。如 SD 县、HY 县和 WY 县的资产收益分红比例普遍由脱贫攻坚期的 8% ~ 10% 下调到 5% ~ 6%，有的分红比例还约定为协议期内逐年递增，以减轻经营主体的前期经营压力。二是规范协议条款。SD 县将资产收益分红协议中必须明确约定收益率、期限、风险承担、管护责任、帮扶责任、退出办法等内容写入文件加以规范，HY 县要求参与资产收益分红项目的经营主体提供固定资产作为抵押物。

3. 制定完善的资产清查流程，提高精准度

各地资产清查工作多是“单向”流程，有的是由上到下清查，即先由行业部门按照档案材料核实，再由乡（镇）、村两级实地核实，有的是由下到上清查，即先由村里实地核实上报，再由乡、县两级与档案材料比对。而 WY 县采用了由行业部门从上到下核对登记，乡（镇）、村从下到上摸底登记，再由行业部门对资产明细登记表汇总比对的“双向”核查登记法，做到账实相符，相比“单向”核查登记法，大大降低了资产漏登的概率。

二、村级经营性扶贫项目资产后续管理中存在的问题

（一）存在漏登和停留于“纸面”的情况

1. 存在问题

一是漏登。HY 县村级经营性扶贫项目资产漏登情况比较明显，其县级扶贫项目资产台账显示，全县仅登记了 41 个村级经营性扶贫项目资产，资产总额为 5392 万元。调查发现，该县使用扶持壮大村集体经济资金投入 122 个脱贫村形成的经营性扶贫项目资产中仅登记了一项 200 万元的资产，2018 年至 2022 年间，HY 县该类资产投入累计达到 1.26 亿元，是已登记村级经营性扶贫项目资产的 2.34 倍。此外，捐赠等其他来源形成的村级经营性扶贫项目资产也存在漏登情况。HY 县调研的 10 个村中有 8 个村有村级经营性扶贫项目资产，存在漏登的有 5 个村，占 62.5%。二是部分地方清查核资工作停留于“纸面”。HY 县资产清查核资工作由行业部门和乡镇政府依据历史财务账目登记录入系统，台账确定后由乡镇反馈给各村，村一级组织并未充分参与，村干部并不清楚哪些经营性扶贫项目资产应纳入和

已纳入了扶贫项目资产台账，工作停留于“纸面”和系统填报。

2. 原因分析

一是领导重视不够。部分县对扶贫项目资产管理工作不够重视，对村级经营性扶贫项目资产使用的资金更是存在“已经花出去的钱只要保证资金当时按照规定使用就没有问题，后续管理是村里的事儿”的心态。二是基层人手不够。干部人手确实有限，工作繁多,必定把精力优先分配到眼下需要考核和检查的工作中。至于县、乡（镇）两级政府需履行的监督职责，由于缺乏激励机制，也很难真正落到实处，即使资产发生了风险，也很难进行追责。三是考核机制保障不够。资产运营好坏与工作业绩不挂钩，无法调动基层领导干部的工作积极性。对村干部来说，资产经营好了，全体村民得益，自己不直接得利，而如果经营不善，可能还要背上骂名。目前对村级经营性扶贫项目资产的检查只是对资金走向进行管控，至于资产经营效益的好坏，还没有具体监管办法。四是群众参与监督不够。多数群众对扶贫项目资产的情况不清楚，对自己能从哪些资产中受益更是不了解，监管的目标和动力也无从谈起。

3. 后果分析

村级经营性扶贫项目资产漏登，极易造成其后续管理工作流于形式，资产底数不清，将村级经营性扶贫项目资产置于监管真空状态，加大资产流失的风险。

（二）多数村级经营性扶贫项目固定资产不提折旧，容易被视为沉没成本

1. 存在问题

村级经营性扶贫项目固定资产不提折旧。村级经营性扶贫项目

资产中的固定资产自身价值随其使用逐渐损耗，并转移到所生产的产品中，构成产品成本。《农村集体经济组织财务制度》（财农〔2021〕121号）中的第十七条明确规定，农村集体经济组织应当对固定资产依法合规计提折旧。如果不计提折旧或计提折旧不正确，都将对经营主体计算产品成本或营业成本计算损益产生错误影响。但SD县、ZA县、HY县和WY县4个县制定的经营性扶贫项目资产后续管理办法中，只有SD县明确要求对村级经营性固定资产计提折旧，并给出折旧方法。HY县富陵村，使用扶贫项目资金投资建设了一处资产原值为1480万元的养牛场，在不计提固定资产折旧的前提下，年利润仅不到20万元，村干部已感到取得了很大的成功，倘若按规范的会计方法核算，该项目当年很可能是亏损状态。

2. 原因分析

一是制定村级经营性扶贫项目资产后续管理方案的人员中缺乏财会专业人员；二是不计折旧成本可以简化记账程序，并凸显村级经营性扶贫项目资产的盈利能力。

3. 后果分析

一是容易误导村集体把村级经营性扶贫项目固定资产看作与经营利润无关的沉没成本，抱有“白给的钱不心疼”的心态。二是不能有效调动村干部经营好村级经营性扶贫项目资产的积极性。三是固定资产的账实不符必定会使得后续报废处置等工作难度加大。

（三）村集体自主经营扶贫项目资产收益能力弱、效益差

1. 存在问题

村集体自主经营扶贫项目资产的收益能力弱。ZA县草场村的扶贫车间在2020年建成后出租给河南一个老板生产农产品包装纸

箱，当年盈利状况非常好，但在2021年由于消防检查不达标，村里花费一年时间进行整改，使得河南公司退租。2022年6月，扶贫车间整改完成后，村集体找不到合适的经营主体，为避免厂房和设备闲置，村集体不得不尝试自己经营，但因缺乏经验，无论包装纸箱的图案设计水平、纸箱种类还是订单数量，都不如从前，连周边村对包装箱的一些需求都无法满足。CD县各村都使用扶贫项目资金购置了牦牛等牲畜发展养殖业，但受当地敬畏牛的习俗影响，牛的出栏周期特别长，甚至不出栏，导致产业收益较低，基本维持在保本的水平。高原地区冬季雪灾对养殖业也是巨大的威胁，2019年在该地区还未实行舍饲时，雪灾造成的牲畜死亡损失达到40%～50%。虽然现在该地实行了舍饲，但雪灾引起的饲料短缺、成本上涨等风险也随时可能发生，村集体自主发展养殖业面临着严峻挑战。ZA县由村集体自主经营扶贫项目的4个村，经营项目产品附加值不高，收益也不高。

部分自主经营的出租类村级经营性扶贫项目资产存在闲置或流失风险。发现的突出问题包括：一是扶贫项目购置的机器设备闲置。CD县兰达村2019年投入100万元购置两台装载机，2020年经营收益16万元，2021年14万元，2022年则闲置未出租，该村2017年购置的皮卡车和五菱车自购买后一直闲置。二是扶贫资金购置的商铺资产存在闲置或流失的风险。CD县尕青村、蒲桑村等14个村2015年联合购置西宁市商铺资产，投资额1400万元，仅2017年分红一次便没再分红，由于存在产权分割等问题，要解决问题需要打官司，但村干部不懂司法程序，且资产在外地，问题一直久拖未决。三是扶贫车间闲置。ZA县田拐村的扶贫车间，因招商困难，只能免费给闽宁协作的一家芯片企业使用，期望能带动本村农户就业，但由于近两年该企业受芯片行业制裁影响，订单严重萎缩，目前处于停产状态。CD县同样存在扶贫车间闲置的情况。

产业就业类扶贫项目扩大规模难、资产增值难，扶农带农能力有限。调研5个县的村级经营性扶贫项目虽然大多正常运转，但均未扩大生产规模，带动农户增收能力不强。也就是说，由村级自主经营的扶贫项目资产基本能保值不流失，还谈不上增值。

2. 原因分析

一是村级经营性扶贫项目资产的共有资产属性决定其有效管理困难。提高村级经营性扶贫项目资产管理的有效性，要求村干部有较强的公德心和责任心，村民有较强的村级事务监督参与意识。二是懂经营会管理的村级人才稀缺。确权到村集体的经营性扶贫项目资产需由村集体经营，但缺少优秀的经营管理人才是村级经营性扶贫项目资产经营管理最大的短板。三是多数脱贫村地处偏远，缺乏区位优势，招商引资困难，导致扶贫车间运转艰难。

3. 后果分析

村集体自主经营村级经营性扶贫项目资产难度较高，受村干部经营管理能力影响较大，项目发展能力较弱，保本或微利是多数自主经营资产的状态，部分闲置资产有待盘活。

（四）资产收益分红类村级经营性扶贫项目资产存在潜在风险

1. 存在问题

资产收益分红类村级经营性扶贫项目资产的潜在风险较大。资产收益分红类村级经营性扶贫项目资产是村集体直接将扶贫资金入股到合作社或企业等经营主体而获得入股分红收益的增收模式，是权益性资产的主要形式。由于村集体入股扶贫资金规模小，有实力的经营主体往往看不上，故所入股的经营主体通常实力较弱，抵御市场波动和疫情灾情等冲击的能力较弱，经营风险较高。因此，资产收益分红类村级经营性扶贫项目资产存在较大的潜在风险。

2. 原因分析

一是村级扶贫资产入股的经营主体多是实力较弱的小规模合作社或企业。二是参与入股分红的合作社或企业经常与村干部有一定关联，如有的村入股的合作社即为村干部开办的私人合作社，资产收益分红协议内容容易存在不利于村集体利益的漏洞，在这种情况下，如果缺乏有效监管，村级经营性扶贫项目资产被侵占或流失的风险较大。

3. 后果分析

如果入股分红合作社或企业破产或倒闭，则村级经营性扶贫项目资产追回困难甚至发生流失。

三、对策建议

（一）扶持壮大农村经营管理人才队伍

村级经营性扶贫项目资产最终还要由村集体经营，因此，培育壮大村级经营管理队伍十分紧迫。一是持续加强对农村致富带头人的扶持，鼓励在外农村经营人才返乡创业，通过培训、贷款优惠、技术支持等措施，培养壮大懂经营、会管理的人才队伍，实现村集体经济组织从“有人管”到“能管好”的转变。二是探索聘请职业经理人经营管理村级经营性扶贫项目资产，由专业的人做专业的事。

（二）进一步完善制度，优化方法

管理提升，制度先行。做好村级经营性扶贫项目资产后续管理，首先必须建立完善的资产清查和管理制度，做到有据可依、有规可循。目前，各地的扶贫项目资产后续管理办法均不尽完善，有的没有制定细则，有的制定了细则但规定不全面，势必造成落实工作的干部在实际操作中产生偏差，各地区之间可以相互借鉴、查漏补缺，不断完善制度规范。

（三）建立抽查、审计和考核机制

适度的检查和考核机制是提升工作质量和效果，使基层领导干部加强责任意识的重要手段。国家、省、市各级主管部门可针对该工作开展不定期抽查，将该工作纳入乡村振兴考核内容，聘请第三方会计师事务所开展审计，将扶贫项目资产的收益与各级资产管理人员的业绩或绩效挂钩。同时，将扶贫项目资产收益管护情况进行定期村务公开，提高群众监督的参与度，保障群众对扶贫项目资产的知情权、参与权和监督权。

（四）压实责任，提高领导重视程度

各级领导干部对某项工作是否重视直接影响该项工作的成效。建议各地成立扶贫项目资产管理的专班或专责工作组，加强领导力量，强化村级经营性扶贫项目资产各项后续管理工作。

第四节　帮扶产业风险防范的实地调研案例

发展产业是实现脱贫的根本之策，脱贫攻坚期内巨量的各级财政资金及社会帮扶资金进入产业扶贫领域，有确切数据的，仅2016—2019年三年中央财政资金用于产业扶贫的资金就超过4000亿元，并惠及92%的农户。进入衔接期，产业兴旺是乡村振兴的物

质基础，实现巩固拓展脱贫攻坚成果同乡村振兴有效衔接，发展特色产业至关重要。为培育壮大脱贫地区特色产业，让脱贫基础更加稳固、成效更可持续，《关于推动脱贫地区特色产业可持续发展的指导意见》（农规发〔2021〕3 号）提出，中央财政衔接推进乡村振兴补助资金重点支持培育和壮大欠发达地区特色优势产业，并逐年提高资金占比。该资金占比，2021 年要求达到 50% 以上，2022 年要求达到 55% 以上。

集全社会之力的中央、地方财政及社会力量帮扶资金投入后，脱贫地区发展了一大批帮扶产业，在巩固拓展脱贫攻坚成果衔接乡村振兴上起到了实效、发挥了重要作用。但实践中，帮扶产业发展也逐渐显露出一些不可持续的风险，影响到产业帮扶的效果，阻碍帮扶产业的可持续发展。《关于推动脱贫地区特色产业可持续发展的指导意见》提出，要健全风险防范机制，脱贫县定期开展特色产业发展风险评估，将龙头企业、农民合作社等新型经营主体作为主要评估对象，聚焦生产、经营、联农带农和政策措施落实等重点；把产业发展作为防止返贫动态监测的重要内容，对因自然灾害、病虫害、价格波动、产品滞销等出现产业发展困难的脱贫户、边缘户及时开展有针对性帮扶。

笔者利用大量的数据和案例材料评估脱贫地区帮扶产业面临的主要风险，评价防范风险措施，总结经验和问题，并提出对策建议。笔者所利用的数据资料主要有两个来源：一个是 2022 年 7—8 月中国农业大学团队前往西北地区 5 个县开展的乡村振兴典型调查，该调查是涉及 50 个村、752 户农户的调查；另一个是中西部地区 22 个省 72 个县关于 418 个特色产业的 2020—2021 年产业发展数据，主要用于评估帮扶产业风险。

一、脱贫地区帮扶产业风险评估

（一）帮扶产业风险评估的思路

首先，综合评估风险。脱贫地区帮扶产业发展风险，看帮扶产业规模（种植面积、养殖规模）、产量、产值有无大的下滑。

其次，将分别从自然风险、市场风险、经营风险、政策风险等角度分类评估帮扶产业风险，识别进入衔接期以来的帮扶产业主要风险。自然风险包括气象灾害（如旱涝、冰雹、大雪等）、污染、病害、虫害等。市场风险包括产品价格下滑、销售困难等问题。经营风险主要来自经营者经营不力的情况，例如决策失误，技术、生产、经营能力欠缺等问题。政策风险是由于政策变化导致的风险，例如环保新政下某些破坏生态环境产业的调整、退出。

（二）帮扶产业风险综合评估

中西部地区 22 个省 72 个县共报告了县域内 418 个主导性特色帮扶产业的发展情况数据。因为种植业与养殖业生产组织方式、风险类型差别较大，所以对两者分别进行分析。72 个县主导性的特色种植业，包含茶叶、中药材、蔬菜、烟叶、瓜果、杂粮、油料（不含大豆）、饲料作物、糖类作物、调料作物、桑蚕和橡胶等特用作物，涉及 86 种作物。养殖业种类则相对较少，基本是牛、羊、生猪和家禽养殖等四大类，也有个别中蜂、稻田养鱼、小龙虾、兔、驴养殖。

总体来看，脱贫地区帮扶产业存在一定的风险，其中养殖业风险较大。2021 年，特色种植业 13.4% 的产业产值出现下滑，养殖业 23.8% 的产业产值出现下滑；养殖业风险较高，产值出现 20% 以上大幅度下滑的产业占比达到 15.7%，从产值下降幅度远大于产量下降幅度判断，养殖业风险主要来自市场风险。

具体来看，208 个特色种植业中，2021 年规模萎缩、播种面积下降的产业占到 15.9%，其中降幅大于 20% 的为 3.4%；产量下降的占到 16.6%，其中降幅大于 20% 的为 6.9%；单产出现下降的占到 25.5%，单产下降超过 20% 的占到 7.7%；产值出现下降的占到 13.5%，其中降幅大于 20% 的为 5.5%。210 个养殖业中，2021 年规模萎缩、存栏量下降的占到 20.2%，其中降幅大于 20% 的为 7.2%；出栏量下降的占到 12.1%，其中降幅大于 20% 的为 5.8%；产值下降的占到 23.8%，其中降幅大于 20% 的为 15.7%。（详见表 6–5）

表 6–5　2021 年中西部 72 个县特色产业出现风险的比例

降幅	特色种植业：208 项					养殖业：210 项			
	播种面积	产量	产值	单产	价格	存栏量	出栏量	产值	价格
降幅 0% ～ 10%	10. 1%	7. 3%	4. 5%	13. 5%	17. 1%	11. 1%	3. 4%	3. 8%	9. 6%
降幅 10% ～ 20%	2. 4%	2. 4%	3. 5%	4. 3%	5. 4%	1. 9%	2. 9%	4. 3%	6. 7%
降幅 20% ～ 30%	1. 0%	2. 0%	2. 0%	1. 0%	4. 4%	1. 4%	2. 4%	7. 1%	7. 7%
降幅大于 30%	2. 4%	4. 9%	3. 5%	6. 7%	6. 3%	5. 8%	3. 4%	8. 6%	20. 6%
发生下降的产业比例合计	15. 9%	16. 6%	13. 5%	25. 5%	33. 2%	20. 2%	12. 1%	23. 8%	44. 6%

注：种植业单产数据由产量 / 播种面积得到，价格数据由产值 / 产量得到。

农户层面，脱贫产业发展总体稳定，但也有不少项目效益一般或者产业已失败。从西北地区 5 个调查县入户情况看，在抽查的 554 户脱贫户和监测户中，35.0% 的农户脱贫攻坚期以来得到了帮助而发展产业，得到帮扶的农户中，有74.2%的农户反映产业发展较好，7.2%的农户反映产业刚起步，13.4%的农户反映产业收益一般，5.2%的农户反映产业已失败。产业失败主要集中在养殖业，失败原因主要是自然灾害（雪灾）、野生动物祸害（熊、狼、野猪）、生产技术差导致的牲畜、家禽死亡。

（三）自然风险

总体来看，西北地区自然灾害高发，远高于全国平均水平。县级层面。3个报告受灾面积数据的县，2021年受灾面积占耕地面积的比例为28.4%，远高于全国平均水平（9.2%）。（见表6-6）村级层面。50个调查村中，2021年以来，54%的村遭受过旱灾，20%的村遭受过洪涝灾害,6%的村遭受过气象灾害。农户层面。752户调查户中，21.1%的农户报告2021年以来家里有自然灾害；从灾害类型看，88.1%为旱灾；从受灾区域看，80.1%的受灾户集中在HY县。

表6-6　西北地区3个调查县2020年、2021年受灾面积情况

地区	耕地面积/亩	2020年		2021年	
		受灾面积/亩	受灾面积占耕地面积比例	受灾面积/亩	受灾面积占耕地面积比例
HY县	2216968	396585	17.9%	1014084	45.7%
ZA县	310407	50430	16.2%	56295	18.1%
SD县	2447298	398237	16.3%	343824	14.0%
合计	4974673	845252	17.0%	1414203	28.4%

注：受灾面积是遭受各种自然灾害的农作物播种面积。

（四）市场风险

在市场经济条件下，脱贫地区农户生产技能相对有限，产业基础薄弱、市场体系不完备，直接支持农户发展产业具有较大的市场风险。而且脱贫地区非常缺少市场管理、营销及信息分析人才，也导致帮扶产业面临着更多的市场风险挑战。市场风险主要表现为价格波动和销售问题。

1. 帮扶产业市场价格波动情况

总体来看，帮扶产业面临的市场风险较大，特别是养殖业价格波动比较剧烈。中西部地区 22 个省 72 个县 208 个特色种植业中，2021 年有 33.2% 的产业的市场价格下降；210 个养殖业中，有 44.6% 的产业的市场价格下降。养殖业市场风险很大，市场价格出现 20% 以上大幅度下降的产业占比高达 28.3%，其中 30% 以上剧烈下降的就有 20.6%（见表 6–5）。

2. 帮扶产业“卖难”问题基本不存在，但销售方式比较传统

总体来看，农产品不存在“卖难”的问题，但销售方式仍然比较传统，全部通过线下销售的方式售出，农村电子商务仍待进一步发展。村级数据显示，2021 年，30.0% 的村建设有冷链加工（保鲜）厂（仓库），38.0% 的村能实现冷链物流配送，40.0% 的村有村级电子商务服务中心。但是，村级电子商务服务中心在地理分布上很不均衡，覆盖农户面很小。分县来看，ZA 县、HY 县和 WY 县村级电子服务中心建设数量较多且农产品销售额较大；SD 县和 CD 县发展较差，虽建立了部分村级电子服务中心，但 2021 年以来还没有产生销售额。2022 年，ZA 县、HY 县和 WY 县 10 个调研村中分别建设了 5 个、5 个、6 个村级电子服务中心，2022 年 1—2 季度，三县农产品销售额分别为 ZA 县 122.5 万、HY 县 123.1 万、WY 县 112.1 万；SD 县和 CD 县 2021 年就分别拥有 1 个和 3 个村级电子服务中心，但截至 2022 年 1—2 季度，仍没有产生销售额。建设村级电子服务中心要立足当地的特色产业、特色农产品，真正发挥线上

销售成本低、销售便利等优势，带动当地农民实现增收。从户级数据看，2021 年，752 户调查户中，仅有 2.4% 的农户出现了“卖难”的问题，没有农户通过电商销售农产品，可见农户直接通过电商销售的比例还很低。

（五）经营风险

脱贫地区信息比较闭塞，农民的文化、科技素质普遍偏低，掌握、运用新技术能力差，这常常导致生产过程出现技术风险——养殖业畜禽死亡、种植业低产低质。另外，因为收入水平较低，脱贫地区农民会比较看重短期利益，不愿做长期投资，缺乏理性而带来长期的产业风险。入户调查发现，在得到政府帮扶产业的 194 户脱贫户和监测户中，帮扶产业项目失败的有 10 户（占比 5.2%），其中有 4 户（占 40%）是由于技术风险导致养殖的畜禽死亡。在 WY 县，主导产业党参应 3 ~ 4 年轮作，否则易出现病虫害，但相当部分种植户因看重短期效益（2000 元 / 亩 ~ 4000 元 / 亩），连续种植 7 ~ 8 年也不倒茬，致使病虫害加重，近年来党参产出和收益逐年下降，有较大的产业风险。总的来说，帮扶产业经营风险（含技术风险）普遍存在，农户迫切需要提高技术水平和生产管理水平，加大农业生产技能培训非常必要。

（六）政策风险

帮扶产业发展遇到的政策风险，主要是因破坏生态环境或者有害健康而导致的限种、限养甚至退出，例如宁夏中卫硒砂瓜和海南槟榔。硒砂瓜是中卫市地标农产品，凭借其生产周期短、产量高、个头大、甜度足、价格贵等优势，逐渐发展成为该地区的“脱贫致富果”，但是随着种植面积的不断扩张，高耗水、“枯萎病”、盐渍化等问题陆续出现，土地荒漠化加剧，生态持续恶化。为此，中卫市开始对硒砂瓜产业“重拳出击”，下发了一系列压砂地退出种植的要求。槟榔早在2003年就被世界卫生组织列为一级致癌物，但海南省一直将槟榔作为重点发展的产业，脱贫攻坚期更是作为产业扶贫重点扶持的特色产业之一，全省共有200多万农民种植槟榔，在农户收入中的占比很高，被誉为“致富树”。2020年底《柳叶刀－肿瘤学》发表了槟榔碱致癌性的主要评估结论，2022年义乌、南昌等越来越多的城市陆续禁售槟榔，目前海南槟榔产业面临崩塌风险。

二、脱贫地区帮扶产业风险防范措施

帮扶产业面临着一定的风险，那么，各地风险防范措施是否到位？抗风险能力如何？笔者接下来主要是对5个调查县的帮扶产业风险防范措施进行分析，提出改进提升空间。

理论上，风险管理工具可分为两类措施，一是适应性措施，二是减缓性或规避性措施。脱贫地区帮扶产业各类风险的常见防范措施参见表6–7。针对西北地区5个调查县的实际情况，将对防汛抗旱基础设施建设、高标准农田和节水灌溉基础设施建设、农业保险、小额信贷和普惠金融、龙头企业和合作社带动、产业帮扶等6个方面的风险防范措施进行评估。

表6–7　帮扶产业风险防范措施分类

风险类型	适应性措施	减缓性或规避性措施
自然风险	基础设施建设，特别是防汛抗旱设施建设、保障旱涝保收的高标准农田建设、节水灌溉设施建设等；抗灾性良种采用情况（例如抗倒伏性良种、抗虫性良种、耐旱性良种、耐涝性良种等）	农业保险（特别是产量保险）、作物多样化、农村金融、灾害救济

续表

风险类型	适应性措施	减缓性或规避性措施
市场风险	品牌化、拉长产业链、龙头企业或合作社带动	农业保险（特别是价格保险和收入保险）、作物多样化、销售渠道多样化
经营风险	培训、农业推广服务、农业生产社会化服务、龙头企业或合作社带动	农业保险
政策风险	帮助产业转型的产业政策	

（一）防汛抗旱基础设施

防汛抗旱基础设施非常薄弱。在《乡村建设行动实施方案》中，“八大工程”之一就是加强防汛抗旱基础设施建设。西北地区5个调查县的自然灾害主要是旱灾，在50个调查村中，2021年以来54%的村遭受过旱灾，20%的村遭受过洪涝灾害，6%的村遭受过气象灾害。然而，50个调查村基本没有建设防汛抗旱基础设施，防汛抗旱能力薄弱。WY县一位干部讲“农村防汛抗旱能力不是差，是非常差”。目前，各县应对自然灾害的方式，事前主要靠农业保险，事后靠救灾，灾害预警和防御风险能力比较薄弱。

（二）抵御自然风险的重要基础设施：高标准农田和节水灌溉设施

高标准农田是实现旱涝保收、高产稳产的基本保障，节水灌溉设施则是应对干旱缺水必要的基础设施。从5个县调查情况看，高标准农田和节水灌溉设施建设水平低，存在明显短板。应加强高标准农田建设和大力推广节水灌溉技术，为帮扶产业发展保驾护航。高标准农田建设。2021年，5个调查县高标准农田面积较上年有所增加，占耕地面积比例从上年的10.2%提高到13.0%，总体水平仍然比较低，且各地建设水平差异很大，高标准农田面积比例从高到低依次为 HY 县（28.2%）、CD 县（25.4%）、ZA 县（20.0%）、SD 县（4.9%）、WY 县（0.7%），WY 县和 SD 县的高标准农田建设基本属于刚起步阶段。节水灌溉设施采用情况。2021 年，5 个调查县高效节水灌溉面积较 2020 年有所增加，占耕地面积比例从上年的 6.4% 提高到 7.2%，但总体水平还是很低，调查的 5 个县中仅 HY 县和 SD 县采用了高效节水灌溉设施，HY 县为 14.9%，SD 县为 4.9%，同为干旱缺水地区的 WY 县则基本没有采用（只有 0.3%）。（见表 6–8）

表 6–8　2020—2021 年西北地区 5 个调查县高标准农田和节水灌溉设施建设情况

地区	耕地面积／亩	2020 年			2021 年		
		高标准农田／亩	高效节水灌溉面积／亩	农业保险参保面积／亩	高标准农田／亩	高效节水灌溉面积／亩	农业保险参保面积／亩
SD 县	2447298	80000	80000	1500000	120635	120635	1500000
HY 县	2216968	516000	321000	612242	625500	331000	652231
WY 县	1341119	5524	3524	957184	10000	3524	511473
CD 县	38519	9800	0	0	9800	0	0
ZA 县	310407	36400	620	581321	62000	990	586125
合计	6354311	647724	405144	3650747	827935	456149	3249829

（三）农业保险

总体来看，农业保险覆盖率高，已成为各地区防范产业风险的主要手段。从县级层面看，农业保险参保面积占比高，5 个县平均为 51.1%。从户级层面看，86.7% 的种植户有种植业保险，65.5% 的养猪户有养殖业保险；脱贫户的农业保险参与率则更高，种植业保险参与率为 89.8%，养殖业保险参与率为 69.2%。农业保险成为各地规避产业风险的最有力工具。

（四）小额信贷及普惠金融

脱贫地区农户生产规模小，收益能力较差，缺资金是常态。如果农户信贷可获得性较强，对分散、抵御产业风险非常重要，这样在面临风险时农户可以比较容易筹集到资金，进行防汛抗旱设施建设、灾后重建等活动。

总体来说，在进入衔接期后小额信贷政策仍在延续，但贷款规模在缩小；另外，小额信贷规模地区差异较大。从县级层面看，2021年5个调查县当年新发放小额信贷平均为25073万元，比2020年下降12.1%；各县新发放贷款规模差异较大，由高到低依次为HY县（95308万元）、WY县（15139万元）、SD县（8015.3万元）、ZA县（3566万元）、CD县（2692万元）。从户级层面看，在抽查的554户脱贫户和监测户中，2021年新增贷款户71户（占比12.8%），2022年1—2季度新增59户（占比10.6%）。

部分地区探索创新普惠性金融政策。2021年以来，部分地区立足巩固拓展脱贫攻坚成果同乡村振兴有效衔接，开发了一些包括一般户的贴息的普惠性金融政策，如开发“畜牧贷”“富民贷”“妇女创业贷”等，鼓励一般户发展产业，带动一般农户增收。2021年以来，752户调查户中有132户农户（占比17.6%）从银行、信用社等金融机构贷过款，其中41户为一般户，占贷款农户的比重为31.1%，且一般户中有18户年利率低于5%。

（五）合作社（龙头企业）带动

“小、散、弱”农户难以生产出优质产品，获得好的收益。在巩固拓展脱贫攻坚成果同乡村振兴有效衔接中，以“龙头企业+基地+合作社+农户”或“龙头企业+合作社+农户”等带动模式打造农业全产业链，实现产业规模化、标准化、集约化，是解决农业脆弱性、带动农民增收的主要形式。

从5个调查县情况来看，进入衔接期，龙头企业、合作社发展数量有所增加；从联农带农效果上看，合作社（龙头企业）带动帮扶措施有一定的延续性，但力度比脱贫攻坚期大大下降了。县级层面，2021 年 5 个调查县中平均每个县有 16.2 家龙头企业，比上年增长 0.8 家；平均有 85.4 家合作社，比上年增长 4.4 家。农户层面，调查的 554 户脱贫户和监测户，脱贫攻坚期合作社（龙头企业）带动的比例为 23.7%，2022 年下降到 2.7%；脱贫攻坚期资金入股分红的比例为 8.3%，2022 年下降到 0.7%。（见表 6–9）进入衔接期，脱贫地区产业帮扶政策从精准到户向脱贫地区产业发展方向调整，但联农带农机制不应该弱化。只有加强对农户的带动作用，才能真正实现脱贫地区帮扶产业规模化、标准化，降低产业风险，实现产业发展。

表 6–9　西北 5 个调查县脱贫户和监测户得到产业帮扶情况

	脱贫攻坚期	2022 年
得到产业帮扶比例	65.1%	28.2%
1. 产业资金奖补	50.4%	18.1%
2. 免费种苗畜禽、化肥等	41.5%	15.9%
3. 合作社（龙头企业）带动	23.7%	2.7%
4. 资金入股分红	8.3%	0.7%

（六）产业帮扶

总体来看，脱贫地区产业帮扶措施在延续，有助于降低产业风险。其有两个特点：一是脱贫地区产业帮扶资金投入力度不减，但部分地区衔接资金用于产业比例未达到 50%；二是产业政策方向调整比较快，村级产业类项目大幅上升，到户产业类扶持资金力度下降，但普惠性增强。

县级层面，部分地区衔接资金用于产业比例未达 50%。2021 年，5 个调查县衔接资金用于产业的比例平均为 46.3%，从高到低依次为

CD 县和 ZA 县（均为 53.7%）、WY 县（53.0%）、SD 县（43.8%）、HY 县（37.9%），SD 县和 HY 县没有达到 50% 的比例要求。

村级层面，村级经营性扶贫资产增加，到户产业扶持力度下降。50 个调查村，村级经营性资产 2020 年平均为 200.2 万元，2021 年平均为 366.4 万元，增加了 83.0%。到户产业类扶持力度逐年下降，到户产业扶持类项目资金 2020 年村均为 57.9 万元；2021 年为 46.3 万元，比 2020 年减少 20%；2022 年为 33.9 万元，比 2020 年减少 41.4%。三年扶持户数没有明显变化，均为 132 户左右。

户级层面，产业扶持措施对脱贫户和监测户的帮扶力度有所下降，但普惠性增强。2022 年，554 户脱贫户和监测户得到产业帮扶的比例为 28.2%，比脱贫攻坚期低了 36.9 个百分点。产业扶持措施更具普惠性，调查的 198 户一般户，2022 年有 67 户得到产业帮扶，占比 33.8%。

三、脱贫地区帮扶产业风险防范典型经验做法

（一）HY 县“退砂”转产，坚守生态红线

HY 县随着硒砂瓜种植面积的不断扩张，高耗水、“枯萎病”、盐渍化等问题陆续出现，土地荒漠化加剧，生态持续恶化。HY 县以“组合拳”化解产业调整风险，保瓜农收入稳着陆。一是重宣传，思想开导“对症下药”。当地干部首先做好群众的思想安抚工作，耐心向群众宣讲生态保护政策。二是慢转型，提出“退砂不退瓜”，稳步调整保增收的思路，确定了以西瓜为主、其他产业为辅的种植结构，保证了群众的种植收益不会出现大幅下滑。三是增补贴，做细做实，精准分类。HY 县出台了细致的补贴方案，以分担瓜农的生产成本。2021 年末，HY 县 3.58 万亩确权压砂地全部顺利清退，率

先成为中卫市实现压砂地一次性清退的先行区，不仅帮助瓜农平稳度过了产业转型期，而且守住了生态红线。

（二）SD县“水改旱”，不影响农民增收

SD县曾是地瘠民贫、严重缺水的地方。当地农民为了增加收入种植玉米、马铃薯、甜菜等高耗水作物，主要使用大水漫灌的方式种地，用水量非常大，导致地下水位下降，部分湿地萎缩严重，而且农民收入也不高。SD县提出了“水改旱”的产业转型政策。一是理念是行动的先导。要从农民生态意识上下功夫，让农户充分理解保护生态的重要性，不要产生抵触心理。二是提出“退地不减收”、稳步调整保增收的思路，积极推进高标准农田建设，同时引导农民调整种植结构，压减玉米、甜菜、马铃薯等高耗水作物种植面积，扩大燕麦、杂粮等低耗水和耐旱作物种植，同时推广饲草产业，引进了希森公司、蓝天马铃薯淀粉加工厂等企业，保证了群众的种植收益不会出现大幅下滑。三是出台了细致的补贴方案，不同的村补贴时间和金额有所不同，整体上稳定了农户收入。SD县已完成“水改旱”耕地13.45万亩，封停灌溉机电井1470眼，节水2600多万立方米。

四、脱贫地区帮扶产业风险防范存在的问题

（一）脱贫地区帮扶产业存在风险，需引起重视

2021年，脱贫地区相当比例的帮扶产业出现规模、产量、产值下滑。调查的418个帮扶产业，特色种植业有15.9%的产业播种面积下滑、16.6%的产量下滑、25.5%的单产下滑、33.2%的市场价格下滑、13.5%的产值下滑；养殖业有20.2%的产业存栏量下滑、

12.1% 的出栏量下滑、44.6% 的市场价格下滑、23.8% 的产值下滑。按照减产或减收 30% 以上为成灾的标准，从减产上看，4.9% 的特色种植业成灾，3.4% 的养殖业成灾；从减收上看，3.5% 的特色种植业成灾，8.6% 的养殖业成灾。（见表 6-5）

（二）西北地区帮扶产业风险突出表现为自然风险高、经营风险大

一是自然风险。西北地区自然灾害高发，在报告受灾面积数据的 3 个调查县中，2021 年受灾面积占耕地面积的比例为 28.4%，远高于全国平均水平（9.2%），灾害类型主要是旱灾。二是经营风险（含技术风险）。脱贫地区农户普遍文化科技素质欠缺，掌握技术能力差,经营管理能力弱。在 5 个调查县的 554 户脱贫户和监测户中，帮扶产业项目失败的有 10 户，40% 是由于技术风险导致养殖的畜禽死亡。WY 县的主导产业之一是党参，应 3 ~ 4 年轮作，否则易出现病虫害。但相当部分种植户经营管理能力差，连续种植 7 ~ 8 年也不倒茬，导致病虫害加重，近年来党参产出和收益已经出现明显下降，未来几年会有较大的产业风险。

（三）产业风险防范措施有明显短板

产业风险防范措施上的短板突出表现为：防汛抗旱、高标准农田、节水灌溉设施等基础设施建设水平低，防汛抗旱能力薄弱；合作社（龙头企业）直接带动能力显著下降，不利于实现农业生产的规模化、标准化、组织化，不利于化解市场风险和经营风险。一是基础设施欠账多。防汛抗旱基础设施建设是《乡村建设行动实施方案》的“八大工程”之一，西北地区干旱缺水，旱灾是最主要的自然灾害，但 5 个调查县基本没有防汛抗旱基础设施，旱涝保收的高

标准农田比例只有 13.0%，高效节水灌溉面积比例为 7.2%，防汛抗旱能力非常薄弱。二是合作社、龙头企业对农户的直接带动作用有所弱化。进入衔接期，脱贫地区产业帮扶政策重点从到户项目向脱贫地区产业发展调整，直接的联农带农机制弱化较为明显。调查的 554 户脱贫户和监测户，脱贫攻坚期合作社（龙头企业）带动的比例为 23.7%，2022 年下降到 2.7%。

五、政策建议

（一）脱贫县定期开展帮扶产业发展风险评估，构建评估指标

基于脱贫地区帮扶产业有一定的风险，所以本课题组认为《关于推动脱贫地区特色产业可持续发展的指导意见》倡导的脱贫县定期开展特色产业发展风险评估非常有必要。本课题组还尝试构建了脱贫地区帮扶产业（或特色产业）发展风险指标（见表 6-10）。指标框架基于前文所述的对帮扶产业风险及相应风险防范措施的认识。评估指标包括通用性指标和适合脱贫地区的专用指标。通用指标是适用于一般地区，可以衡量农村产业风险。专用指标是适用于脱贫地区的指标，例如反映政策要求的变量，又例如带农益农、带弱扶弱机制。

表 6-10　脱贫地区帮扶产业风险评估主要指标

1. 帮扶产业风险评估
1.1 总体风险
帮扶产业规模增长率
帮扶产业产值增长率
农村居民经营性净收入增长率（整体风险）
帮扶产业的生产者（典型农户）经营性净收入增长率（局部风险）

续表

主观判断：本地帮扶产业风险情况（5 级量表）：风险非常大、风险较大、风险一般、风险较小、风险非常小
1.2 自然风险（与帮扶产业相关的）
是否为自然灾害多发区
受灾规模（面积、头数）
受灾农户数量
1.3 市场风险（与帮扶产业相关的）
市场价格变化
销量变化
1.4 经营风险（与帮扶产业相关的）
帮扶产业涉及的经营主体数量变化
其中：新型经营主体（含农业企业、合作社、家庭农场）
规模户
小农户
帮扶产业经营主体亏损比例
1.5 政策风险
涉及帮扶产业的政策风险（例如生态政策、财政补贴政策等）
产业帮扶政策变化：1. 增加很多，2. 有所增加，3. 基本不变，4. 有所减少，5. 减少很多
【主观评价】政策变化对帮扶产业的影响：1. 有非常大积极影响，2. 有一定积极影响，3. 没什么影响，4. 有一定消极影响，5. 有非常大消极影响
2. 脱贫地区帮扶产业风险的防范措施到位情况评价
2.1 防范自然风险相关措施评价
高标准农田建设面积比例
防汛抗旱基础设施建设情况
农业保险覆盖率
作物多样化情况
抗灾性良种采用率（例如抗倒伏性良种、抗虫性良种、耐旱性良种、耐涝性良种等）
自然风险防范措施效果综合评价
2.2 防范市场风险相关措施评价

续表

品牌情况（有多少品牌，有无驰名商标，品牌销售占比）
产业链延伸情况（加工企业、乡村旅游、农产品基地建设、龙头企业数量、农产品加工业产值占涉农总产值比例）
农业保险（特别是价格保险和收入保险）情况
作物多样化
销售渠道多样化（特别是电商发展）
市场风险防范措施效果综合评价
2.3 防范经营风险相关措施评价
农业科技站所建设情况（包括乡镇和村级农技站数量、农业科技人员数量、农业推广人员数量、农技推广人员教育水平）
农业生产培训开展情况
农技推广服务开展情况
农业生产社会化服务开展情况
农村合作组织的发展情况
农村人才建设情况
经营风险防范措施效果综合评价
2.4 防范综合风险的产业扶持措施评价
产业帮扶财政资金增长率
【主观评价】产业帮扶对产业发展作用：1. 促进作用很大，2. 有一定促进作用，3. 没什么作用，4. 有一定反向作用，5. 反向作用很大
【主观评价】产业帮扶政策或项目的带农益农机制：1. 有很大增强，2. 有所增强，3. 没变化，4. 有所弱化，5. 很大弱化

注：风险临界点借鉴农业保险对风险的一般定义，考虑高低两个标准：减产或减收 70% 或 80%。

（二）大力构建脱贫地区小农户有效融入市场的体制机制

脱贫地区地方政府应加大对脱贫劳动力的技术培训、构建农业风险防范和补偿机制，加强新型农业经营主体培育，完善市场服务体系，促进农户与新型经营主体利益连接等方式，支持强化“龙头企业+基地+合作社+农户”“龙头企业+合作社+农户”“合作社+农户”等利益带动模式中的小农户主体地位，以此克服小农户分散生产的弊端，增强抵御风险的能力，降低产业帮扶模式中的经营风险和市场风险。

（三）西北脱贫地区应加强防汛抗旱设施、高标准农田建设，防御自然风险、保障粮食安全

西北脱贫地区干旱缺水，防汛抗旱基础设施建设非常薄弱，应加强水库蓄水、堤防挡水等基础设施建设，抵御洪涝和干旱灾害。高标准农田建设则应以解决季节性干旱缺水为目标，合理配备集雨补灌、截伏流、抽水泵站、截洪蓄水等灌溉水源工程，并配套推广节水型耕作制度。

（四）转变地方政府在产业帮扶过程中的角色，变主导为引导，充分尊重产业扶贫的市场逻辑

脱贫地区帮扶产业出现风险，有一个原因是产业“选不准”问题带来的。建议地方政府应立足自身的地域特点、资源禀赋、产业基础以及市场规律选择帮扶产业，围绕农业产业结构调整战略布局帮扶产业。

第七章
从巩固脱贫成果走向农民农村的共同富裕

促进共同富裕，最艰巨最繁重的任务仍然在农村。实现农民农村共同富裕是实现全体人民共同富裕的必要条件和应有之义。从巩固脱贫攻坚成果走向农民农村的共同富裕，需要做好体系对接。从帮扶对象标准来看，应实现从兜底到提底的转变，对低收入人口实施更高的帮扶标准和帮扶质量。从区域来看，以往脱贫攻坚主要聚焦于农村地区发展，新的发展阶段下农业农村农民的发展问题应置于城乡融合发展的背景下考虑，实现从乡村到城乡的转变。考虑到县域是巩固脱贫攻坚成果、推动乡村振兴的主战场，也是连接城市和农村的重要节点，以县域为切入点促进农民农村共同富裕具有更为直接的优势。包容性增长理念契合了县域发展的时代要求，县域包容性增长有利于促进低收入农户更快增收和农村地区更快发展，推动城乡融合发展，是实现农民农村共同富裕的重要路径。

第一节　对象：从兜底到提底

脱贫攻坚战的胜利意味着中国消除了绝对贫困，中国贫困治理的重点也由绝对贫困转向相对贫困。脱贫攻坚期间提出的“两不愁三保障”标准，是根据我国全面建成小康社会、实现第一个百年奋斗目标而提出来的帮扶标准。进入后扶贫时代，缓解相对贫困成为贫困治理的重点，这也意味着帮扶的对象和标准都应在脱贫攻坚基础上有所调整和拓展。从脱贫攻坚走向农民农村共同富裕，帮扶对象由脱贫人口转向低收入人口，帮扶标准也应实现从兜底到提底的转变，对低收入人口提出更高的帮扶标准和帮扶质量，促进低收入人口更高质量发展。

一、低收入人口的界定和识别

党的十九届四中全会提出，要建立解决相对贫困的长效机制。随后的政策文件更多强调了“低收入人口”的概念。例如，2020 年 12 月 16 日发布的《中共中央　国务院关于实现巩固拓展脱贫攻坚成果同乡村振兴有效衔接的意见》和 2021 年 1 月 4 日印发的《中共中央　国务院关于全面推进乡村振兴加快农业农村现代化的意见》均提出，要加强对农村低收入人口的监测和帮扶。

促进低收入人口增收的首要前提是准确识别低收入人口。《中共中央　国务院关于实现巩固拓展脱贫攻坚成果同乡村振兴有效衔接的意见》提出要加强对农村低收入人口的监测和帮扶，点明了低收入群体主要有：农村低保对象、农村特困人员、农村易返贫致贫人口，以及因病因灾因意外事故等刚性支出较大或收入大幅缩减导致基本生活出现严重困难人口等。文件虽然指明了未来农村需要重点关注的低收入群体范围，但未明确低收入人口的识别标准。

学术界关于低收入人口的识别大多参考借鉴了相对贫困的概念与测度方法，对低收入人口进行了识别和规模测算。严格来说，“低收入人口”和“相对贫困人口”概念在内涵上有差异。在一个收入普遍偏低的群体中，缓解相对贫困不一定意味着摆脱了绝对贫困；而政策文件中的“低收入人口”指的是摆脱了绝对贫困之后、收入相对较低的人口。如果以不再发生规模性返贫作为底线，那么可以认为，促进低收入人口更快增收与缓解相对贫困在含义上是一致的。此外，相对贫困是多维度的，低收入人口更侧重于经济收入，我国正处于相对贫困治理的初期阶段，将关注重点聚焦于经济维度，重点关注低收入人口发展更适应于当前发展实际。Fuchs（1967）最早使用相对贫困线,并将美国的相对贫困线确定为美国全国人口收入分布中值的50%。这种设定相对贫困线的方法基本被后来的学者所沿用，即将某个国家或区域的平均收入或者中位收入的一定百分比设定为相对贫困线且这一比例大多维持在40%～60%。国内现有研究大多沿用欧洲学者的通常做法，把收入的一定比例作为相对贫困线。如叶兴庆等（2022）以2019年农村居民人均可支配收入中位数的40%和50%为标准，估算出农村贫困发生率分别为9%和16%左右,贫困人口规模分别约为5000万人和9000万人。[①]汪三贵、孙俊娜（2021）认为在相对贫困初期阶段，应对相对收入贫困线进行城乡分设并采用人均可支配收入中位数的40%，在这一相对收入贫困线下，城镇和农村相对贫困发生率分别为11.12%和12.78%，相对贫困人口规模分别为9245万人和7208万人。[②]部分学者则使用扩展线性支出系统（ELES）法计算了相对贫困线，如林万龙、陈蔡春子（2020）从满足基本生活需求视角使用ELES对新时期我国农村扶贫标准进行了测算，得到了确保高于“两不愁三保障”基本需求的低限贫困标准，以及确保满足八大类商品和服务

① 叶兴庆、殷浩栋:《促进农村低收入人口增收的政策取向》,《湖南农业大学学报（社会科学版）》2022年第1期。

② 汪三贵、孙俊娜:《全面建成小康社会后中国的相对贫困标准、测量与瞄准——基于2018年中国住户调查数据的分析》,《中国农村经济》2021年第3期。

基本需求的高限贫困标准。[①]除使用相对贫困线测算低收入人口外，部分学者则根据人口类型对低收入人口规模进行了估算。如高强、曾恒源（2021）认为低收入人口的构成主要有脱贫不稳定户、边缘易致贫户、易地搬迁困难人口、贫困残疾人口、农民工中的困难人口以及其他特殊困难群体等，估算在3000万人以上。[②]

关于低收入标准是否需要分城乡、区域制定的问题，学术界也对此进行了讨论。如高强认为低收入标准制定应与发展阶段目标相适应，由分区域、分城乡的标准线逐步转向区域、城乡统一的低收入标准。目前关于区域、城乡统一的低收入标准研究较少，林万龙、陈蔡春子就区域一体化的相对贫困标准问题展开了研究。通常来讲，采取区域一体化的相对贫困标准，常规做法是要将所有居民按名义收入/消费进行排序来确定相对贫困人口，但这样忽视了区域之间、不同家庭类型之间由于生活成本以及福利差异导致的名义收入/消费不可比问题。而相对贫困是“福利的剥夺”，按名义收入/消费进行排序制定的标准会掩盖不同区域不同人群生活水平的真实差距，对相对贫困人口的识别产生误判。不同区域之间的名义收入/消费缺乏可比性，真正应该比较的是福利水平。因此，林万龙、陈蔡春子认为在制定相对贫困标准之前，应该开展福利可比性研究，这是实施区域一体化相对贫困标准的前提。研究在名义收入/消费的基础上，纳入对价格、家庭构成、健康、闲暇等元素的考察，获得了等价收入/消费序列，该序列代表的便是按福利水平排列的、真实可比的序列。在此福利可比体系下，研究得到了区域

① 林万龙、陈蔡春子:《从满足基本生活需求视角看新时期我国农村扶贫标准》,《西北师大学报（社会科学版）》2020年第2期。

② 高强、曾恒源:《中国农村低收入人口衡量标准、规模估算及思考建议》,《新疆师范大学学报（哲学社会科学版）》2021年第4期。

一体化的相对贫困标准，从而为摸清相对贫困重点扶持区域和精准识别相对贫困人口提供了参考，对我国低收入人口识别具有重要参考意义。

二、提高低收入人口收入水平和发展能力

基于以上分析可知，未来减贫治理重点不能仅仅停留于满足低收入人口的基本生活需求上，更应聚焦于低收入人口增收的问题上。从脱贫攻坚到实现农民农村共同富裕，帮扶对象的重点应由脱贫人口转向低收入人口，随之相对应的帮扶标准都应有所提升，实现从兜底到提底的转变。

兜底保障和各项社会救助标准要随经济发展水平的提高而提高。虽然2020年底新时代脱贫攻坚目标任务得以如期完成，全国各地9899万农村贫困人口全部脱贫，然而现行贫困标准是按照2010年农民年人均纯收入2300元不变价格计算的，至2020年仅为4000元，该标准属于绝对贫困的标准。我国已经进入缓解相对贫困、扎实推进共同富裕的阶段，贫困标准以及帮扶标准都应在脱贫攻坚的基础上有所调整提高。以农村低保的保障标准为例，全国农村低保平均保障标准由2011年的1718.4元/人·年增加至2021年的6362.2元/人·年，低保标准提升明显。从低保标准占农村居民人均可支配收入比重来看，2011年为24.63%，2021年则上升为33.61%，上升幅度不明显。从低保标准占农村居民人均可支配收入中位数的比重来看，2011年为27.74%，2021年则上升为37.64%。然而，发达国家以收入中位数的60%为标准，与之相比，我国低保保障标准仍然偏低。因此，实现农民农村共同富裕应进一步提高低保标准和特困补助，增加兜底保障在医疗、教育、住房、养老等公共服务领域的扶

持政策力度。当然，兜底标准也需要综合考虑当地经济发展水平、财政保障能力以及困难群众的实际生活需求进行灵活动态调整提高。

加强对低收入人口的常态化帮扶。目前，我国针对低收入人口的常态化帮扶机制尚未完全建立，对低收入人口的帮扶力度也有待提升。已有研究表明，我国现存的低收入人口规模较大，使用简单现金补贴等转移支付方式将给财政带来更大的压力。因此，针对有劳动力的低收入人口，帮扶政策措施的侧重点应聚焦于提高低收入群体的内生发展动力，更加注重于扶志扶智，要加强其在基础公共服务和社会福利方面的可及性，加大对扶持对象自主发展或参与产业活动的政策支持力度，将更多发展机会向低收入人口倾斜，创造有利于低收入人口就业增收的社会发展环境。此外，由于收入相对较低的人群每年都可能发生变化，采用相对收入贫困标准对实践工作所带来的一个困难是帮扶对象的不确定性，从而不易使扶贫政策得到落实。林万龙、陈蔡春子（2020）提出“绝对的相对贫困标准”，即在某一个时点，以某一个相对贫困标准确定扶贫对象；在一定时期内（例如 5 年），扶贫对象保持不变，到期后对政策效果进行评估，并再确定新的扶贫对象。① 其中，“相对”指的是标准的“相对”，即相对收入水平；“绝对”指的是一定时期内扶贫对象的“绝对”。这种做法可以兼顾贯彻相对贫困理念和解决实践操作难题的矛盾，对于我国低收入人口帮扶工作具有重要的借鉴参考意义。

第二节　区域：从乡村到城乡

脱贫攻坚期间，减贫工作重点主要聚焦于农村地区，农村地区

① 林万龙、陈蔡春子：《从满足基本生活需求视角看新时期我国农村扶贫标准》，《西北师大学报（社会科学版）》2020 年第 2 期。

的经济发展水平、基础设施和公共服务水平均有了明显的改善。然而，我国城乡之间发展差异依然明显，成为制约我国全体人民共同富裕目标实现的最大短板。党的十九大报告提出，要“建立健全城乡融合发展体制机制和政策体系”①。我国已经进入扎实推进共同富裕的阶段，推进农民农村共同富裕的工作重点不能仅仅局限于农村地区，应立足于城乡关系，将农民增收、农村发展问题置于城乡融合发展的战略下思考，应实现从乡村到城乡的转变。

一、城乡差距明显制约着共同富裕的实现

改革开放以来，中国城乡居民人均可支配收入均呈现递增态势，但相对收入差距久居高位，绝对收入差距在不断加大。1978年，中国城乡居民人均可支配收入比为2.56 ∶ 1，2007年达到了3.33 ∶ 1，随后差距逐渐缩小，但2021年仍达2.5 ∶ 1。这一比值在全球范围内仍处于偏高水平。②从绝对收入差距看，城乡居民人均可支配收入的绝对差距从1978年的209元持续扩大到2021年的28481元，以可比价格度量（按居民消费价格指数调整），相当于增长了18.7倍。

将城乡收入按照五等分分组，相较于城乡居民人均可支配收入比，20%最低收入组的城乡差距更明显，2000年城乡居民20%最低收入组收入比高达3.91∶1；2021年下降至3.45∶1，远高于城乡居民平均可支配收入比（2.5∶1）。脱贫攻坚期间，城乡居民20%最低收入组收入比由4.05∶1下降至3.33∶1，但脱贫攻坚结束后

① 习近平：《决胜全面建成小康社会　夺取新时代中国特色社会主义伟大胜利——在中国共产党第十九次全国代表大会上的报告》，人民出版社，2017，第32页。

② 在发达国家，如英国、加拿大，城乡收入比接近于1 ∶ 1；发展中国家中，印度的城乡收入比为1.88 ∶ 1；即便是非洲的低收入国家，城乡收入比最高的乌干达，也只有2.3 ∶ 1。

城乡居民 20% 最低收入组收入比又出现反弹，上升至 3.45∶1，这一趋势值得警惕。从其他收入组之间的城乡差距来看，不同收入组的城乡差距趋于缩小，且 2021 年各组城乡居民可支配收入差距水平较接近。相较于其他收入组，低收入组城乡收入差距更为严峻。由此可见，低收入组农户收入水平过低，低收入组城乡差距从总体上拉大了城乡居民之间的收入差距，因而提高农村低收入农户的收入水平是缩小城乡收入差距的关键。

除收入以外，如果把城乡居民在公共服务和社会福利方面的隐性收入差距包含进来，城乡居民的实际福利差距会比收入差距更大。近年来，农村基本公共服务供给持续改善，但部分农村地区基础设施、公共服务仍存在短板弱项。相较于城市，农村地区在基础设施、教育、医疗、社会保障等公共服务方面仍然存在较大差距。

在基础设施方面，农村地区存在着基础设施落后、运营管护体制机制不健全的问题。2021 年，城市地区污水、生活垃圾无害化处理率均超过 95%，而农村分别仅为 22%、60%，30% 以上的农户没有使用卫生厕所，自然村通硬化路比例仅为 40% 左右，互联网普及率只有 55.9%。农村的硬化路建设标准低，不能适应农村汽车保有量上升、农业机械化作业普及的需要；一些农村地区供水能力不能满足农民洗澡、洗衣、洗菜等生活用水需要；农村信息网络不能满足智慧农业发展需求。农村基础设施运营管护问题突出，大部分农村集体缺少产业、资金、人才，没有稳定的收入来源，加上管理经验匮乏，不能够对基础设施进行有效管护。

在医疗方面，农村地区医疗公共服务水平有了明显的提升与改善，但城乡差距仍然明显。截至 2021 年，全国有县级医疗卫生机构 2.3 万个、乡镇卫生院 3.5 万个、村卫生室 59.9 万个，实现了县乡村全覆盖，全面消除乡村医疗卫生机构和人员“空白点”。但当前城乡之间医疗卫生仍存在较大差距，主要体现在以下几个方面：一是城市居民和农村居民享受的人均医疗资源仍有较大差距。如表7–1所示，2020年我国城市每千人口医疗机构床位数为8.81，而农村地区为4.95，每千人口卫生技术人员城市为11.46，农村地区为5.18，城乡之差较大。二是乡村医疗卫生服务水平发展及服务质量明显滞后于城市地区。2020年我国每千农村人口乡镇卫生院床位数仅为1.50，相较于2010年（1.04），改善并不明显，明显滞后于城市地区医疗服务发展。2020年中国乡村医生和卫生人员累计达到79.6万人，但乡村医生整体水平偏低，乡村医生中大学本科及以上学历占比仅为7.1%。三是农村居民医疗消费支出占总消费的比例明显高于城市居民。2020年，我国农村居民人均医疗保健支出13713.4元，占消费支出比重为10.3%，明显高于城市居民（8.0%），说明农村地区的医疗负担仍较重。

表7–1　2010—2020年我国城乡医疗资源情况

年份	每千人口卫生技术人员			每千人口医疗机构床位数			每千农村人口乡镇卫生院床位数
	城市	农村	城乡差	城市	农村	城乡差	
2010	7.62	3.04	4.58	5.94	2.60	3.34	1.04
2011	7.90	3.19	4.71	6.24	2.80	3.44	1.16
2012	8.54	3.41	5.13	6.88	3.11	3.77	1.14
2013	9.18	3.64	5.54	7.36	3.35	4.01	1.18
2014	9.70	3.77	5.93	7.84	3.54	4.30	1.20
2015	10.21	3.9	6.31	8.27	3.71	4.56	1.24
2016	10.42	4.08	6.34	8.41	3.91	4.50	1.27
2017	10.87	4.28	6.59	8.75	4.19	4.56	1.35
2018	10.91	4.63	6.28	8.70	4.56	4.14	1.43
2019	11.10	4.96	6.14	8.78	4.81	3.97	1.48
2020	11.46	5.18	6.28	8.81	4.95	3.86	1.50

资料来源：《中国社会统计年鉴》，历年。

在教育方面，城乡之间、教育资源分配不均衡、教育质量差距大的问题始终严峻。一方面,农村地区生均教育经费支出与城市地区存在较大差距。如表 7-2 所示，从幼儿园、普通小学到普通中学以及职业高中，农村地区各级学校的生均教育经费支出与全国平均水平相比仍然有较大差距，且生均教育经费支出差距有扩大的趋势。如 2020 年我国农村地区幼儿园生均教育经费支出为 8358.65 元,与全国平均水平相差 3510.77 元,城乡之间生均教育经费支出差距明显。另一方面，城市地区的教育质量明显优于乡村地区。2019 年我国城区幼儿园教师队伍中本科及以上学历占比为 51.20%，而农村地区幼儿园教师队伍中本科及以上学历占比仅为 17.85%，农村地区师资水平明显落后于城市地区。

表 7-2　2010 年、2015 年、2020 年全国教育部门和农村各级学校生均教育经费支出情况

单位：元

学校	2020 年		2015 年		2010 年	
	全国	农村	全国	农村	全国	农村
幼儿园	11869.42	8358.65	7437.56	5269.38	3622.12	—
普通小学	13504.41	12530.93	10468.73	9909.85	4932.76	4560.33
普通初中	19571.06	16997.17	14487.77	13082.75	6528.36	5874.07
普通高中	22139.38	17132.92	15072.35	12139.37	8120.05	6280.88
职业高中	22038.2	7921.93	16287.26	13264.63	7960.62	6307.47

资料来源:《中国教育经费统计年鉴》，历年。

在社会保障方面，虽然城乡制度性差异已经明显减少，如“新农合”与城镇居民医保制度实现并轨运行，全面建立统一的城乡居民医保制度，统筹城乡的居民基本养老保险制度逐步健全，但城乡居民享受的社会保障水平仍存在一定的差距。如城镇居民养老保障水平明显高于农村居民，2020 年城镇职工基本养老保险基金支出为 51301.4 亿元，年人均支出为 40197.61 元，而城乡居民基本养老保险基金支出为 3355.1 亿元，年人均支出为 2088.04 元，城镇职工基本养老保险待遇是城乡居民基本养老保险待遇的 19.25 倍。（见表 7-3）此外，农村地区的养老等基本公共服务仍处于起步阶段，尚未完全建立完善的养老服务体系，农村地区养老服务供给明显不足，优质的养老服务资源仍然主要集中在城镇地区。

表 7-3　2011—2020 年城镇职工基本养老保险与城乡居民基本养老保险对照情况

年份	城镇职工基本养老保险			城乡居民基本养老保险			人均支出比值
	参保离退休人员 / 万人	基金支出 / 亿元	人均支出 / 元	领取待遇人数 / 万人	基金支出 / 亿元	人均支出 / 元	
2011	6826.2	12764.9	18699.86	8921.8	598.3	670.60	27.89
2012	7445.7	15561.8	20900.39	13382.2	1149.7	859.13	24.33
2013	8041.0	18470.4	22970.28	14122.3	1348.3	954.73	24.06
2014	8593.4	21754.7	25315.59	14741.7	1571.2	1065.82	23.75
2015	9141.9	25812.7	28235.60	14800.3	2116.7	1430.17	19.74
2016	10103.4	31853.8	31527.80	15270.3	2150.5	1408.29	22.39
2017	11025.7	38051.5	34511.64	15597.9	2372.2	1520.85	22.69
2018	11797.7	44644.9	37842.04	15898.1	2905.5	1827.58	20.71
2019	12310.4	49228	39988.95	16031.9	3114.3	1942.57	20.59
2020	12762.3	51301.4	40197.61	16068.2	3355.1	2088.04	19.25

资料来源:《中国劳动统计年鉴》，历年。

共同富裕虽然不是同等富裕、同步富裕，而是普遍富裕基础上的差别富裕，但是缩小差距正是共同富裕的本质要求。而城乡无论是在收入水平还是基础设施、公共服务等方面均存在明显差距，显然违背了共同富裕的目标追求。如何缩小城乡差距是实现共同富裕亟须解决的问题。

二、以城乡融合发展促进农民农村共同富裕

造成城乡差距明显的原因与长期以来城市偏向型政策导致的城乡二元结构体制等因素有关，缩小城乡差距必须从改变城乡关系入手。党的十六大以来，中央对城乡关系的认识不断深化，并出台相关政策对城乡关系进行了调整。党的十九大报告首次提出了建立健全城乡融合发展体制机制和政策体系。相较于统筹城乡发展、城乡发展一体化，城乡融合更强调城乡之间的平等关系，侧重于城乡之间的双向融合互动。[①]城乡融合发展通过重塑城乡关系，形成工农互促、城乡互补、全面融合、共同繁荣的新型工农城乡关系。城乡融合发展是多维度的融合发展，包括了经济融合、空间融合、公共服务融合、生态融合等多个维度。推动城乡融合发展有助于破除城乡二元结构、缩小城乡差距，对于促进农民农村的共同富裕具有重要意义。推动城乡融合发展有助于城乡之间建立平等的发展关系，是缩小城乡差距、推进共同富裕的重要实现路径。

城乡融合发展有助于城乡要素的自由流动，激活农村地区的发展活力。农村地区的发展需要资本、技术以及人才的引进，而当前农村地区普遍面临着人口、资本流失严重，空心化问题严重的现象，制约着乡村振兴战略的推进。目前，城乡要素流动不平衡，主要体现在城乡土地资源配置效率不高、人口流动不平衡以及工商资本下乡积极性不高等方面。[②]推动城乡融合有助于构建城乡统一市场，实现要素在城乡之间的自由流动，改变农村地区劳动力和资本外流的局面。因为城乡融合发展强调城乡之间的平等关系，强调城乡互动

① 孔祥智、谢东东：《缩小差距、城乡融合与共同富裕》，《南京农业大学学报（社会科学版）》2022 年第 1 期。

② 史卫民、彭逸飞：《共同富裕下我国城乡融合发展的理论维度与路径突破》，《西南金融》2022 年第 12 期。

融合，所以有利于充分挖掘乡村地区独特的价值优势，吸引更多的资本、人才等流入农村地区，培育乡村产业新业态，激发农村地区的发展活力。

城乡融合发展有利于推进城乡公共服务均等化。促进基本公共服务均等化是我国扎实推进共同富裕所必须实现的基本目标和重要实现路径。政府以户籍制度为基础，衍生出了城乡有别的教育制度、医疗制度、就业制度、社会保障制度等相关制度，导致城乡在公共资源配置方面存在明显的二元分割特点，城乡居民在享受公共服务和社会保障方面存在明显差距，严重损害了农村农民的利益，抑制了农村地区人力资本的积累，使得农民农村发展严重滞后于城市地区。推动城乡融合发展能够促进城乡基础设施建设和公共服务一体化，提升农村地区基本公共服务能力，推进城乡基本公共服务均等化。

城乡融合发展有助于拓宽农民增收渠道，提高农民收入水平。首先，提高农户尤其是低收入农户收入水平是实现共同富裕的关键，城乡融合发展拓宽了农民的增收渠道。由于农业产业本身特性收益率较低且面临市场和自然双重风险，若仅仅依靠传统农业生产，根本无法实现农民农村的共同富裕。产业融合发展是城乡融合发展的重要内容，通过优化城乡产业布局促进城乡产业融合发展能够推动农村第一、第二、第三产业融合发展。在产业融合发展的基础上通过强化与农民的利益联结机制从而实现农民收入水平的提升。其次，农业劳动力的转移和就业是农民增收的关键着力点，城乡融合发展将进一步推动城镇化进程，促进农业劳动力转移和就业，从而增加农民工资性收入。最后，城乡融合发展有助于增加农民的财产性收益。当前城乡土地市场分割严重，受农村土地产权制度和土地政策的影响，农村土地的可流转性差，农村土地市场价格被严格压制，农民财产性收入过低。通过城乡融合发展推动农村土地制度改革，有助于增加农民财产性收入。总之，城乡融合发展可以通过产业高度融合、要素自由流通、城乡资源共享等方式提高农村居民收入，缩小城乡居民收入差距以实现共同富裕。[①]

三、相关建议

畅通城乡要素流动，加快城乡产业融合。实现城乡融合发展的关键在于畅通城乡要素流动。首先应破除阻碍城乡要素流动、影响城乡一体化市场形成的城乡二元体制。如通过深化土地制度改革、改革户籍制度、完善农村转移人口市民化机制等破除城乡二元体制。充分发挥市场在城乡资源配置中的决定性作用，鼓励引导劳动力、资本、技术、管理等生产要素在城乡之间自由流动、平等交换、优化配置，提高全要素生产率，缩小城乡之间的发展差距。在此基础上，以当地产业发展的整体布局和梯次结构为依据优化城乡产业空间布局。要调整城乡不合理的产业布局，促使城市的第二、第三产业不断向农村扩展延伸，为农民提供更多的就业岗位。要充分挖掘乡村在生态、旅游、休闲等方面的独特价值，推动农村第一、第二、第三产业融合发展。同时要充分利用城乡融合发展项目，增强城乡联系，实现城乡经济的互动融合。

以城乡融合为主线完善基础设施与公共服务体系建设。城乡基础设施和公共服务均等化是构建城乡融合发展新格局的基础支撑。推动公共服务发展，健全完善公共服务体系，持续推进基本公共服务均等化，是促进社会公平正义、扎实推动共同富裕的应有之义。当前，城乡居民享受公共服务仍存在差异，发挥政府在促进城乡基

① 陈志钢、茅锐、张云飞：《城乡融合发展与共同富裕：内涵、国际经验与实现路径》，《浙江大学学报（人文社会科学版）》2022 年第 7 期。

本公共服务均等化过程中的作用，从城乡居民发展机会均等的视角出发，使城乡居民都能尽可能享受均等的基本公共服务。应以城乡融合为主线，健全完善以小城镇为中心、以城带乡的基础设施与公共服务体系。要加强对农村地区的人力资本投资，激发农户内生发展动力，为农户构建公平良好的社会环境，增强农民在乡村振兴中的主体作用。

赋予并保障农民权利，让农民分享更多经济增长红利。在推动城乡融合发展进程中，需要赋予并保障农民相应的权利，逐步实现城乡居民基本权益平等化，才能让农民享受经济发展红利。如目前的土地制度还存在对农民土地财产权保障不充分的缺陷，直接压制了农民退出宅基地或承包地的意愿，造成了农村土地的大量闲置浪费，影响了农民的财产性收益。要通过深化农村土地制度改革，做好确权、赋权、活权等工作，让农民更多分享改革红利。针对农村转移人口不完全的市民化问题，应取消户籍制度带来的身份歧视，促进人口自由流动，解决农民工的住房问题，保障农民工及其家人享有同等的城市公共服务权利等。

第三节　以县域包容性增长促进农民农村的共同富裕

作为联结城市和农村的重要节点，县域是巩固脱贫攻坚成果、全面推进乡村振兴的主战场，也是解决城乡发展不平衡、推进共同富裕的关键着力点。2021 年中央“一号文件”《中共中央　国务院关于全面推进乡村振兴加快农业农村现代化的意见》提出要“加快县域内城乡融合发展”“壮大县域经济，承接适宜产业转移，培育支柱产业”等，明确了县域经济在带动农业农村发展方面的重要性。

包容性增长对于县域发展有重要的现实指导意义，推动县域的包容性增长是实现农民农村共同富裕的重要路径。

一、促进农民农村共同富裕的重点应下沉至县域

习近平总书记指出，促进共同富裕，最艰巨最繁重的任务仍然在农村。县域是以农业农村农民为主体的行政区域，无论是农村人口还是农村产业，都囊括于县域范围内，县域发展直接影响着农民农村共同富裕的推进。2022 年中共中央、国务院发布了《中共中央　国务院关于做好 2022 年全面推进乡村振兴重点工作的意见》，强调要“大力发展县域富民产业”“加强县域商业体系建设”“加强基本公共服务县域统筹”等，凸显了县域在全面推进乡村振兴中的重要作用。县域包含了县城、乡镇以及农村，具有联结城乡的独特优势。因此，县域是推进城乡融合发展的重要切入点和突破口，也最具现实可行性和最有内在驱动力，以县域为切入点推进城乡融合发展具有更为直接的优势。由此可见，县域承担着多重发展的战略任务，既是全面推进乡村振兴的主战场，也是推进城乡融合发展的重要切入点。县域作为相对独立且结构完善的基本治理单位，在行政、经济、社会管理手段上比较完善。因此，推进农民农村共同富裕应将治理重心下沉至县域层面，以县域发展带动农民农村共同富裕。

二、县域包容性增长与农民农村共同富裕

（一）县域包容性增长的内涵

20 世纪 90 年代以来，世界各国和地区尤其是亚洲国家收入差距扩大和贫富分化日益严重，长期贫困问题日益突出，经济增长成

果无法惠及更多群体尤其是贫困和弱势群体，严重阻碍了经济增长的质量。“如何使经济增长与发展过程更加公平，使增长成果能广泛惠及所有人”的问题，就逐渐成为学术界、国际机构发展政策讨论研究的焦点，也成为许多发展中国家在推行减贫和发展战略实践中努力探究和总结的重要内容。基于上述现实背景和对贫困问题的深入思考，亚洲开发银行于2007年在“益贫式增长”的基础上首次提出“包容性增长”的增长模式和理念。包容性增长强调通过持续的经济增长来创造更多和更高质量的发展机会，并保证所有社会成员尤其是弱势群体都能平等地利用发展机会参与经济增长，共享增长成果。[①] 包容性增长既是目的，也是手段，它是一种把经济增长过程和经济增长结果有机统一的经济社会协调发展模式。[②] 县域包容性增长应至少包含以下几个方面：

拥有高速、可持续的经济增长。经济增长是包容性增长的前提，县域只有通过高速和持续的增长才能为县域包容性增长创造良好的物质基础。如只有通过持续的经济增长才能够创造大量发展机会，让更多的农户有就近就业的机会。县域经济实力较强，有利于提升县域内基础设施和公共服务水平，为包容性增长创造更好的社会环境。

拥有良好的基础设施和公共服务水平，社会环境才会更为公平。包容性增长强调通过构建更为公平的社会环境以尽可能消除由个人背景不同所带来的收入的差异，让所有人获得平等参与并分享经济成果的机会，以此来缩小不平等。[③] 包容性的社会环境需要革

---

① 林毅夫、庄巨忠、汤敏、林暾编《以共享式增长促进社会和谐》，中国计划出版社，2008，第33—37页。

② 杜志雄、肖卫东、詹琳：《包容性增长理论的脉络、要义与政策内涵》，《中国农村经济》2010年第11期。

③ 蔡荣鑫：《“包容性增长”理念的形成及其政策内涵》，《经济学家》2009年第1期。

除民众尤其是贫困人口和弱势群体的权利贫困和所面临的社会排斥，这有赖于增加对县域教育、医疗卫生以及基础设施等公共品的投入。县域的包容性增长意味着县域内无论是城市居民还是农村居民，都能够平等地享受基本公共服务和社会保障，享受更为平等的自由发展的权利。

农户尤其是以低收入农户为代表的弱势群体能够获益更多。穷人能否获益更多是包容性增长的重要特征，县域的包容性增长意味着将更多机会向以农户为代表的弱势群体倾斜，尤其是为低收入农户提供更多的发展机会。农户能否更多更好地参与分享经济增长成果的关键在于产业发展是否更具有包容性。因此，县域的包容性增长要求县域的产业发展必须是具有包容性的，具体体现在产业发展能够为农户提供更多的就业岗位和发展机会，提升农户收入水平。

农村地区实现较快发展，县域内城乡融合发展水平较高。从地区来看，包容性增长还强调经济增长是所有地区的增长，城乡的协调发展亦是包容性增长的目标追求。县域的包容性增长意味着县域发挥其支持城市、服务农村的作用，一方面通过创造更多的非农就业为加快城镇化提供条件；另一方面，通过整合城乡土地、劳动和资本等资源为农业发展和农业结构转型提供条件，推动城乡融合发展，实现城乡互动共荣。

（二）县域包容性增长与促进农民农村共同富裕

当前，我国县域发展面临着产业支撑薄弱、就业机会缺乏、城乡发展不均衡、农户增收困难等诸多挑战，县域正处于经济增长方式转变、产业结构调整的重要阶段。包容性增长的增长模式和发展理念契合了县域经济发展的时代要求，对于全面推进乡村振兴、促进农民农村共同富裕具有重要意义。一方面，县域包容性增长有助于全面推进乡村振兴战略，激发农村地区的发展活力。县域包容性增长强调城乡之间的协调发展，有助于破除阻碍城乡要素流动的二元结构体制，推动城乡要素之间的有效流动，充分发挥县域在以工促农、以城带乡上的优势，为乡村发展注入新的发展动力与活力。另一方面，县域包容性增长能够拓宽农户的增收渠道，促进农民增收。县域包容性增长能够促进农业内部结构调整，支持农业现代化，加快农村产业的高质量发展，促进农民增收。县域包容性增长为农民提供了更多的就业和发展机会，能够让更多农户尤其是低收入农户参与到经济发展中并分享经济增长成果。此外，县域包容性增长通过提升基础设施和公共服务水平增加了农村地区公共服务的可及性，有利于农村地区的人力资本积累，增强农村地区和农民的内生发展动力，充分发挥农民在乡村振兴中的主体作用。由此可见，县域包容性增长对于全面推进乡村振兴、推动城乡融合发展具有重要意义，是农民农村共同富裕的重要实现路径。

三、县域包容性增长现状与现实挑战

（一）县域包容性增长现状

为理清当前县域的包容性增长状况，课题组于 2022 年从经济增长、社会发展以及共同富裕三个维度选取相应的指标对县域包容性增长水平进行了测度研究，发现我国县域包容性增长状况呈现以下特征：

县域包容性增长水平区域差异明显。2015—2020 年，我国县域包容性增长水平有所提升，但县域包容性增长水平区域差异明显。我国县域包容性增长水平呈现东部地区遥遥领先，东北和中部地区次之，西部地区落后的格局。从省份层面来看，浙江省、江苏省的县域包容性增长水平明显领先于其他地区，而西部地区青海、云南、甘肃等地区的包容性增长水平过低。原国家级贫困县及国家乡村振兴重点帮扶县的包容性增长水平与全国均值水平存在明显的差距。

县域包容性增长水平呈现“东部地区高水平差异、中西部地区低水平均衡”的状态。课题组的研究结果显示，东部地区县域包容性增长水平内部差异最明显，但东部地区整体县域发展的包容性更高，属于高水平之间的差异。相对来说，中西部地区内部差异较小，县域发展比较均衡，但县域包容性增长水平较低，尤其是西部地区明显落后于全国均值水平，呈现低水平均衡状态。将东西部地区县域包容性增长水平总体差异进一步分解为省际差异和省内差异，结果表明东部地区县域包容性增长水平的省际差异较为明显，而西部地区县域包容性增长水平的差异主要是省内差异，省际差异较小。

国家乡村振兴重点帮扶县的包容性增长水平过低。国家乡村振兴重点帮扶县自然条件差，历史欠账多，自我发展能力弱，是全国区域发展中的突出短板。课题组关于县域包容性增长的测度研究显示，国家乡村振兴重点帮扶县无论是在经济增长水平、社会发展水平还是共同富裕水平上均明显落后于其他地区，是推进县域包容性增长进程中的最大短板。

（二）县域包容性增长的现实挑战

结合课题组关于包容性增长的测度研究和当前县域发展的实际情况，笔者认为当前县域的包容性增长面临着诸多挑战，主要体现在以下几个方面：

县域经济增长水平过低，严重制约了县域的包容性增长。包容性增长的基础和前提就是高速、可持续的经济增长，只有实现较高水平的经济增长，才能为包容性增长奠定良好的物质基础和条件。

课题组研究发现，2020 年经济增长处于低水平的县域共计 653 个，占总样本的 34.68%；而经济增长属于高水平的县域有 104 个，仅占总样本的 5.52%。表明当前多数地区的县域经济发展仍处于相对落后水平且经济增长缓慢，成为影响县域包容性增长、全面推进乡村振兴的主要制约因素。

县域的基础设施和公共服务水平仍有待提升。县域包容性增长强调为所有群体提供更为公平、平等的发展机会，构建良好公平的社会环境。虽然在经历了脱贫攻坚后，多数县域基础设施和公共服务水平等得到明显提升，区域间社会发展不平衡现象有所缓解。然而，课题组研究发现当前仍有相当数量的县域社会发展水平处于相对落后水平，尤其是西部地区县域在基础设施和公共服务上仍存在明显短板。

县域产业发展对农民带动作用有限，农民增收渠道有限。在产业发展方面，多数县域产业存在产业链不长、产业辐射范围有限、农户参与度不高、带动能力有限的问题。产业发展缺乏包容性导致农户难以参与并分享产业发展成果，这直接影响制约着县域包容性增长水平的提升。如课题组在对县域包容性增长的测度研究中发现，山西因主要发展以煤炭为代表的传统重工业，产业发展不具有包容性，导致山西省县域共同富裕水平明显偏低，直接拉低了县域的包容性增长水平。因此，如何让县域产业发展更具有包容性、带动更多农户增收是县域实现包容性增长面临的关键挑战。

四、县域包容性增长系统内部协调发展举措

实现县域包容性增长，需要从多个方面入手，而促进经济增长、改善社会发展水平以及推动共同富裕是主要方面。从包容性增长发

展内容来看，持续的经济增长是县域包容性增长的基础与前提，良好的社会发展是实现包容性增长的关键，而共同富裕则是县域包容性增长的目标追求。县域经济增长、社会发展以及共同富裕之间存在着相互作用、相互影响的复杂关系。就经济增长与社会发展的关系来看，良好的经济增长是改善社会发展环境的基础，县域经济增长有利于政府财税的增加，促使政府增加在教育、医疗卫生、基础设施以及社会保障方面的投资进而改善社会发展环境。另一方面，提升社会发展水平有助于刺激经济增长。如增加在教育、医疗卫生等方面的投入能够吸引更多人口流入，提高县域人力资本水平，有利于经济的可持续增长。尽管社会发展水平的提升对于经济增长具有积极的作用，但也应注意社会发展阶段与经济增长水平相适应，否则会产生社会福利病。

共同富裕包含“富裕”和“共同”两个维度，这也表明实现共同富裕不仅仅要提升人民群众的收入水平，还需要缩小收入差距。毫无疑问，良好持续的经济增长是实现共同富裕的基础，但经济增长并不一定能减少不平等，缩小收入差距。库兹涅茨“倒U字形”曲线表明收入差距扩大在发展初期是不可避免的，但随着经济进一步发展，这种趋势将会逆转，但是，“倒U字形”曲线发生是有条件的。从共同富裕对经济增长的影响来看，提升居民总体收入水平、缩小收入差距均有助于挖掘和释放县域消费潜力，尤其是释放农村低收入群体的消费需求，刺激县域经济增长。

从社会发展对共同富裕的影响来看，提升社会发展水平是实现共同富裕的关键。社会发展包含了教育、医疗、基础设施、社会保障以及公共环境等多个方面，改善社会发展环境对于解决收入分配不公、实现社会公平具有重要意义。如农村基础设施建设可以提高农业部门边际生产率和农村居民收入水平，且低收入群体获益更多，有助于缩小城乡收入差距和改善农村内部收入不均等状况。同时，教育、医疗、社会保障等公共服务水平的提升有助于缓解不利的初始条件对个人在机会获得方面的负面影响，最大限度地为劳动者尤其是弱势群体创造就业和发展机会，缩小群体之间的收入差距。从共同富裕对社会发展的影响来看，已有研究表明收入差距扩大会引发低收入群体心理失衡与贫富阶层利益冲突，引发人口流动失序、教育失衡等，进而导致社会不稳。因此，共同富裕水平的提升对于构建良好公平的社会环境、促进社会稳定有序发展具有积极作用。由此可见，经济增长、社会发展以及共同富裕三者之间相互影响，高效可持续的经济增长可以为社会发展和共同富裕水平的提升提供坚实的物质条件，良好的社会发展环境有助于改善市场环境促进经济增长以及缩小收入差距，共同富裕水平的提升则有助于刺激经济增长和促进社会的稳定发展。推动县域经济增长、社会发展以及共同富裕的协调发展对于推进县域包容性增长具有重要意义。

由此可见，实现县域包容性增长必须以系统理念推进，不仅要补齐县域在经济增长、社会发展以及共同富裕各个领域的短板和弱项，更需要协调县域内不同子系统之间的关系，推动三者协调发展和互动共荣。课题组在测度县域包容性增长水平的基础上，对经济增长、社会发展以及共同富裕之间的协调发展水平进行了分析。结果发现2015—2020年间县域经济增长、社会发展以及共同富裕之间呈现出高度的相关关系，但三者之间的协调发展水平虽明显提升，但总体仍处于较低水平。其中，脱贫县以及国家乡村振兴重点帮扶县的协调发展水平明显低于全国均值水平，但脱贫县的协调发展水平提升较为明显，而国家乡村振兴重点帮扶县的协调发展水平提升相对较慢。分区域来看，县域经济增长、社会发展以及共同富裕协调发展水平呈现出东部 > 中部 > 东北 > 西部的格局。就增长水平来看，2015—

2020年西部地区的协调发展水平增加最为明显，中部地区和东北地区的协调发展水平增长较快，尤其是中部地区的协调发展水平与东部地区的差距明显减少。区域的协调发展测度结果说明，东部地区在经济增长、社会发展以及共同富裕的协调发展方面仍有较大的提升空间，在发展的同时需注重兼顾三者的协调关系。不同于东部地区，西部地区在经济增长、社会发展以及共同富裕方面均处于落后水平，制约了协调发展水平的提升，要优先补齐发展短板，为经济、社会与共同富裕三者之间的协调发展奠定基础。课题组还对县域经济增长、社会发展以及共同富裕协调发展的影响因素进行了分析，结果发现不同阶段协调发展水平的主要影响因素存在一定差异，但教育、基础设施和公共环境、收入水平以及医疗水平始终是影响三者协调发展的主要因素。

考虑到共同富裕是包容性增长的目标追求，课题组还探讨了经济和社会协调发展对于共同富裕的影响。结果发现，县域经济增长与社会发展之间的协调发展水平对于共同富裕水平有着重要影响，其对共同富裕的影响程度甚至超过了经济增长和社会发展水平本身。教育、医疗以及基础设施和公共环境是影响经济增长、社会发展协调发展的主要因素。研究表明，提升县域经济增长、社会发展的协调发展水平对于推动县域的共同富裕具有重要作用。可考虑从教育、医疗以及基础设施和公共环境等方面入手以促进县域经济和社会协调发展，推动共同富裕的实现。

五、相关建议

结合县域包容性增长的现状与现实挑战，笔者认为以县域包容性增长促进农民农村共同富裕应从以下几个方面入手。

因地制宜发展壮大县域经济，增强区域发展对县域经济的带动能力。农民农村共同富裕的主要任务在于发展县域产业。区别于城市经济，县域是城市和乡村的结合，也是工业和农业的结合，其发展要结合自身的区位条件和资源禀赋，重点发展培养优势特色产业。要充分利用数字经济等新兴业态推动一二三产业融合发展，增强县域经济增长的活力。与此同时，发展壮大县域经济不能就县域谈县域，还需打破行政边界，将县域经济发展纳入区域整体规划。各地区要强化区域顶层设计，增强区域发展对县域经济的带动能力，实现区域内县域协调发展。

推动城乡公共服务均等化，提高农村地区公共服务水平。以县域为基本单位，统筹县域内基础设施、公共服务的空间布局，强化县城综合服务能力，推进县城基础设施向乡村延伸、公共服务向乡村覆盖、发展资源向乡村辐射，建立城乡统一的基础设施管护运行机制，从而推动城乡公共服务均等化，提高农村地区的公共服务水平。针对落后县域，要适当加大对其的政策支持力度，补齐落后地区县域的基础设施和公共服务的短板弱项。

增强县域产业发展的包容性，拓宽农民增收渠道。仅仅发展壮大县域经济还远远不够，如何让居民尤其是农民更多地分享经济增长成果亦是包容性增长的关键。乡村产业是个整体系统，需要产业链上下游之间的紧密关联、有效衔接以及紧密协作。在全面推进乡村振兴中，县域应加快完善联农带农机制，促进农村一二三产业融合发展，让农户更多分享经济增长收益。县域可适度引进发展劳动密集型产业，为农户尤其是低收入农户创造更多的就业岗位，吸引带动农户实现就近就业。

注重县域内经济增长、社会发展以及共同富裕的协调发展，推动县域包容性增长。经济增长、社会发展以及共同富裕三者关系紧密，呈现出较强的相互作用，但目前县域尚未实现三者的良性互动和协调发展。说明提升县域的包容性增长，不仅仅需要针对性补齐发展短板，还需要注重经济、社会与共同富裕三者之间的协调发展。可通过改善和提升县域内教育、医疗、基础设施和公共环境水平等方面的基本公共服务，提高居民收入水平以促进县域经济增长、社会发展以及共同富裕之间的协调发展，提升县域包容性增长水平。此外，经济和社会的协调发展与共同富裕存在密切关系，要注重发挥县域经济和社会之间的协调发展对于共同富裕的推动作用。